常见法律纠纷实务指导丛书

中国人民大学大学生法律援助中心

婚姻继承纠纷

HUNYIN JICHENG JIUFEN

总主编　周院生　张自合

本书撰稿人　张自合　赵玉琪
杨　英　王建萍

中国检察出版社

《常见法律纠纷实务指导丛书》编委会

前　言

中国人民大学大学生法律援助中心成立于1998年，是北京市司法局授予的“法律援助志愿者工作站”，是全国高校中第一个完全由大学生组成的专门的法律援助机构。中心成立是基于这样一种想法：大学生应当尽其所学，关注社会弱势群体，服务人民，回馈社会，践行正义，为公益事业尽一份力量。10年来，中心志愿者们利用自己的课余时间帮助了北京乃至全国数以万计的当事人，成为了高校法律援助组织中引人注目的亮点。2006年4月，中心被教育部思想政治工作司和北京市委教育工委授予“践行社会主义荣辱观，寻找身边的榜样”主题教育活动的“校园大使”。

这套丛书，是中心的志愿者们利用自己课余时间进行研究的工作成果之一。作为在校学生，我们提供援助的时间毕竟有限，在我们从事法律援助的过程中，总是感到无力满足庞大的法律援助需求，面对求助的目光，我们总是感到力不从心。“授人以鱼不如授人以渔”，让普通大众学会自己运用法律武器来维护自身合法权益，是我们编写这套丛书的目的。

这套丛书的特点在于：第一，强调实用性，介绍一些与群众生活密切相关的知识，尽量做到通俗实用。第二，注重实例，用大量案例说明问题，供大家参考。生活实例皆切合实际需要。分析解答本质上是在为当事人服务，在这样的理念下，理论探讨应当让位于为当事人提供简单、易懂的步骤建议和富有操作性的行动方案，这就要求解答者对于法条有相对完整的调研，对于行文措辞有慎重的选择，对于理论分析有必要的取舍，我们追求并且秉承这样的风格和思路。

作为在校学生，我们水平有限，不当之处在所难免，欢迎一切批评和建议。

欢迎大家登录中国人民大学大学生法律援助中心的网站 www. rdflyz. org. cn 与我们进行交流沟通。

编者

2009 年 4 月

目 录 Contents

前言 ………………………………………………………………… 1

第一章 婚姻自主权纠纷

1. 结婚必须具备哪些条件? …………………………………… 2
2. 有性生理缺陷者是否禁止结婚? ………………………… 6
3. 异父异母的兄妹可以结婚吗? …………………………… 6
4. 婚姻自由有哪些内容? ………………………………… 7
5. 老年人再婚应当注意哪些问题? ………………………… 9
6. 被判处有期徒刑或有期徒刑缓刑的人是否可以结婚? ……… 14
7. 结婚登记的具体程序是什么? …………………………… 15

第二章 婚约财产纠纷

8. 婚约可以约定违约责任吗? ……………………………… 17
9. 订婚所给付的彩礼,婚约解除后是否有权要求返还? ……… 19
10. 谈恋爱期间男方对女方的赠与在分手后是否可以要回? …… 22

11. 婚前财产约定何时生效? …… 24

第三章　离婚纠纷

12. 办理离婚有哪些方式? …… 27
13. 协议离婚的程序是什么? …… 29
14. 协议离婚后一方不履行协议怎么办? …… 31
15. 离婚协议书与一般的民事协议有什么区别? …… 32
16. 离婚协议书的法律效力是什么? …… 35
17. 婚内离婚协议可否作为诉讼离婚的依据? …… 37
18. 起诉离婚应当向哪个法院提起? …… 39
19. 婚内“忠诚协议”有效吗? …… 40
20. 离婚起诉状怎么写? …… 41
21. 起诉离婚时应当交纳多少诉讼费? …… 44
22. 起诉离婚的当事人应当向法院提交哪些证据? …… 45
23. 首先提出离婚的一方会吃亏吗? …… 49
24. 在什么情况下，一方不得向法院起诉要求离婚? …… 50
25. 现役军人的配偶要求离婚，是否须经军人同意? …… 52
26. 父母可以代无民事行为能力人提起离婚诉讼吗? …… 55
27. 法院审理离婚案件为什么要注重调解? …… 57
28. 法院认定夫妻感情破裂而判决离婚的条件是什么? …… 58
29. 判决不准离婚后，原告可否再重新起诉? …… 63
30. 一方下落不明，另一方可以起诉离婚吗? …… 64
31. 家庭暴力对婚姻有什么危害? …… 65
32. 虚假离婚的法律后果是什么? …… 68

33. 认定夫妻共同财产的基本规则是什么？ …… 69
34. 哪些财产属于夫妻共同财产？ …… 73
35. 夫妻共同财产权如何行使？ …… 77
36. 哪些财产属于夫妻一方个人财产？ …… 79
37. 离婚时分割夫妻共有财产的一般原则是什么？ …… 82
38. 离婚时如何分割夫妻共有的房屋？ …… 83
39. 承租的房屋离婚时应当如何处理？ …… 85
40. 婚姻关系存续期间取得的房改房在离婚时如何处理？ …… 87
41. 以按揭方式购买的商品房屋在离婚时怎么分割？ …… 88
42. 离婚时家庭土地承包经营权如何分割？ …… 90
43. 离婚时住房公积金和住房补贴如何分割？ …… 90
44. 一方在有限公司中的出资额及收益在离婚时如何分配？ …… 93
45. 离婚时合伙企业的份额怎么办？ …… 95
46. 下岗补助金和买断工龄款属于夫妻共同财产还是个人财产？ …… 96
47. 离婚时有价值的人身保险如何分割？ …… 97
48. 如何区分夫妻个人债务与共同债务？ …… 98
49. 一方对第三人侵权承担的损害赔偿债务是个人债务还是共同债务？ …… 103
50. 夫妻关系存续时一方致人损害，受害人能否向离婚后的另一方请求赔偿？ …… 104
51. 一方提出离婚，另一方转移财产怎么办？ …… 106

第四章 离婚后的财产纠纷

52. 如何处理离婚后的财产纠纷？ …… 107
53. 离婚判决生效后，一方能否向法院起诉请求再次分割夫妻共同财产？ …… 109

第五章 离婚后的损害赔偿纠纷

54. 离婚无过错方如何向另一方请求赔偿？ …… 112
55. 男方受骗抚养非婚生子女，离婚后能否索赔？ …… 116

第六章 同居关系析产、子女抚养纠纷

56. 同居一定构成事实婚姻吗？ …… 121
57. 可以请求法院解除同居关系吗？ …… 123
58. 如何处理同居关系引起的子女抚养纠纷？ …… 124
59. 同居期间的财产如何分割？债务谁来偿还？ …… 126
60. 同居关系终止后，女方要求男方赔偿“青春损失费”能否获支持？ …… 129

第七章 婚姻无效纠纷

61. 哪些情况下的婚姻是无效的婚姻？ …… 132

62. 委托父母代领结婚证的婚姻关系是否有效? …………… 135
63. 宣告婚姻无效应当经何种程序? ………………………… 137

第八章　撤销婚姻纠纷

64. 婚姻可以被撤销吗? ………………………………………… 141
65. 通过民政部门如何撤销婚姻登记? ……………………… 143
66. 婚姻被撤销后有什么法律后果? ………………………… 144

第九章　夫妻财产约定纠纷

67. 婚后取得的财产一定会被认为是夫妻共同财产吗? ……… 146
68. 什么是夫妻约定财产制? ………………………………… 147
69. 夫妻财产公证如何操作? ………………………………… 151
70. 夫妻约定分别财产制的，一方对外所负的债务如何清偿? ………………………………………………………… 152
71. 夫妻间可以为“忠诚义务”约定违约责任吗? ………… 154

第十章　抚养纠纷

72. 什么是亲子（父母子女）关系? ………………………… 158
73. 离婚后，子女应该由哪一方抚养? ……………………… 161
74. 人工授精子女由谁抚养? ………………………………… 167
75. 年满 18 周岁的成年子女可以要求父母抚养、资助吗?

…………………………………………………………………… 169
76. 如何确定子女抚养费数额？ …………………………… 171
77. 离婚后，一方不支付抚养费怎么办？ ………………… 173
78. 父母离婚后，子女可以要求变更抚养费吗？ ………… 173
79. 离婚后抚养孩子的一方有没有权利变更孩子的姓名？
…………………………………………………………………… 176
80. 能否强制一方进行亲子鉴定？ ………………………… 180
81. 父母可否协商轮流抚养子女？ ………………………… 180

第十一章　扶养纠纷

82. 什么是夫妻间的扶养义务？何种情况下一方可以要求另一方负扶养义务？ ……………………………………… 181
83. 子女有赡养能力可以免除另一方的夫妻扶养义务吗？
…………………………………………………………………… 185
84. 扶养关系可以请求变更吗？ …………………………… 187
85. 丈夫没有尽到职责致使妻子死亡的，妻子家属能否请求赔偿？ …………………………………………………… 189

第十二章　监护权纠纷

86. 父亲死亡，孩子应该由谁监护？ ……………………… 191
87. 离婚后，未成年子女致人损害的责任谁来承担？ ………… 194

第十三章 探望权纠纷

88. 什么是探望权？ …………………………………… 198
89. 离婚后父母怎样行使探望孩子的权利？ ………………… 199
90. 离婚时，双方可否协议一方放弃探望权？ ……………… 202
91. 一方可以因对方不让看孩子就不付抚养费吗？ …………… 204
92. 什么情况下可以中止另一方对孩子的探望权？ …………… 206
93. 爷爷奶奶对孙子有没有探望权？ ……………………… 207

第十四章 赡养纠纷

94. 子女必须要赡养父母吗？ ……………………………… 210
95. 子女对再婚的父母仍需要履行赡养义务吗？ …………… 213
96. 养子女要赡养生父母吗？ ……………………………… 214
97. 继子女是否要赡养继父母？ …………………………… 215
98. 弟妹是否有义务扶养成年兄姐？ ……………………… 217
99. 孙子女（外孙子女）是否应赡养祖父母（外祖父母）？ ……………………………………………………… 218
100. 父母未尽抚养义务，子女可以不履行赡养义务吗？ ……………………………………………………… 219
101. 子女放弃继承权就可以不赡养父母吗？ ……………… 221
102. 订立赡养协议后就可以拒绝赡养老人吗？ …………… 222

第十五章 收养关系纠纷

103. 收养子女应当符合哪些条件? …………………… 224
104. 怎样办理收养登记? …………………… 228
105. 收养成立后产生什么法律效力? …………………… 231
106. 事实收养是否为法律所认可? …………………… 232
107. 收养关系可以解除吗? …………………… 234
108. 解除收养关系后，养子女还要承担养父的赡养义务吗? …………………… 236
109. 送养后后悔，已被他人收养的子女还能要回来吗? …………………… 238

第十六章 分家析产纠纷

110. 分家析产分割的是哪部分财产? …………………… 240
111. 分家析产应当遵循的基本原则是什么? …………………… 242
112. 分家析产协议的有效要件有哪些? 该协议应当包括哪些内容? …………………… 252

第十七章 法定继承纠纷

113. 法定继承与遗嘱继承是怎样的关系? …………………… 255
114. 女孩有继承权吗? …………………… 257

115. 养子女有继承权吗？ …… 258
116. 养子女能不能继承亲生父母的遗产？ …… 259
117. 非婚生子女有继承权吗？ …… 260
118. 法定继承人的范围如何确定？ …… 261
119. 法定继承人以外的人可以分得遗产吗？ …… 264
120. 胎儿有权继承遗产吗？ …… 265
121. 什么情况下会丧失继承权？ …… 266
122. 什么是代位继承？成立条件有哪些？ …… 268
123. 什么是转继承？成立条件有哪些？ …… 269
124. 遗产的范围有哪些？ …… 270
125. 房屋这样的遗产如何分割？ …… 273
126. 无人继承的遗产如何处理？ …… 274
127. “五保户”的遗产如何处理？ …… 275

第十八章 遗嘱继承纠纷

128. 何为遗嘱？遗嘱主要包括哪些内容？ …… 277
129. 符合什么条件的遗嘱才有效？ …… 278
130. 如何订立公证遗嘱？ …… 283
131. 如何订立自书遗嘱？ …… 284
132. 如何订立代书遗嘱？ …… 285
133. 如何订立录音遗嘱？ …… 286
134. 如何订立口头遗嘱？ …… 287
135. 存在多份遗嘱的效力如何？ …… 288
136. 夫妻可以订立共同遗嘱吗？ …… 289

137. 如何撤销、变更遗嘱? …… 291
138. 遗嘱继承中继承人先于被继承人死亡如何处理? …… 292
139. 如何理解继承权的放弃? …… 293
140. 继承权受到侵害时如何进行保护? …… 295

第十九章　被继承人债务清偿纠纷

141. 被继承人的债务包括哪些? …… 296
142. 继承人应当承担被继承人的债务吗? …… 300
143. 清偿被继承人的债务应当遵循的原则有哪些? …… 301
144. 遗产分割后被继承人的债务如何偿还? …… 305

第二十章　遗赠纠纷

145. 什么是遗赠? 如何区分是遗嘱继承还是遗赠? …… 308
146. 受遗赠人如何作出接受或者放弃遗赠的意思表示? …… 311
147. 受遗赠人先于遗赠人死亡的，遗赠是否发生效力? …… 313
148. 受遗赠人有义务偿还遗赠人生前所欠的债务吗? …… 315
149. 遗赠是否可以对抗“两无”人员的特留份和胎儿的预留份额? …… 316
150. 处分了他人财产的遗赠行为是否有效? …… 318
151. 如果受遗赠人没有尽到附义务遗嘱所指的义务，应当如何处理? …… 319

第二十一章　遗赠扶养协议纠纷

152. 什么是遗赠扶养协议? …… 322
153. 遗赠扶养协议的效力如何? 其与遗赠的区别是什么? …… 324
154. 遗赠扶养协议在何种情况下可以解除? 解除后的法律后果是什么? …… 327

第一章 婚姻自主权纠纷

婚姻自主权即婚姻自由。婚姻自由是我国婚姻法的基本原则，指男女公民均有权依照法律的规定，自主自愿地决定本人的婚姻问题，其缔结或解除婚姻关系不受任何外力的强迫或干涉。实行婚姻自由是为了建立以爱情为基础的婚姻关系，使得每个人都有权按照自己的意愿决定自己的婚姻问题，是否结婚，与谁结婚，是否离婚，这些都是由当事人说了算的。

在审判实践中，适用婚姻自主权纠纷这一案由的情况主要有：①

(1) 侵害订婚自主决定权的行为，即他人强迫、包办或强制干涉有婚姻自主权的人订婚或不订婚，或者强迫相对人与自己订婚或不订婚等侵权行为。

(2) 侵害结婚自主决定权的行为，主要有包办婚姻、买卖婚姻、禁止寡妇改嫁和强迫寡妇成婚、干涉男到女家入赘、干涉父母再婚、一方当事人强迫另一方当事人与其结婚、干涉不婚者成婚、妨碍婚姻登记的行为，等等。

(3) 侵害离婚自主决定权的行为，包括强制离婚、强制不准离婚、欺骗离婚，等等。

---

① 万鄂湘、张军主编：《民事法律文件解读》，人民法院出版社 2008 年版，第 34 页。

1. 结婚必须具备哪些条件?

根据我国《婚姻法》和《婚姻登记管理条例》的规定，结婚必须具备的条件是：

第一，结婚必须男女双方完全自愿，不许任何一方对他方加以强迫或任何第三者加以干涉。

第二，男女双方达到法定婚龄。我国《婚姻法》第6条规定："结婚年龄，男不得早于22周岁，女不得早于20周岁。晚婚晚育应予鼓励。"任何地方和单位不得在此基础上强制性提高结婚的最低年龄，只能是采取倡导性措施，不能强制要求公民晚婚晚育。

第三，符合一夫一妻制。所谓一夫一妻制，即无配偶者（未婚、丧偶或者离婚的人）才有结婚的资格，有配偶者再婚的，构成重婚罪，应当依照刑法的规定，追究当事人的刑事责任。

第四，男女双方必须到婚姻登记机关办理结婚手续。这是一个程序性条件。办理结婚登记必须由男女双方共同亲自到婚姻登记机关办理，不得委托他人办理。

结婚除满足上述规定条件外，还应当遵守《婚姻法》规定的禁止性条件：

（1）禁止重婚。已在婚姻关系中的男女，婚姻终止（配偶死亡或离婚）后始得再婚，否则便构成重婚。即使已经提起离婚的诉讼，在法院关于确认离婚的判决没有生效之前，也不能结婚。

（2）直系血亲和三代以内的旁系血亲不得结婚。直系血亲是指相互间具有直接的血缘关系的血亲，旁系血亲指相互间具有间接的血缘关系的血亲。在血缘上具有同源关系的，除直系血亲外均为旁系血亲。计算旁系血亲的代数时，以同源关系为依据，同源于父母的兄弟姐妹是两代内的旁系血亲，同源于祖父母、外祖父母的，是三代内旁系血亲，同源于曾祖父母、外曾祖父母的，是四代内旁系血亲，依次类推。三代以内旁系血亲包括：①同源于父母的兄弟姐妹（含同父异母、同母异父的兄弟姐妹）。即同一父母的子女之间不能结婚。②不同辈的叔、伯、姑、舅、姨与侄（女）、外甥（女）。即叔叔（伯伯）不能和兄（弟）的女儿结婚；姑姑不能和兄弟的儿子结婚；舅舅不能和姐妹的女儿结婚；姨妈不能和姐妹的儿子结婚。③同缘于祖父母或者外祖父母的兄弟姐妹间不得结婚，即叔、伯、姑、舅、姨之间的子女不得结婚。由于亲上加亲的封建宗法伦理观念的影响，表兄弟姐妹结婚在我国历史上长期流行。《婚姻法》禁止表兄弟姐妹之间结婚，其目的是为了提高人口素质。

（3）患有医学上认为不应当结婚的疾病的不得结婚。什么是医学上认为不应当结婚的疾病，该法没有明确规定，因为随着科学技术的发展，原来认为不应当结婚的情形有些可以治愈，同时也可能发现一些新的不宜结婚的病种。所以在立法时把“医学上认为不应当结婚的疾病”的具体情形，留给行政法规或卫生行政主管部门规定。

《母婴保健法》规定，男女在结婚登记时，应当持有婚前医学检查证明或医学鉴定证明。婚检又称婚前保健，主要是想要结婚的男女双方到医院接受相关检查，检查是否存在不宜结婚或生育的疾病或生理缺陷。根据《母婴保健法》的规定，婚前医学检查包括对下列疾病的检查：严重遗传性疾病；指定传染病；有关精神病。严重遗传性疾病，是指由于遗传因素先天形成，患者全部或者部分丧失自主生活能力，后代再现风险高，医学上认为不宜生育的遗传性疾病。指定传染病，是指《中华人民共和国传染病防治法》中规定的艾滋病、淋病、梅毒、麻疯病以及医学上认为影响结婚和生育的其他传染病。有关精神病，是指精神分裂症、躁狂抑郁型精神病以及其他重型精神病。婚前保健被人们称为预防出生缺陷的屏障，医生通过询问双方有无遗传性疾病的家族史，有无遗传性疾病，是否患急性、慢性疾病等，再通过全面、细致的医学检查，尽早发现可能影响结婚、生育的疾病。对患有遗传性疾病及传染性疾病者，医生还将给予详细的咨询，说明可能发生遗传或先天性缺陷的风险，提出防止延续和传播的忠告。

《母婴保健法》第 12 条规定："男女双方在结婚登记时，应当持有婚前医学检查证明或者医学鉴定证明。"《母婴保健法实施办法》第 16 条规定，在实行婚前医学检查的地区，婚姻登记机关在办理结婚登记时，应当查验婚前医学检查证明或者《母婴保健法》第 11 条规定的医学鉴定证明。

2003 年 10 月 1 日起施行的《婚姻法》没有规定强制性的婚前健康检查制度，而是由男女双方自愿婚检，但是婚检应该说是有益无害的，虽然有些人出于对保护隐私的考虑不接受婚前检查，但是即将成为夫妻的双方应当对自己、对对方、对后代的健康负责，婚前检查还是有必要的。实践中有很多没有婚检就草率结婚但事后后悔的例子，所以还是建议即将步入婚姻殿堂的男女双方结婚登记之前接受婚检。

经婚前医学检查，对患指定传染病在传染期间内或者有关精神病在发病期内的，医师应当向男女双方说明情况，提出医学意见；经男女双方同意采取长效避孕措施或者施行结扎手术后不生育的，可以结婚。

❈生活实例❈表兄妹纵绝育也不能结婚①

张刚与王花是亲表兄妹（张刚的母亲与王花的父亲是亲姐弟的关系），小学、中学都是同班同学，上学时总是形影不离。初中毕业以后，两人又约定一起到南方沿海某发达城市打工。由于该城市物价很高，两人又没有充裕的钱，于是二人商量合租了一套房居住以节省租房的费用。在互相关心、互相照顾的两人生活中，他们偷尝了禁果。2007 年 8 月，两人回到家里，向各自的父母提出了结婚的请求。由于当事人所在村庄属于贫穷落后的地区，"舅表婚，亲上亲"的观念还很浓厚，于是双方父母在商量之后表示同意。

---

① 刘广超、张昊：《表兄妹为结婚做绝育手术仍被拒 状告民政局败诉》，原载大河网，http：//www. dahe. cn/xwzx/sh/nnvv/t20081125_ 1433807. htm。

2007年9月，张刚和王花到民政部门办理结婚证，民政部门在得知张刚和王花是表兄妹关系后，拒绝给他们办理结婚证。两人十分着急，三番五次托人请求婚姻登记部门帮忙，婚姻登记部门便告知二人，不给其办理结婚证是因为法律规定了禁止近亲结婚，以保证子孙后代的健康。于是，两人为了顺利结婚，协商后女方当即到医院做了绝育手术，并且向医院索要了绝育手术证明。2008年1月，张刚和王花再次来到婚姻登记部门要求办理结婚登记，但婚姻登记部门仍然拒绝。

张刚和王花认为，女方已经做了绝育手术，并由医院出具了绝育手术证明，已经决定以后不生育，即不会造成法律规定的“影响子孙后代健康”的情况，婚姻登记部门仍然不予办理结婚登记，实属刁难，干涉了婚姻自由，在经过行政复议仍被拒绝登记后，2008年5月27日，两人向法院起诉民政局婚姻登记部门，要求其为原告二人办理结婚登记手续。

经审理后法院认为，我国《婚姻法》规定了直系血亲和三代以内的旁系血亲禁止结婚，该规定属于强制性规范，不允许随意变通适用；原告张刚和王花是表兄妹关系，属于《婚姻法》规定的三代以内旁系血亲，应禁止结婚。即使原告张刚与王花做了绝育手术，仍应当适用《婚姻法》的有关规定，而不能变通法律。所以，对原告张刚和王花的诉讼请求不予支持，原告起诉被告不作为理由不能成立。2008年8月22日，法院作出判决：驳回原告的诉讼请求。判决生效后，这对表兄妹虽然内心不服，但没有再提出上诉。

※分析解答※禁止直系血亲和三代以内的旁系血亲之间结婚，既符合自然规律的要求，也符合法律和伦理道德的要求。这是法律的强制性规定，虽然说法律在制定此项条款时确实考虑到是为了保证子孙后代的健康，但是也不是说他们做了绝育手术排除了这一问题就可以结婚。对于法律的强制性规定，是必须要遵守的，从现实来看，虽然这对表兄妹年轻时为达到结婚的目的，会愿意以做绝育手术为代价要求结婚，但这并不能保证结婚后两人不会改变想法。如果婚后两人过久了孤单的生活，产生生育子女的愿望而无法实

现，是会非常痛苦的，不利于婚后感情的维护和婚姻的稳定，所以法院作这样的判决于理于情都是有据的。

2. 有性生理缺陷者是否禁止结婚?

基于婚姻的性质和功能，有性生理缺陷不能为性行为者，一般来说不符合婚姻的目的。根据最高人民法院《关于人民法院审理离婚案件如何认定夫妻感情确已破裂的若干具体意见》第 1 条“一方患有禁止结婚疾病的，或一方有生理缺陷，或其他原因不能发生性行为，且难以治愈的”之规定也可以推定，一方有严重的生殖器疾患，以致不能发生性行为的，通常情况下不宜结婚。

我国 1950 年《婚姻法》曾规定，“有性生理缺陷不能为性行为者”禁止结婚，但现行《婚姻法》对于有生理缺陷者并未一概禁止其结婚。主要是考虑到现实中的各种具体情况，比如双方均有上述缺陷，自愿结为夫妻；由于年老、疾病等原因，在明知另一方有此缺陷的情况下，仍然同意与其结婚，等等。这些结合对当事人和社会并无危害性，只要双方愿意，应当准予结婚。

如果婚后才发现有性生理缺陷的，可以以此为理由提出离婚。

3. 异父异母的兄妹可以结婚吗?

异父异母的兄妹从法律上讲是拟制血亲。所谓拟制血亲，就是指本来没有血缘关系，或没有直接的血缘关系，但法律上确定其地位与血亲相同的亲属。拟制血亲分为拟制直系血亲和拟制旁系血亲，拟制直系血亲如养父母与养女子之间、继父母与继子女之间的关系；拟制旁系血亲如养兄弟姐妹之间的关系，还有就是再婚的夫妇携带原家庭中的子女组成新家庭，这些子女之间的关系。拟制血亲没有真正的血缘关系，但在民法诸多领域都适用血缘关系各方的相关规定。

对于拟制旁系血亲（如养兄弟姐妹）之间的结婚问题，婚姻法未对此作出明确规定，现实生活中平辈的拟制血亲关系，只要不属于三代以内旁系血亲的（叔叔收养侄女为养女而形成的养兄弟姐妹关系），就可以登记结婚。

我国法律禁止直系血亲及三代以内旁系血亲之间结婚，除了从医学上考虑防止不利于后代的繁衍及生长发育外，道德因素也是重要的考虑因素之一。依据我国的道德习惯，不同辈分之间的拟制血亲、姻亲之间不宜通婚。我国是礼仪之邦，历来讲究尊卑有别，长幼有序。在结婚问题上更是如此，不同辈分之间的亲属通婚，至少在道德上是不易被接受的，而且也会侵害到许多亲属方的利益。所以说，对于岳母与女婿，丧偶公公和丧偶儿媳，养父与养女，养母与养子之间的通婚，虽然没有法律上明令禁止的血缘关系，但一般是不允许结婚的。

4. 婚姻自由有哪些内容?

婚姻自由是我国婚姻法的基本原则，实行婚姻自由是为了建立以爱情为基础的婚姻关系，使得每个人都有权按照自己的意愿决定自己的婚姻问题，是否结婚，与谁结婚，是否离婚，这些都是由当事人说了算的。

婚姻自由包括结婚自由和离婚自由两个方面。结婚自由是指缔结婚姻关系的自由，包括男女双方完全自愿及不许任何第三者干涉的自由。离婚自由是为了使那些感情确已破裂、和好无望的夫妻，能够通过法定程序解除婚姻关系，使其有可能重建幸福美满的婚姻家庭。结婚需要两个人的合意，离婚则只需一人提出且符合离婚条件即可。同时，婚姻自由的权利应当正当地行使，而不能滥用，不能借“自由”之名而侵害他人的权益和社会公共利益。①

① 马忆南编著：《婚姻家庭继承法学》，北京大学出版社2007年版，第37页。

《婚姻法》第3条规定，禁止包办、买卖婚姻和其他干涉婚姻自由的行为。违反婚姻自由原则成立的婚姻，当事人可以向婚姻登记机关或人民法院请求撤销该婚姻。

❈生活实例❈婚姻自由，父母无权干涉①

王鲜于2003年8月与谢晖自由恋爱，但是，王鲜的父母却非常不喜欢女儿的心上人，他们认为谢晖不务正业，而且以女儿因为恋爱自初中后辍学，且年龄太小不懂事为由坚决反对。为此，不仅仅是王鲜与父母交恶，谢晖也多次与王鲜的父母发生争执，无奈之下，王鲜离家出走。2008年，已达法定结婚年龄的王鲜想与谢晖登记结婚，向父母索要家庭户口本，却遭到了父母更为强烈的反对，母亲为了阻止她登记结婚，还把户口本藏了起来。于是王鲜2008年诉至法院，以父母干涉婚姻自由为由要求其父母将户口本交其使用，以领取结婚证。

法院认为，王鲜自愿决定与其男友谢晖登记结婚，并不违反我国《民法通则》及《婚姻法》的相关规定，要求其父母返还户口本，理由正当，法院予以支持；王鲜父母以谢晖不务正业、不同意王鲜与其结婚等理由拒绝王鲜使用户口本没有法律依据。

❈分析解答❈由于几千年以来的影响，父母的意见一般都对子女的结婚问题有很大的影响，甚至有些家长认为子女的婚姻问题本来就应该是由父母决定，子女在这件事情上固执己见是早晚要吃亏的。当然，可怜天下父母心，父母都是为了自己孩子的幸福着想，我们也不否认父母比子女有着更丰富的人生阅历。但是，作为父母应当明白，自己的阅历再丰富也不能代替子女的人生，自己也永远不会成为他们婚姻关系的主角，所以强加干涉无论是对于父母子女关系还是对于子女日后的幸福来说，都是毫无益处的。同时，为人子女也应当看到父母的苦心，中国有句俗话——家和万事兴，尤其是父母子女之间，是没有什么问题不能好好坐下来谈的，在遇到这

① 巩沙、郝惠珍主编：《以案说法——婚姻家庭法篇》，中国人民大学出版社2005年版，第14页。

种情况时，子女应当平心静气地给父母讲道理，除了向他们解释自己心有所属外，还应该告诉他们自己才在婚姻中享有绝对的自主权，婚姻、幸福是也只是自己的问题。当然，如果一切都无济于事的话，尤其是像案例中父母和女儿的关系已经僵到母亲为了阻止女儿结婚藏匿户口本的程度上，做女儿的也只好通过起诉这样一个途径来维护自己的权利了。

5. 老年人再婚应当注意哪些问题？

老年人丧偶或离婚后，晚年生活的孤寂随之而来，精神上的孤独感驱使他们渴望有新的感情慰藉。老年人再婚对于他们自身以及整个社会都有诸多好处：从医学角度而言，再婚有益于老年人的健康长寿；从心理学角度而言，再婚有利于老年人摆脱孤独寂寞，心理得到健康发展，精神上有所寄托从而增强生活的信心；从社会学的角度而言，再婚可以减轻子女精神上和经济上的负担，减轻国家和社会对孤老者的负担，并能为老年人发挥余热创造条件。

老年人再婚当然也受到《婚姻法》婚姻自由原则的保护。但是，老年人再婚显然比青年人结婚问题更加复杂。老年人再婚，与那些感情至上的年轻人不同，他们的再次结合掺杂了财产分配、子女赡养以及社会舆论等诸多因素，尤其是关于老人财产的分配问题，往往是婚后各种矛盾的导火线。

❈生活实例1❈父母再婚，子女无权拒绝赡养①

今年58岁的袁老伯与前妻共生育有3个子女，20年前小儿子因病不治身亡，前妻突发精神病离家出走，他一个人含辛茹苦抚养两个儿女。前两年袁老伯的大儿子又不幸去世，仅有的一个女儿又远嫁他乡。后经人介绍，袁老伯与丧偶的兰阿姨相识。此时，袁老伯的女儿袁某在弟弟不幸死亡后做通丈夫工作，夫妻二人带着儿女

① 王立群：《老父再婚　女儿拒绝赡养被诉》，载中国法院网，http：//www. chinacourt. org/public/detail. php？id＝336169。

回到老家，打算照顾袁老伯的生活。袁某经常与兰阿姨因家庭生活琐事闹一些纠纷。2006 年 10 月，袁老伯与兰阿姨登记结婚。再婚后，袁老伯想把兰阿姨的户口迁入本队，但遭到生产队的拒绝。兰阿姨一气之下到外租房居住，袁老伯亦随兰阿姨一起到外居住，没有经济来源的袁老伯生活上更是显得捉襟见肘。无奈之下，袁老伯只好要求女儿每月支付一定的赡养费，但女儿拒绝了父亲的要求，虽然经当地司法所及村委会调解，仍没有任何效果。见女儿态度强硬，袁老伯只好将女儿袁某告上法院，要求法院判令女儿停止将自己驱赶出家门的行为，每月支付他赡养费 300 元。袁某则以自己没有驱赶父亲出家门、父亲对其母亲的出走不管不问不积极寻找、再婚未征求其意见、自己生活困难、父亲仍有劳动能力为由，对父亲的要求不予认可。

考虑到该案在当地的影响和案件审结后带来的社会效果，承办法官多次组织双方当事人做调解工作。法院认为，根据我国《婚姻法》的规定，子女应当尊重父母的婚姻权利，不得干涉父母再婚及婚后生活；子女对父母的赡养义务，不因父母的离婚再婚而免除减轻。经过晓之以理、动之以情、明之以法的教育疏导，袁某终于想通了，于 12 月 16 日与袁老伯达成了赡养协议：从 2008 年 12 月起每月月底前支付给袁老伯赡养费 150 元，并自愿交纳了袁老伯缓交的诉讼费。

❖**分析解答**❖子女不得干涉父母再婚的权利，更不得以不同意父母再婚为由拒绝履行对父母的赡养义务。我国《婚姻法》第 3 条规定：“禁止包办、买卖婚姻和其他干涉婚姻自由的行为。”第 30 条又补充规定：“子女应当尊重父母的婚姻权利，不得干涉父母再婚以及婚后的生活。子女对父母的赡养义务，不因父母的婚姻关系变化而终止。”尽管新《婚姻法》和我国《老年人权益保障法》都明确规定，老年人再婚自由，子女不得干涉父母再婚。但在现实生活中，往往是老人好不容易下了再婚的决心，最终还是因为子女的强烈反对、干涉而最终放弃。而最终选择了不顾子女反对坚持再婚的老人，也往往因为子女与继父或继母的关系不融洽而带来更多的问题，本例中的拒绝赡养就是一类常见的例子。

保护老年人的合法权益，是《婚姻法》的又一项基本原则。子女对父母的赡养扶助义务是这一原则的具体体现。子女应该明白，老年人为子女和社会作出了贡献，在年老体弱时理应受到保护，干涉父母再婚已经是错误，由此拒绝赡养老人更是错上加错。其实在更多的情况下，两代人可以在心平气和的氛围里进行沟通，老人还可以要求亲友或者子女所在的单位或者居民委员会、村民委员会等调解组织，对子女进行教育和劝解。在子女因反对父母再婚问题上而拒绝履行赡养义务时，老年人应该拿起法律武器保护自己的合法权利，要求子女履行赡养义务。

※生活实例2※ “银发同居”不受法律保护①

因老伴意外去世，老张就搬到大儿子家同住。邻居李大妈早年丧夫，无儿无女，见老张因老伴儿去世而情绪低落，就常对他热心帮助，两人慢慢地建立了感情。两位老人虽然渴望重新组织一个美满的家庭，但由于老张子女的反对一直没能结婚。子女们认为老张没有必要再婚，而且母亲刚去世不久，难以在感情上接受一个新的母亲。无奈之下，李大妈只好跟老张以夫妻名义在老张大儿子家过起了同居生活。邻里传出了关于两位老人同居的议论，老张的子女原本就对李大妈十分不满，听到这些议论更是恼火万分。于是，他们当着邻居的面对李大妈又打又骂，还经常以多种方式羞辱、折磨李大妈。李大妈又气又急，但为了老张只能忍气吞声，终日郁郁寡欢，不久就病倒在床，加上原本年事已高，身体不是很好，病得越发严重。但老张的子女对李大妈却一直不闻不问，后李大妈病重医治无效去世。老张对此深感自责，就到法院起诉子女不赡养“后妈”，想给李大妈一个交代。但由于两位老人没有办理结婚登记，法院无法支持老张的诉讼请求，驳回了他的起诉。此时，老张真是追悔莫及，悔恨当初没有与李大妈办理结婚登记。

---

① 王莉：《美丽无限夕阳恋　只是烦恼多》，载北京法院网，http://bjgy.chinacourt.org/public/detail.php?id=6181。

❈**分析解答**❈同居在当今社会的年轻人中已经不再稀奇，但是由于面对子女的百般阻挠，或者由于亲朋好友乃至社会对老年人再婚的不理解，压力较大的社会舆论，或者由于老年人自身经济条件等客观因素的制约以及其他原因，老年人再婚的艰难历程中也出现了一个奇怪的现象——“银发同居”。此现象在如今的社会有不断增长之势。虽然对老年人同居我们应充分理解，毕竟他们在观念上已经迈出了“再找个伴儿”这关键的一步，但是我们必须提醒在再婚面前十分无奈的“银发同居”的老人们，非婚同居的方式是不受《婚姻法》保护的。这使得老年人的这种“再婚”状态十分不稳定，负面影响也随之而来，比如案例中那样，在权益受到侵犯时难以寻求法律保护。所以，在这种情况下，很多时候再婚的老年人还是需要那一张结婚证书来保障自己的基本权利的。

❈**生活实例 3**❈**老年人再婚，明析各自财产**①

冯女士的丈夫在一次意外事故中丧生。后经人介绍，她与张先生相识，并一见如故。但当冯女士在村委会开好了介绍信，准备办理婚姻登记手续时，长子为了阻止母亲再婚，将母亲的户口本、身份证以及村里开的介绍信统统拿走。出于无奈，冯女士将长子告上了法庭。法庭上，长子表示他希望母亲找一个好老伴，相互之间有个照应。但他认为，母亲小有积蓄，如果再婚不谨慎，可能会吃亏。

婚姻自由是我国《婚姻法》确定的一项基本原则，《婚姻法》第 19 条规定，夫妻可以约定婚姻关系存续期间所得的财产以及婚前财产归各自所有、共同所有或部分各自所有、部分共同所有；夫妻对婚姻关系存续期间所得的财产以及婚前财产的约定，对双方都具有约束力。本案中，长子将母亲的各种再婚所需证件、证明拿走，明显干涉了母亲的婚姻自由，违反了法律规定。其实，如果长子对母亲的再婚不放心，可以建议母亲与张先生对财产问题订立一

① 李茂森：《儿子不能干涉母亲再婚》，载北京法院网，http：//bjgy. chinacourt. org/public/detail. php? id＝706。

个协议，这一协议依法对双方都有法律效力。这样，既尊重了母亲的婚姻自由，又保护了她的权益。最终，法院判决长子返还母亲办理结婚登记的各种证件、证明。

※分析解答※子女反对老年人再婚理由较多，不愿父或母的财产因再婚而落入“外人”之手的占了一大部分。老年人再婚中，财产如何处理一直是最为敏感的问题，也是阻挠老年人再婚的“拦路虎”。由于再婚老人的财产所有权模糊，加之双方原子女的不当干涉，极易发生利益冲突及与再婚老人的遗产纠纷。

影响老年人再婚的财产包括婚前财产和婚后财产，类型主要有老年人所有的房产、大件家具、存款、有价证券等。而在众多财产中，争议最大的是房产。再婚过程中的财产问题主要体现在再婚老年人之间、再婚老年人与各自子女之间。许多子女认为，老人再婚会导致法定继承人增加，为避免自家财产外流，必须阻挠。所以我们建议准备再婚的老人们，在登记前先把各自的财产进行有效确认，以有效避免婚后的财产纠纷。那么，应该怎样确定婚前双方各自的财产所有权呢？通常的做法是：（1）子女们提出的对已亡生父或生母的遗产继承要求，应予以支持。死者的遗产，应由包括诸子女在内的第一顺序继承人共同分割。（2）老人原来与子女在一起生活的，应当做好再婚前的家庭析产。（3）关于婚前财产约定，再婚老年人之间可对各自所有房产、大件家具、存款、有价证券等财产达成协议；再婚老年人与各自子女之间可对原有财产今后如何继承商议妥当，形成书面形式并进行公证；关于婚后财产约定，再婚老年人对共同财产是双方出资还是一方出资以及今后归属问题都以约定方式予以明确。此外，还可以在婚前对财产之外的生活方式、赡养、后事等内容进行约定，以尽可能避免发生纠纷，即使发生，法院也可依据双方的约定判决执行。

6. 被判处有期徒刑或有期徒刑缓刑的人是否可以结婚?

被判处有期徒刑的人被限制了人身自由，而结婚登记又须双方亲自参与，所以被判处有期徒刑的人的结婚权利由于其人身自由的受限而受限。但是，被判处缓刑的人又有所不同，尤其是在司法实践中，被判处缓刑的人一般罪恶不大，而且缓刑既是一种制裁也是一种宽大的政策，目的是为了使罪犯受到更好的教育和改造。因此，被判处有期徒刑缓期执行的人可以提出结婚申请，进行结婚登记，有关部门也应当受理他们的结婚登记的申请。

❈生活实例❈缓刑期间可以结婚①

刘某因犯贪污罪，被法院判处有期徒刑3年、缓刑3年。刘某恋爱多年的女友并未因此取消他们的结婚计划。由于是在缓刑执行期间结婚，于是刘某通知了公安机关。公安机关的工作人员一听是一个刚刚开始执行缓刑的人要求结婚，当即就答复其本人，在缓刑期间不得结婚。为此刘某非常痛苦，现在的女友愿意和自己结婚，一旦结婚的事被耽搁，以后二人的事就没准了。他认为公安机关不许可他结婚的做法是不对的，直接侵犯了他的人权。虽然自己犯罪了，但是还是公民，又没有入狱，应当享有与普通人一样的基本权利，于是刘某到有关机关反映了这一问题，相关部门最终同意其与女友办理了结婚手续。

❈分析解答❈最高人民法院、最高人民检察院、公安部《关于徒刑缓刑、假释、监外执行等罪犯的恋爱与结婚问题的联合批复》规定："对于因病保外就医的罪犯，考虑到病愈后还要收监执行的情况，因此，他们的恋爱与结婚以不允许为宜。被判处徒刑、缓刑和假释的罪犯，在缓刑或者假释期间，他们的恋爱与结婚问题，只要符合《婚姻法》规定的条件，是可以允许的，不必经过

---

① 巩沙、郝惠珍主编：《以案说法——婚姻家庭法篇》，中国人民大学出版社2005年版，第36页。

公安机关或人民法院审查批准。”

根据这一批复，被判处徒刑缓刑的罪犯，在缓刑期间，其恋爱与结婚问题，只要符合《婚姻法》规定的条件是可以允许的，不必经过公安机关或法院审查批准。所以，只要刘某与未婚妻符合《婚姻法》规定的结婚条件，就可以办理相关结婚手续。

7. 结婚登记的具体程序是什么?

结婚必须依法办理登记。办理机关为县级民政局婚姻登记办公室、乡（镇）人民政府婚姻登记办公室。办理依据是《婚姻法》、民政部《婚姻登记条例》。

办理结婚登记的，必须男女双方共同亲自到一方户口或双方户口所在地办理登记手续。办理时，双方应持下列证件、证明：

（1）户口簿。户口簿的婚姻状况栏应与本人现状相符，即未婚、离婚或丧偶，未变更的应到户籍所在地派出所进行变更。外地人员户口簿须将整本户口簿带来。集体户口者，需将本人户口页原件借出，并将集体户口首页复印并加盖管理部门印章后一同带来。

（2）身份证。身份证应在有效期内，显示内容应与户口簿一致；身份证丢失或过期者，应补办正式或临时身份证。这里所说的显示内容一致，主要是指姓名、性别、身份证号等信息，由于当今人口流动性大，尚有效期内的身份证不一定及时更换，身份证上的地址可能与户口本（卡）上面显示的不一致，只要户口本（卡）上记载的户口迁移信息与身份证一致，即通常是从身份证注明的地址迁移到现户口地址，即可以正常办理婚姻登记。

军人证件和婚姻状况证明。当事人为军人的，持本人有效军人证件及部队团以上政治部门出具的婚姻状况证明。部队驻地（详细地址）在婚姻状况证明“备注”栏中注明。

（3）照片。双方应携带近期、免冠、半身、便装、同底3张大二寸（5cm×3.7cm）合影证件照，或者到登记处现场照相，登记人不宜着军装、警装等职业服装拍摄结婚登记证件照片。

(4) 双方签署申请结婚登记声明书。

【参考法律文书】

申请结婚登记声明书

本人申请结婚登记，谨此声明：

本人姓名：　　　性别：　　　国籍：

出生日期：　　年　月　日　民族：＿＿＿＿职业：

文化程度：　　　身份证件号：

常住户口所在地：

婚姻状况：（未婚/离婚/丧偶）

对方姓名：　　　性别：　　　国籍：

出生日期：　　年　月　日　民族：＿＿＿＿职业：

文化程度：　　　身份证件号：

常住户口所在地：

婚姻状况：（未婚/离婚/丧偶）

本人与对方均无配偶，没有直系血亲和三代以内旁系血亲关系，了解对方的身体健康状况。现依照《婚姻法》的规定，自愿结为夫妻。

本人上述声明完全真实，如有虚假，愿承担法律责任。

声明人：　　　　　　　　　　监誓人：

年　月　日　　　　　　　　　年　月　日

（注：声明人签名须在登记处的监誓人面前完成）

(5) 婚姻登记机关办理婚姻登记，除按收费标准向当事人收取工本费（各地规定标准可能不同）外，不得收取其他费用或者附加其他义务。

婚姻登记员受理结婚登记申请后，查验当事人提交的证件和证明材料，确认真实性后，男女双方填写、签署并宣读本人的《申请结婚登记声明书》，经审查符合结婚条件的，颁发结婚证。

第二章　婚约财产纠纷

婚约是男女双方以将来结婚为目的而作的事先约定。婚约财产纠纷是指男女双方在相识恋爱期间，一方因特定原因而从对方获得数额较大的财物，在双方不能缔结婚姻时，财产受损的一方请求对方退还财物而产生的纠纷。婚约财产有两种表现形式：一种是金钱，如以见面礼、改口费、彩礼等形式给付的现金；另一种是物品，如一方送给另一方的衣物、生活用品、电器及其他有价值的物品，不包括双方进行正常交往而赠送的价值较小的烟酒、装饰品、纪念品等。[①]

8. 婚约可以约定违约责任吗？

根据我国现行的政策法规，订婚不是结婚的必经程序，男女双方是否结婚，完全以双方在办理结婚登记时表示的意愿为依据。婚约应当由达到一定年龄的男女自行自愿订立，以双方自愿为履行的条件。双方均要求解除的，可以协议解除，一方要求解除的，可以单方解除，无须经过法定程序。父母代为订立的婚约对当事人没有约束力。婚约成立后，当事人间产生结婚义务，但这种义务是约定义务、道德上的义务。这种义务区别于法定义务和一般意义上的合同义务，由双方自愿履行。一方不履行的，对方当事人不得基于婚

① 万鄂湘、张军主编：《民事法律文件解读》，人民法院出版社 2008 年版，第 35 页。

约诉求结婚，也不得基于婚约提起违约之诉或侵权赔偿之诉，也不得请求精神损害赔偿。对于婚约订立后男女双方发生同居关系的行为虽然有违道德，但系双方自愿行为，也不宜提起精神损害赔偿之诉。

※生活实例※单方承诺不构成婚约①

王女士与张先生于2006年年底相识。二人相识不久即自愿发生关系。据王女士称，此前张先生曾声称自己离异单身，愿意与其成婚。王女士怀孕后曾与张先生商量结婚事宜。2008年1月27日，张先生为王女士书写保证书一份，内容为："张先生特此保证，在人生以后的日子里，只爱王女士一个女人，如有背叛和离弃，将以15万元作为给她的赔偿，特此为证。"2008年3月14日，在张先生的陪伴下，王女士到医院做了引产手术并支付了医疗费。此后双方再无来往。分手后，女方王女士手持一纸承诺将张先生诉至法院，要求张先生支付情感保证金15万元。

※分析解答※婚约是以将来缔结婚姻为目的的男女双方当事人之间意思表示的一致约定，双方承担的义务是在将来努力使婚姻成立，但这种义务具有特殊性，不具有强制执行力。一般不认为婚姻是一种民法上的合同，不得根据婚约而提起结婚的诉讼请求，也不得追究违约责任。在本案中，张先生的一纸承诺，不是双方之间的婚约，也不是民法上的民事法律行为，不能要求其承担违约责任。

法院经审理认为，本案中王女士与张先生系自行相识，在交往过程中，双方曾想建立婚姻关系。但结婚必须男女双方完全自愿，不许任何一方对他方加以强迫或任何第三者加以干涉。本案中王女士未提供足够证据证明双方就建立婚姻关系达成一致意见，更未提供证据证明二人婚约为双方亲属、朋友等社会关系范围内人群所共知，故就王女士主张双方之间订婚、建立婚约关系的主张法院不予支持。

---

① 魏九川、张婷婷：《金钱条款承诺情感 诉求兑现未获支持》，载北京法院网，http：//bjgy. chinacourt. org/public/detail. php？id＝71939。

就王女士持有张先生书写的承诺，据此要求张先生给付其相应款项，法院认为，单方承诺内容系对于感情维系表达的一种意愿，但按一般社会风俗及伦理观念，感情的维系不应以金钱作为对价，故张先生的上述单方承诺不具备民事法律行为效力，故对王女士相应诉讼请求，法院不予支持。

根据本案目前双方提交的证据及所查明的事实，张先生的行为尚未构成对王女士人身权的侵害。据此，王女士要求张先生赔偿保证金缺乏法律依据，法院对其主张不予支持。最后，法院驳回了原告王女士的诉讼请求。

9. 订婚所给付的彩礼，婚约解除后是否有权要求返还？

因订婚而赠送的财物即“彩礼”，是男女双方恋爱关系基本确定后，按照习俗，男方（或女方）在婚前给予女方（或男方）一定数量的现金或财物，以表示其欲与对方缔结婚姻的诚意。彩礼的给付是基于当地的风俗习惯，当事人给付彩礼的目的是与对方结婚、共同生活。收受彩礼的一方也非常清楚对方给付彩礼的意图，一旦收受彩礼，则表示其愿意与对方成婚。如果收到彩礼的一方认为双方没有感情基础，不适合结为夫妇，可以不接受彩礼。

但如果收受彩礼后，结婚不成，彩礼该如何处理呢？基于公平理念及尊重民间习俗等方面的考虑，最高人民法院《关于适用〈中华人民共和国婚姻法〉若干问题的解释（二）》第10条明确规定，当事人请求返还按照习俗给付的彩礼的，如果查明属于以下情形，人民法院应当予以支持：（1）双方未办理结婚登记手续的；（2）双方办理结婚登记手续但确未共同生活的；（3）婚前给付并导致给付人生活困难的。适用前款第（2）、（3）项的规定，应当以双方离婚为条件。

实践中，法院确定彩礼是否返还，一般从以下几方面考虑：

(1) 以当事人是否登记结婚为依据。给付彩礼后未缔结婚姻关系的，原则上收受彩礼的一方应当返还彩礼。给付彩礼后如果已经结婚的，彩礼原则上不予返还，只有符合法律明确规定的条件，当事人的返还请求才能获得支持。

(2) 婚前给付彩礼后双方登记结婚的，必须以已经离婚为前提，才能考虑支持给付人的返还请求。如果给付彩礼之后，在婚姻关系存续期间，给付人反悔，提出要求返还彩礼的，不予支持。

(3) 只有双方没有在一起共同生活就离婚的，或者说给付人因为彩礼的给付而导致生活困难的，才能要求返还彩礼。

❈生活实例1❈婚前赠与彩礼，离婚索回无据[①]

张某与李某经人介绍相识，于2007年登记再婚。自2008年年初，双方分居生活，后张某起诉要求离婚。在双方登记结婚前，李某曾给予原告张某彩礼钱2万元。

在庭审过程中，李某表示同意离婚，但原告必须返还彩礼钱2万元，张某虽然认可李某给付了2万元彩礼，但是认为给彩礼是农村的习俗，不同意返还。

法院经审理后认为，因双方已经登记结婚且共同生活，同时张某在举证期限内亦未提交证据证明由于给付彩礼而导致其生活困难，故对其主张，法院不予支持。据此，法院判决双方离婚，驳回张某要求返还彩礼的诉讼请求。

❈分析解答❈婚约缔结后双方互赠的财产不同于一般的赠与，具有特殊性，是附解除条件的赠与。赠送彩礼，实际上是预想将来婚约得到履行，男女双方正式结婚。如果双方结婚，解除条件不成就，赠与行为继续有效，彩礼归受赠人所有；如果双方最终不能结婚，赠与行为不生效，受赠人继续占有彩礼的依据已经不存在，互赠的财产应当返还，赠与人也可以基于不当得利请求权请求受赠人返还或者向法院起诉要求受赠人返还。

① 马建庆：《婚前赠与彩礼　离婚索回无据》，载北京法院网，http: //bjgy. chinacourt. org/public/detail. php? id = 71642。

※生活实例2※订婚双方最终未登记结婚，所付彩礼有权索返[①]

2007年5月，张某（男）与栾某（女）经人介绍认识并建立恋爱关系。2007年12月，双方按当地农村风俗举办了订婚仪式。在双方接触过程中，张某觉得两人个性不合，而且在如何履行婚约问题上分歧不断产生，于是向栾某提出解除婚约，并要求栾某返还订婚定金、首饰、订婚宴花费等费用。双方协商未果，张某提起诉讼，要求栾某返还因订婚产生的一切费用。后法院判决栾某返还张某彩礼款6600元。

※分析解答※本案发生在仍保持送彩礼习俗的地区，原告按照当地的习俗向被告送彩礼，是希望与对方缔结婚姻。之后，由于双方终止恋爱关系，依照最高人民法院《关于适用〈中华人民共和国婚姻法〉若干问题的解释（二）》第10条第1项的规定如果双方未办理结婚登记手续的，收受彩礼的一方应返还彩礼。所以，被告应返还原告其所收受的彩礼。

※生活实例3※结婚登记后未共同生活，彩礼在离婚时能否要求返还[②]

2005年3月，郑某与曹某经人介绍相识，同年10月登记结婚。婚前，按照当地习俗，郑某向女方曹某交付48300人民币及黄金2两作为彩礼。曹某父母用一部分彩礼购买了14000元的家电以及黄金若干，作为郑某的嫁妆。婚后第三天，因为多种原因，女方搬回父母家住，此后虽然郑某多次登门要接曹某回家，但是曹某以各种理由拒绝回家。2006年春节过后，无法忍受这种现状的郑某向法院提出离婚诉讼，请求法院判决准予双方离婚；并要求曹某返还婚前收受的彩礼48300元以及黄金2两。曹某同意离婚，但是声

---

① 朱晓云、孙丽君：《订婚双方最终未登记结婚，所付彩礼有权索返》，载北京法院网，http://bjgy. chinacourt. org/public/detail. php? id = 75224。

② 贾明军、王常栋：《现代婚姻家庭经典案例》，上海交通大学出版社2008年版，第80页。

称因为彩礼已经用于购买嫁妆、黄金以及一些必需开支，现已全部用完，郑某不能再要求自己返还。同时，曹某提出反诉，要求拿回嫁妆。法院判决：女方应向男方返还彩礼2万元，因嫁妆已经作了扣除，所以对女方要求取回嫁妆的请求不予支持。

※**分析解答**※双方履行结婚登记手续，只是表明双方已形成法律上合法的夫妻关系。但是，如果双方确未共同生活，既没有履行夫妻之间的实质权利义务，也无夫妻之间相互扶助、共同生活的经历。根据最高人民法院《关于适用〈中华人民共和国婚姻法〉若干问题的解释（二）》第10条第2项的规定，如果双方已经办理结婚登记，但确实没有共同生活的，离婚时男方有权要求返还彩礼，法院应予以支持。

10. 谈恋爱期间男方对女方的赠与在分手后是否可以要回?

《婚姻法》第3条规定，禁止借婚姻索取财物。订立婚约索要财物，是指一方主动要求对方给予一定数额、价值的财物，并以之作为订婚的前提条件，给付财物一方是被动的。借婚姻索取财物与基于婚约的赠与是不同的，其区别在于：首先，借婚姻索取财物的，给付财物一方是被动给予，而基于婚约的赠与中，给付财物一方是自愿、主动给予；其次，给付的对象上，借婚姻索取财物的，财物一般不是归于订婚的当事人，而是归其父母或其他人；而基于婚约的赠与中，受赠人是订婚的当事人，即赠与物一般是作为男女双方将来结婚用的，属于将来的夫妻共同财产。

彩礼之外的赠与能否要求返还，目前还没有一个明确的规定，各地法院的判例也各有不同，但一般都遵循了一个原则，即较小价值的礼物或金钱按赠与关系处理，赠与物一旦交付，所有权就转移到了受赠方的手里，赠与方是没有权利索回的；但如果是较大价值的金钱或者物品，尤其是以结婚为目的的赠与，则是按照附条件的赠与对待——也就是说，只要双方没有结婚，赠与方就可以主张赠与不成立，也就可以随时要求返还赠与物。

❈生活实例❈恋爱期间赠与附条件，分手之后可要回[①]

2004年10月，卢大伟与张小丽确立了恋爱关系。相恋的四年间，卢大伟陆续“献”给女友75553.24元。然而，因为种种原因，两人最终没能走到一起。因为自己的付出没有得到回报，卢大伟理所当然地要把“情债”理清。然而，张小丽只将3600元交给卢大伟就拂袖而去，无奈的卢大伟只得向法院起诉。

卢大伟认为，张小丽与其婚恋期间，从2004年10月至2007年10月，就以种种理由向其索取财物。2007年国庆节后，见其积蓄用完，便开始对其不理睬。此时，他方知张小丽与其相好的目的是敛财而不是为了结婚。他要求张小丽还钱，但张小丽至今只还款3600元。张小丽借婚恋之名，向其索取的钱物属不当得利，请求人民法院判令被告返还给原告人民币71953.24元。

张小丽则认为，其在四年期间向卢大伟索取财物不是事实，即使相互有财物、金钱的往来，也都是恋爱期间相互赠与的关系。卢大伟的诉讼请求没有事实和法律依据，请求法院予以驳回。

法院认为，卢大伟与张小丽在恋爱期间，互相给予对方财物是一种赠与行为。本案中卢大伟给予张小丽财物是有前提条件的，那就是与张小丽成就婚姻，即是附条件的赠与。附条件的赠与只有在所附条件成就时生效；如果所附条件未成就，赠与不发生法律效力，赠与物应当返还。二人没有登记结婚，他们之间不存在婚姻关系，赠与所附的条件没有成就，张小丽应当将从卢大伟处取得的财物返还给。遂判决被告张小丽返还给卢大伟人民币71953.24元。

❈分析解答❈这就是前面所说的男方赠与女方较大价值财物的例子，男子希望通过金钱的投资来换来感情的稳固，但最终还是没能终其所愿。但幸运的是，两人一拍两散的时候，原告终于还能够

---

① 案例来源载天津法律维权网，http：//www. tj-seo. cn/lvshi/2008—12/715. html。

通过拿起法律武器维护自己的权利，减小自己的损失。金钱买不来爱情。毋庸置疑，但很多时候，处于恋爱中的男士出手大方的时候颇有些身不由己，如果赠与的一方不希望最后“赔了夫人又折银子”，留下一些证据也算是给自己留些后路。就像案例中的卢大伟那样，汇款单、存取款证明，这些都可以作为日后走上法庭的证据，免得日后开庭时面对法官有理无据白忙一场。

11. 婚前财产约定何时生效？

婚前财产约定的生效以婚姻的生效为条件。当然，如果只是为了对双方的婚前财产作出划分，并明确婚后财产各自所有，婚前财产协议何时生效并不会产生什么纠纷。一方在婚前财产约定中明确约定把自己所有的财产在婚后归另一方所有，这样的财产约定何时生效就牵涉到很多问题。常见的情况是，将要结婚的双方做好了类似约定，但是其中一方却不结婚，反而要求另一方履行赠与协议。

首先需要明确一点，在民法规定中，赠与是一种单务合同，仅有一方当事人承担义务，赠与合同一旦作出并经过公证，赠与方就必须履行合同，而受赠方并没有对应的义务。可是婚前财产约定中的赠与就不同了，可以说这是一个附条件的赠与，所附的条件就是双方结婚，只有在双方结婚后一方才应当履行自己的赠与义务，当然，这就要求在签订婚前财产协议时双方应当写明“婚前财产约定”的相关字样，否则打起官司来就很难说清了。

※生活实例※签订婚前财产协议赠财产，没有结婚可反悔①

张先生离异后于 1996 年 11 月通过婚姻介绍所介绍认识了同为 54 岁的梁女士，经了解得知梁女士是民政干部，国家公务员，张先生感到十分满意，之后两人感情发展十分迅速。自 1997 年两人开始共同生活。张先生觉得双方年纪都不小了，就准备结婚，由于

---

① 萧萧、唐晋：《婚前财产约定不能婚前生效》，载北京法院网，http：//bjgy.chinacourt. org/public/detail. php？ id＝6778。

是再婚，所以两个人想做一下婚前财产约定。为了表答自己想与梁女士白头到老的忠心，张先生所做的婚前财产约定中慷慨表示将一套两居室住房送与女方。在做了这个财产约定后，张先生曾多次提出与梁女士结婚，但梁女士不是拿假结婚证骗他就是以各种借口搪塞。事隔不久，他便被梁女士轰出了家门，还被梁女士告上了法庭。

梁女士在诉讼中要求张先生给付曾在约定中承诺赠与的两居室住房。庭审中，梁女士称她与张先生是朋友关系，张先生名下有一套两居室私产。1998年1月，她与张先生签订了一份赠与协议，协议内容包括：(1) 属于梁女士所有的18间平房，均作为其婚前财产。(2) 属于张先生所有的两居室住房，张先生自愿赠给梁女士，也作为梁女士的婚前财产。(3) 梁女士的婚前财产在梁女士、张先生结婚后的夫妻关系存续期间均不作为夫妻共同财产处理。(4) 本协议一式二份，经公证后生效。这份协议在公证处进行了公证。梁女士说，经过公证的赠与合同是不可以撤销的，然而张先生至今未向她交付赠与物，也未办理该房的产权过户手续。所以梁女士才起诉到法院要求张先生履行自己的诺言，并承担案件受理费。

张先生则称自己当初与梁女士签订上述公证时，是为了双方能结婚，现在双方既然没有办理结婚登记手续，特别是梁女士在起诉书开始就称二人为朋友关系，当然就更没有权利要房子；自己的房子是按优惠价购买的，依照有关规定不能买卖、赠与、抵押、转让和继承，应属无效协议。

法院经审理认为，当事人对合同条款的理解有争议的，应当按照合同所使用的词句、合同的有关条款、合同的目的、交易习惯以及诚实信用原则，确定该条款的真实意思。涉诉公证协议开篇即明确“协议人梁女士、张先生现就双方的婚前财产问题达成协议如下”。该协议前三条，双方不但约定和明确了张先生的房产赠与行为，还对上述协议约定的梁女士全部婚前财产的处理问题进行了明确，且该协议中3次出现了“婚前财产”、同时出现了“结婚后”、

“夫妻关系存续期间”、“夫妻共同财产”等与婚姻相关的词句，由此可以推断出，该公证协议是以协议双方办理登记结婚手续作为公证实质要件存在的。该公证虽在第4款约定（协议）“经公证后生效”，但按照双方公证协议所使用的词句、有关条款及此次公证的目的、婚前财产约定的通常习惯做法，法院推定该份公证的真实意思非单纯赠与行为，而且是以双方婚姻作为实质附加条件的含有赠与行为的婚前财产约定。依照有关法律规定，附条件的民事法律行为在符合所附条件时生效。由于双方当事人至今尚未履行登记结婚手续，致使该协议无法生效并实际履行。故梁女士以涉诉公证系单纯赠与公证，并以此为由要求张先生履行赠与及过户义务，没有法律依据。据此，法院判决驳回了梁女士的诉讼请求。

❖分析解答❖张先生与梁女士签订的协议究竟是婚前财产协议还是单纯的赠与合同，是本案的焦点问题。如果是赠与合同，这个合同又经过公证，那么，张先生就必须无条件地履行合同，将房产赠与梁女士；但是如果认定是婚前财产协议，那么这样的协议约定的赠与就是有前提的，也就是梁女士与张先生结婚，如果双方并未结婚，梁女士当然不能要求房子的所有权。

而区分赠与合同还是婚前财产协议的关键在于，合同的内容是怎样约定的，是否有注明“婚前财产协议”，或者能有相关内容证明这份协议是以“结婚”为前提的。好在张先生与梁女士的协议能够向法院证明这是婚前财产协议，所以法院支持了张先生的请求，认定梁女士不得向张先生主张房屋的所有权。

再从赠与合同来看，如果张先生当时在签订这份协议的时候糊里糊涂只写“赠与房产”，那么就会是另一种结果了。

在晚年爱情到来的时候，对于爱慕对象，赠送很多贵重礼品是很常见的。由婚前赠与所引起的财产纠纷也比较普遍，往往是其中一方为了表明永结百年的心迹，会主动时送给另一方贵重财产。但这种表示方法必须要有一个保障，比如说保留好相应买卖合同、财产凭证、票据等，或者写明是一种附条件的赠送。

第三章　离婚纠纷

离婚是指夫妻双方依照法定的条件和程序解除婚姻关系的法律行为。离婚只对夫妻双方之间的人身关系和财产关系产生影响，终止了双方的人身关系和财产关系。父母子女间的关系不因离婚而消灭，离婚后，子女无论由父亲还是母亲抚养，仍然是父母双方的子女，父母对子女有抚养教育的义务。养父母与养子女间的身份关系及权利义务关系，也不因养父母离婚而消灭，养父母离婚后，养子女不管是由养父还是由养母抚养，仍然是双方的养子女。

12. 办理离婚有哪些方式?

根据不同的角度，可以对离婚作如下分类：第一，根据当事人对离婚的态度，可以分为双方自愿的离婚和一方要求的离婚；第二，根据离婚的程序，可分为行政程序的离婚和诉讼程序的离婚，即协议离婚和诉讼离婚；第三，根据解除婚姻关系的方式，可以分为协议离婚和判决离婚。

诉讼离婚，是指夫妻一方要求离婚，或者虽然双方同意离婚但就离婚后的子女抚养或者财产分割等问题无法达成协议，而由一方向人民法院提起诉讼，由法院审理，调解或者判决双方离婚的制度。协议离婚也称为登记离婚，是指夫妻双方自愿离异，并就离婚的法律后果达成协议，经过婚姻登记机关的认可即可解除婚姻关系的一种离婚方式。

在实践中，即使是诉讼离婚，法官一般也本着“以调为主”

的模式审理离婚案件，所以诉讼离婚的方式又可以分为调解离婚和判决离婚两种方式。

所谓调解离婚，就是离婚双方当事人在法院主持的调解中达成离婚协议。协议包括双方同意离婚，对子女今后的生活安排、分割财产等内容人民法院按照调解协议的内容制作调解书。离婚调解书经双方签字后具有法律效力，而且应当注意的是，对于调解离婚的，当事人不得上诉。而且双方有义务按照调解协议履行约定的各项义务。

对于调解无效的案件，人民法院就会依法作出判决。判决应当根据当事人的婚姻状况、法律的规定作出准予离婚或者不准离婚的判决。还应当注意的是，一审判决离婚的，当事人在判决发生效力前是不得再次结婚的，因为离婚判决生效前当事人的婚姻还没有在法律上解除，在这个期间结婚会构成重婚行为，实践中是有这样的案例的。

❈生活实例1❈离婚上诉适用调解

某甲与丈夫感情不和分居已久，于是向法院起诉离婚，但是法院一审判决不准离婚，某甲不服提起上诉，但是想就财产分配与子女抚养等问题与男方协商解决。在上诉过程中可以进行调解吗？

❈分析解答❈这是可以的，根据我国《民事诉讼法》的相关规定，“一审判决不准离婚的案件，上诉后，第二审人民法院认为应当判决离婚的，可以根据当事人自愿的原则，与子女抚养、财产问题一并调解，调解不成的，发回重审”。所以如果具备了离婚的条件，二审法院会依据原告请求进行调解。

❈生活实例2❈已判离婚，不能再审

某乙与前夫于去年经过法院二审判决离婚。某乙认为，结婚20多年，法院不应判决离婚，想申请法院再审。请问，这种情形能否申请再审，应向哪个法院申请再审？

❈分析解答❈法院的离婚判决，是对婚姻关系的终止。此类判决，不能申请再审。我国是二审终审制的国家，一般二审判决即生效判决，但是我国还有审判监督机制，对于二审结果仍旧不服的可以通过一定的程序提出再审，但是，对于已经生效的离婚判决是不能提出再审的，无论向哪个法院申请都无法启动再审程序。

13. 协议离婚的程序是什么?

夫妻双方对离婚及离婚后的子女抚养、财产分割等问题达成书面协议的，可以亲自共同到其户籍所在地的婚姻登记机关办理离婚登记。双方未达成离婚协议的，婚姻登记机关不予受理。

办理协议离婚登记，应符合《婚姻法》的有关规定：一方户口或双方户口在登记机关的辖区；双方完全自愿，并对子女抚养、财产处理、住房及债务等事项达成一致协议；男女双方共同到场办理登记手续。办理时，双方应持下列证件、证明：

（1）户口簿。户口簿的婚姻状况栏应与本人现状相符，即：已婚或有配偶，未变更的应到户籍所在地派出所进行变更。外地人员户口簿须将整本户口簿带来。集体户口者，须将本人户口页原件借出，并将集体户口首页复印并加盖管理部门印章后一同带来。

（2）身份证。身份证应在有效期内，显示内容应与户口簿一致。军人离婚的，持本人有效军人证件及离婚介绍信。介绍信内容包括：夫妻双方姓名、结婚时间（以结婚证上显示时间为准）、离婚原因、经调解无效同意办理离婚登记的字样、部队驻地（详细地址），并加盖部队团以上政治部门印章。

（3）双方的结婚证。证件丢失者须出具结婚登记档案证明。结婚登记档案证明查找不到者，须补领结婚证。

（4）离婚协议书。内容包括：双方自愿离婚的意愿表示，对子女抚养、财产处理、住房及债务等事项达成一致处理意见的结果，参考格式如下。协议书一式三份（打印、手写均可，A4 纸），双方须在登记员面前完成签字程序。

（5）每人 2 张近期、免冠、半身、便装、单人、同底二寸（4cm × 3cm）证件照。

【参考法律文书】

离婚协议书（样式）

男方姓名：

女方姓名：

双方就离婚一事达成以下一致协议：

一、双方自愿离婚。

二、子女抚养：子女姓名，性别，年龄，离婚后由哪方（男方或女方）抚养，另一方（不直接抚养子女的一方）每月付抚养费（或生活费）多少，（具体数额及给付起止时间根据双方负担能力及子女实际需要双方自己商定。）探视时间问题等。

（已成年的子女写出子女姓名，性别，说明已独立生活。

双方如无子女，此项写双方无子女；再婚夫妻如无共同子女，此项写双方无共同子女。）

三、财产分割：双方婚姻关系存续期间的共同财产如何分割。（包括存款、家用电器等贵重物品及双方各自名下的产权房。产权房写明具体地址，离婚后产权归属。）

婚姻关系存续期间如有债权写明离婚后由谁享有。

（双方如无共同财产此项写双方无共同财产。）

四、债务：婚姻存续期间债务由谁承担（包括银行贷款及对第三方的债务）。

五、如有承租的住房写明具体地址，离婚后由谁承租。

双方对以上协议无争议。

签字：

婚姻登记员受理离婚登记申请后，查验当事人提交的证件和证明材料，确认真实性后向当事人讲明《婚姻法》关于登记离婚的条件并进行适当调解；调解无效的，当事人分别填写并宣读本人的《申请离婚登记声明书》；当事人应当在《申请离婚登记声明书》上签名或者按指纹，婚姻登记员监誓并签名；当事人分别在离婚协议书上签名。婚姻登记员对当事人提交的证件、证明材料和声明进行审查，询问当事人离婚及对离婚协议内容的意愿并分别制作询问笔录，询问笔录应当交由当事人确认无误后签名；符合离婚条件的，填写《离婚登记审查处理表》和离婚证。

14. 协议离婚后一方不履行协议怎么办？

对于办理离婚登记后，因为当事人不履行离婚协议中的财产给付、子女抚养等有关义务而发生的争议，属于人民法院民事诉讼的受案范围，不能由婚姻登记机关处理，也不能直接申请人民法院强制执行。根据最高人民法院《关于适用〈中华人民共和国婚姻法〉若干问题的解释（二）》第9条的规定，离婚协议中关于财产分割的条款或者当事人因离婚就财产分割达成的协议，对男女双方具有法律约束力。当事人因履行上述财产分割协议发生纠纷提起诉讼的，人民法院应当受理。男女双方协议离婚后一年内就财产分割问题反悔，请求变更或者撤销财产分割协议的，人民法院应当受理。人民法院审理后，未发现订立财产分割协议时存在欺诈、胁迫等情形的，应当依法驳回当事人的诉讼请求。

❈生活实例❈未履行离婚协议可提起诉讼[①]

2006年6月6日，刘女士与李先生在民政部门协议离婚，根据离婚协议的约定，李先生应每年给付刘女士补偿款7500元，分20年付清，共计15万元。但此后李先生一直未按约定给付补偿款，为此刘女士起诉要求李先生给付其两年的补偿款共计1.5万元。

庭审过程中，李先生辩称，其与刘女士签订离婚协议属实，但当时是由于自己做生意赔了钱，刘女士怕承担债务，与其家人胁迫他签订了这份协议；且自己已给付原告补偿款2000元，不同意给

① 程雷：《未履行协议约定 前妻起诉获赔偿》，载北京法院网，http://bjgy.chinacourt.org/public/detail.php?id=73224。

付此款，并要求刘女士分担夫妻关系存续期间的外债。

法院审理后认为，李先生与刘女士签订的离婚协议是双方真实的意思表示，且内容也不违反有关法律规定，故刘女士依照该协议起诉要求李先生给付其2006年、2007年补偿款的请求法院应予以支持。

针对李先生认为其是在刘女士及其家人的胁迫之下签订的离婚协议的说法，虽其向法院提供了证人证言，但证人证言不足以证明其受胁迫的事实，法院没有采纳，最终依法支持了刘女士的诉讼请求。

❈**分析解答**❈双方到民政部门离婚，就财产分割问题和子女抚养问题达成的协议，是当事人在平等自愿的前提下协商一致的结果，而且这一结果也为婚姻登记机关所确认，对任何一方当事人来说，都具有法律约束力。双方都应当接受并主动履行这一协议。但是这一协议的性质属于普通的民事合同，不具有强制执行力，只能依靠双方当事人自愿履行，不能直接据此向人民法院申请强制执行。因此，协议离婚后，如果一方不履行离婚协议，另一方只能以协议为基础向人民法院起诉，要求对方履行协议。

本案中，双方的离婚协议显失公平，本案中李先生主张协议为胁迫之下签订的，仅仅提供了一份证人证言，尚不足以证明其主张，因此败诉。

15. 离婚协议书与一般的民事协议有什么区别?

离婚协议书也是一种民事合同，但离婚协议作为夫妻双方处分其共同财产和子女抚养问题的协议，涉及夫妻身份关系和父母子女的身份关系，涉及双方当事人之间的感情因素、心理平衡或者出于弥补自己行为过失的心理等。基于这一因素，离婚协议与一般的民事合同相比具有特殊性，对夫妻离婚协议中的财产分割部分，局外人不宜用是否公平加以衡量，不能因为协议单纯财产分配的不公平而直接否定协议效力。

根据最高人民法院《关于适用〈中华人民共和国婚姻法〉若干问题的解释（二）》第9条的规定，只有有确切的证据证明当事人协议离婚时签署的财产分割协议时存在欺诈、胁迫等情形，才可以变更或者撤销财产分割协议。司法解释也没有规定人民法院应当受理当事人以协议显失公平或者重大误解为由提出的变更或撤销财产分割协议的请求。也就是说，考虑到离婚协议书的特殊性，一方当事人以离婚协议显失公平、重大误解为由要求撤销离婚协议也不应得到法院的支持。当然，提出主张的一方当事人对其主张承担举证责任，证明协议存在欺诈或者胁迫的证据。

但是，对离婚协议的审查不因其显失公平而直接使其无效，不是说人民法院对离婚协议的处理不考虑公平因素。对于明显不公平的离婚协议，在解释时适当照顾协议中处于不利一方的利益。

※生活实例1※离婚协议显失公平，法院作出限制性解释①

康金声（化名）与李静（化名）原系夫妻，2005年7月，二人在民政部门自愿办理了离婚登记。双方在《离婚协议书》中约定："双方女儿康敏嘉（化名）由李静抚养，康金声每月支付女儿生活、教育费1000元；离婚后，双方财产归康金声所有；离婚后，双方不享有和承担对方的任何债权债务。"康金声与李静离婚后，双方共同所有位于宣武区的两套房屋产权归康金声所有，并由其居住使用。

2007年，康金声向法院起诉，称其经过调查，发现双方夫妻婚姻关系存续期间，在李静名下还有海淀区太阳园小区和朝阳区珠江帝景的多处房产，除此之外，李静还在多个公司拥有股权。康金声现要求将这些房产和股权全部过户到其名下。

李静及其母答辩称，康金声和李静均为下岗工人，平时生活还须李静父母接济，现归康金声之房产的购房款也是李静父母所付。

---

① 王洋林：《离婚协议显失公平 法院作出限制性解释》，载北京法院网，http：//bjgy. chinacourt. org/public/detail. php？id＝68942。

康金声所述房产均为李静之母出资购买，并由李静父母居住使用。李静在这些公司的股权也并非实际拥有，李静在这些公司没有出资，不承担债务，也没有分红，且股权已经变更到他人名下，故不同意康金声的诉讼请求。

法院审理后认为：因双方在离婚协议中并未明确写明归康金声所有的共同财产的具体项目及内容，在双方约定不明的情况下，应从双方订立协议时的具体情况确定双方的共同财产。依据该离婚协议约定，所有财产归男方所有，子女归女方抚养。该协议内容显失公平，因此协议中的所指的双方财产应作限制性解释，即双方在离婚时知晓并进行分割的共同财产。依据法院查明的事实，离婚时的双方财产应为宣武区的两套房屋的所有权以及家具电器等物品，双方已将这些财产分割。康金声提交的证据亦不能充分证明其所述的房产和股权系在双方离婚协议中约定的财产范围。据此，法院驳回了康金声的诉讼请求。

※生活实例2※离婚时协议再婚后不得生育，不合法律规定①

朱女士与邓先生在民政部门办理了离婚手续，解除了双方持续6年多的婚姻关系。3岁多的孩子随朱女士生活，邓先生每月支付抚养费300元。同时，朱女士与邓先生私下又签订了一份书面协议：为使二人的主要精力放在抚养、教育孩子身上，二人再婚后均不得再生育子女，违约者支付对方违约金2万元。

朱女士与邓先生离婚后，一人带着年幼的孩子工作、生活，感觉压力越来越大。同事陶先生默默地给了她许多帮助。日久生情，朱女士与陶先生结婚了。婚后不久，二人有了儿子。

得知前妻朱女士另立家庭并生育孩子之后，邓先生以其违背了双方离婚时签订的书面协议为由，向朱女士索要违约金。在遭到拒绝后，邓先生向法院提起诉讼，请求法院判令朱女士承担违约责任，赔偿违约金2万元。

① 李汝银：《离婚时协议再婚后不得生育 不合法律规定》，载北京法院网，http://bjgy.chinacourt.org/public/detail.php?id=6340。

※分析解答※本案中，朱女士与邓先生达成的禁止生育的协议，是对法律赋予公民生育权的人为限制，违反了法律赋予公民享有生育权的规定，这一协议是无效的。

16. 离婚协议书的法律效力是什么？

当事人协议离婚时所签署的协议书的法律效力，可以从三个方面分析：

第一，离婚协议书具有对内效力。离婚协议中关于财产分割的条款或者当事人因离婚就财产分割达成的协议，对男女双方具有法律约束力。一方不履行的，另一方可以以协议为基础向法院起诉。具体内容前面已经有详细介绍。

第二，离婚协议书关于子女抚养约定的效力。离婚协议书中对于子女抚养的约定内容，直接关系到父母对子女的抚养这一特殊人身关系，司法解释并没有规定可以变更或者撤销。一方面，离婚协议书中夫妻双方对于子女抚养的约定，对子女并没有绝对的约束力，子女可以根据具体情况提出变更。另一方面，离婚协议书中夫妻双方对于子女抚养的约定，对订约者本人也没有绝对的约束力。最高人民法院《关于人民法院审理离婚案件处理子女抚养问题的若干具体意见》第15条规定，离婚后，一方要求变更子女抚养关系的，或者子女要求增加抚育费的，应另行起诉。这说明，父母也可以根据具体情况变更关于子女抚养的约定。

※生活实例1※必要时，子女可就自己生活费向父母任何一方提出超出离婚协议数额的合理要求[①]

现年4岁的小明诉称，母亲王颖与父亲刘松（均为化名）于2008年2月经民政部门登记离婚，双方在离婚协议书中约定，小明由王颖抚养。小明自2008年8月1日始入托于某幼儿园，每月

① 母冰：《必要时子女可就自己生活费超出父母离婚协议提出合理要求》，载北京法院网，http：//bjgy. chinacourt. org/public/detail. php？id =74926。

须交纳托费、伙食费等各项费用共计624元。母亲王颖自己为一电器店职员，月收入1500元左右，而身为出租车司机的刘松月收入2500元左右。故小明在母亲的代理下告上法院诉求刘松每月给付自己抚养费650元。刘松则辩称，夫妻离婚时约定孩子由母亲自行抚养，王颖理应遵守协议。如果王颖经济困难，无力抚养，可以变更抚养关系，由父亲抚养。

法院经审理，最后判决刘松每月给付小明抚养费500元，至小明18周岁止。

※分析解答※《婚姻法》第36条规定，离婚后，父母对于子女仍有抚养和教育的权利和义务。第37条规定，关于子女生活费和教育费的协议或判决，不妨碍子女在必要时向父母任何一方提出超过协议或判决原定数额的合理要求。王颖与刘松签订离婚协议书时，小明未上幼儿园，现在小明已上幼儿园，消费支出明显增加，且刘松具备给付抚养费的能力，应适当给付抚养费。因此，小明有权要求刘松给付抚养费。

第三，离婚协议书对债权人效力。最高人民法院《关于适用〈中华人民共和国婚姻法〉若干问题的解释（二）》第25条规定，当事人的离婚协议或者人民法院的判决书、裁定书、调解书已经对夫妻财产分割问题作出处理的，债权人仍有权就夫妻共同债务向男女双方主张权利。一方就共同债务承担连带清偿责任后，基于离婚协议或者人民法院的法律文书向另一方主张追偿的，人民法院应当支持。可见，离婚协议书对债权人不具有效力，只要是夫妻关系存续期间发生的共同债务，在夫妻双方离婚后，债权人仍然有权要求一方对全部债务承担连带责任。

※生活实例2※离婚协议约定一方还账，不影响债权人向原夫妻要钱[①]

2006年12月21日，管先生夫妻俩因购买房屋向王女士借款

① 刘妍：《离婚协议约定一方还账 不影响债权人向原夫妻要钱》，载北京法院网，http://bjgy.chinacourt.org/public/detail.php?id=63139。

26万元，并由管先生出具了欠条一张。2007年4月24日，管先生夫妻俩协议离婚，约定夫妻共同财产（包括房屋）全归妻子所有，26万元债务由管先生负担。但后来管先生失去了工作，也没有其他财产，故无力偿还原告的26万元借款。王女士将管先生和他的前妻诉至法院，要求二人对26万元债务及利息承担连带责任。对原告王女士的诉讼请求，管先生的前妻认为26万元债务在离婚协议中已约定由管先生来承担，故不同意对26万元债务及利息承担连带清偿责任。

经审理，法院依法判决原夫妻对婚姻存续期间的债务承担连带清偿责任。

※分析解答※现实中夫妻常常误以为可以通过离婚的方式逃债，实际上这是不符合法律规定的一种虚假离婚行为，不受法律保护。夫妻关系存续期间的夫妻共同债务，不因为双方离婚而消灭偿债义务。

17. 婚内离婚协议可否作为诉讼离婚的依据?

当事人在向法院起诉离婚前，可能协商过向民政部门协议离婚，并签有离婚协议书，此后因为种种原因，可能最终不得不采取诉讼离婚的方式解除双方的婚姻关系。在离婚诉讼中，该离婚协议书是否还有效，实践中存在争议。

一种意见认为，离婚协议的目的是协议离婚，离婚协议中的财产协议可视为附条件的民事法律行为，一方反悔不同意办理离婚登记则表明其不同意按离婚协议履行，财产协议因缺乏离婚的前提基础而不再具有约束力；且人民法院不按离婚新协议而依据《婚姻法》的相关规定分割财产不会损害当事人的合法权益，因此，只要当事人起诉离婚，当事人在此之前签订的离婚协议书可以作为双方感情破裂的证据，离婚协议中关于子女抚养和财产分割的内容均对双方无约束力，法院不应按离婚协议处理财产和子女抚养问题。

❈生活实例❈婚内离婚协议不能直接作为诉讼离婚的判决依据

某丙与丈夫李某在婚姻关系存续期间，签订了一份离婚协议书，协议书中约定：如果离婚，房子归某丙，孩子由其抚养，男方不承担抚养费。现在，某丙与李某之间的感情出现不和。如果某丙向法院起诉离婚，可否以该协议的约定作为离婚的依据？

❈分析解答❈某丙和李某在婚内达成离婚协议，也即表明双方选择通过到婚姻登记机关的方式解除婚姻关系。离婚登记也即成为离婚协议的生效要件。当某丙选择诉讼方式离婚时，原离婚协议因不具备生效要件，不具有法律效力。因此，如果进入诉讼程序，该协议不能作为法院裁判的直接依据。

另一种意见认为，离婚协议虽然涉及身份关系，但不能理解为凡涉及身份关系的协议对当事人就无法律约束力，依法成立的合同，对合同当事人具有法律约束力这一基本的合同法原理，同样应当适用于有关身份关系的协议中的财产部分。当事人向婚姻登记机关提交的离婚协议与当事人在离婚诉讼中提交的离婚协议在本质上并无不同，如果将离婚协议看做附条件的协议，也不应将该条件限定为“登记离婚”，除非协议中有明确约定，否则应作宽泛理解为该条件是“离婚”，因此当法院判决准许离婚时，该条件同样已经成就。婚姻关系当事人具备完全的民事行为能力，能够在决定解除婚姻关系的同时关注自己离婚后产生的财产变动、子女等切身利益问题，尽量尊重当事人在自愿情况下表达的意愿。深圳市中级人民法院即持这种观点：当事人在婚姻关系存续期间为离婚而达成离婚协议或财产分割协议后，一方反悔而不同意办理离婚登记，另一方起诉请求离婚并请求按照离婚协议中关于财产分割的条款或者财产分割协议处理夫妻共同财产问题的，人民法院原则上应予支持，但协议内容违反法律、行政法规的强制性规定或者该协议所列财产不存在而客观上不能履行的除外。财产分割条款或协议未涉及的夫妻共同财产，人民法院可另行依法判决。①

---

① 参见《深圳市中级人民法院关于审理婚姻案件的指导意见（试行）》。

18. 起诉离婚应当向哪个法院提起?

当事人提起离婚诉讼的，首先应当确定管辖法院，即向哪个法院去起诉，当事人应当向有管辖权的法院提起。离婚诉讼依据下列原则确定管辖法院：

（1）由被告住所地人民法院管辖；被告住所地与经常居住地不一致的，由经常居住地人民法院管辖。

（2）对下列情况的一方当事人提出离婚诉讼，由原告住所地人民法院管辖，原告住所地与经常居住地不一致的，由原告经常居住地人民法院管辖：对方不在中华人民共和国领域内居住的；对方下落不明或者宣告失踪的；对方被劳动教养的；对方被监禁的。

（3）双方当事人都被监禁或被劳动教养，由被告原住所地人民法院管辖。被告被监禁或被劳动教养1年以上的，由被告被监禁地或被劳动教养地人民法院管辖。

（4）非军人对军人提出的离婚诉讼，如果军人一方为非文职军人，由原告住所地人民法院管辖。离婚诉讼双方当事人都是军人，由被告住所地或是被告所在团级以上单位驻地的人民法院管辖。

（5）夫妻一方离开住所地超过1年，另一方起诉离婚的案件，由原告住所地人民法院管辖。夫妻双方离开住所地超过1年，一方起诉离婚的案件，由被告经常居住地人民法院管辖，没有经常居住地的，由原告起诉时居住地的人民法院管辖。

（6）中国公民双方在国外但未定居，一方向人民法院起诉离婚的，由原告或者被告原居住地的法院管辖。

某法院案件审理流程图

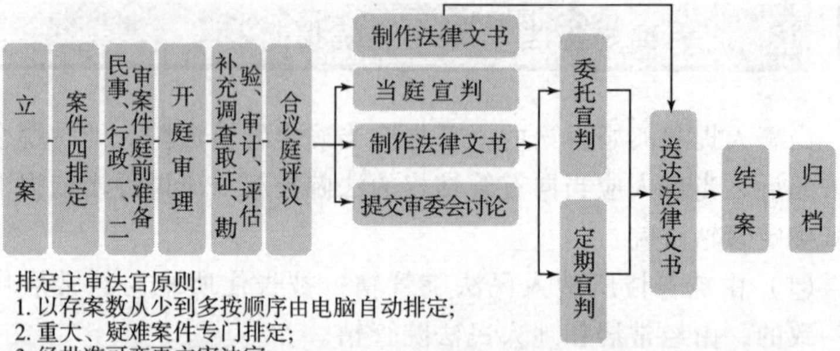

排定主审法官原则：
1. 以存案数从少到多按顺序由电脑自动排定；
2. 重大、疑难案件专门排定；
3. 经批准可变更主审法官。

19. 婚内“忠诚协议”有效吗？

夫妻在婚姻关系存续期间签订的涉及财产问题的协议，经审查不存在欺诈、胁迫的情形，系双方当事人的真实意思表示，不违反法律、行政法规禁止性规定的，应当认定为有效。离婚时一方主张按照协议履行的，人民法院应予支持。

※生活实例※不违背法律规定，“空床费”协议有效

自2003年7月以来，刘某的丈夫熊某开始时不时地不回家。于是两人商定：丈夫如果在凌晨零时至清晨7时夜不归宿，按照每小时100元的标准支付“空床费”给妻子。2004年3月，刘敏以丈夫有外遇为由向重庆市九龙坡区法院起诉离婚，还请求赔偿家庭暴力导致的医药费、营养费、精神损害赔偿金以及“空床费”4000多元。一审法院认为，被告对原告实施家庭暴力，夫妻双方约定的“空床费”，可作为精神损害赔偿抚慰金予以支持。当年9月，该法院判决二人离婚，由熊某赔偿刘某4000元精神抚慰金，并分割相应财产。判决后，刘某认为“空床费”和精神损害赔偿是两码事，为此，她上诉到重庆市第一中级人民法院。重庆市一中院终审后作出判决，称刘某提出的“空床费”属有效约定，应予以支持，遂判决熊某给付刘某补偿费4000元，另赔偿刘某精神损失费2000元。

※**分析解答**※本案中“空床费”的协议并没有违反法律的禁止性规定，熊某也没有举证存在欺诈或胁迫情形，所以不能否定该协议的效力。

当然，认定“空床费”并不意味着支付了“空床费”就可以不履行夫妻义务。

20. 离婚起诉状怎么写?

民事起诉状是夫妻一方向向人民法院提起离婚诉讼的书状。《民事诉讼法》第109条规定：“起诉应当向人民法院递交起诉状，并按照被告人数提出副本。书写起诉状确有困难的，可以口头起诉，由人民法院记入笔录，并告知对方当事人。”第110条规定：“起诉状应当记明下列事项：（一）当事人的姓名、性别、年龄、民族、职业、工作单位和住所，法人或者其他组织的名称、住所和法定代表人或者主要负责人的姓名、职务；（二）诉讼请求和所根据的事实与理由；（三）证据和证据来源，证人姓名和住所。”上述规定是民事起诉状制作和适用的法律依据。

民事起诉状可以由原告自己书写，许多人民法院在立案大厅提供有起诉状的格式文本，也可以由律师代写。律师代写起诉状一方面有助于原告依法行使诉讼权利，维护原告合法权益；另一方面有助于人民法院了解案情，从而及时、公正地处理案件。

【参考法律文书】

民事起诉状

原告×××，……

被告×××，……

案由　离婚纠纷

诉讼请求

事实与理由

证据和证据来源，证人姓名和住址

此致

××人民法院

附：本诉状副本××份。

起诉人

年 月 日

民事起诉状在结构上由首部、正文、尾部三个部分组成。

(1) 首部

首部是起诉状的开篇部分，包括：文书标题、当事人的基本情况及案由。

民事起诉状

原告：陈××，男，33岁，住××市××区××路×号。

被告：罗××，女，34岁，住××市××区××路×号。

案由：离婚纠纷

(2) 正文

正文是起诉状的核心部分，体现了文书所要解决的问题及法律事实和法律依据。

离婚起诉状的主体部分可以包括下列内容：

①结婚登记的时间及地点。

②婚前感情基础状况的描述及证据。例如，是自由恋爱还是包办买卖婚姻、初婚还是再婚等。

③婚后感情的描述及证据。例如，通过具体事例说明夫妻感情是否融洽，是否分居等。

④引起离婚的主要原因的证据材料。例如，另一方是否与他人同居，是否有家庭暴力等。

⑤家庭财产清单，每项应注明是夫妻共同财产还是个人财产，

另外，有争议的也应当注明。

⑥双方经济收入状况或者生活现状的描述，例如，工作单位，工资户头，或者是靠最低生活保障生活。

⑦住房情况的描述。例如，现有住房是租房还是购房，购房的是否存在按揭，如果是私有的还应当提供产权证书。

⑧子女情况。例如，子女的人数、姓名、年龄、性别、是否成年，夫妻双方谁具有抚养条件等。

⑨如果已经提起过离婚诉讼，还应当提供原审法院名称，审判员姓名，案卷号等，并提交原判决书裁定书。

⑩其他需要说明的事项。

离婚起诉状的主体部分的结尾写明要求的意愿，请求法院判决双方离婚，并依法处理财产侵害和子女抚养问题。

（3）尾部

尾部是起诉状的结尾部分，写明致送法院、签署、日期、附项等内容，在离婚诉讼中，起诉状需要提交一式两份，一份由法院留存，另一份由法院送达给被告。

此致

××区（县）人民法院

具状人：

年　月　日

附：

1. 结婚证复印件一份。

2. 起诉书副本一份。

【起诉状示例】

民事起诉状

原告：李甲，女，52岁，汉族，××机关工作人员，住北京市朝阳区××街3号楼1门1103号，联系电话××××。

被告：王乙，男，50岁，汉族，××公司员工，住北京市朝阳区××街3号楼1门1103号，联系电话××××。

案由：离婚纠纷

请求事项：

1. 请判令原、被告离婚；

2. 女儿××由原告抚养，由被告每月支付抚养费××元；

3. 共同财产依法分割（具体见清单）。

事实和理由：

我与被告于1999年1月经人介绍相识，于2000年3月登记结婚。婚后感情不和，经常吵架，自2006年9月已经分居，至今已经超过两年。由于我与被告已经感情已经破裂，无法共同生活，特依据《民事诉讼法》的规定提起诉讼，向贵院起诉，请依法判如诉请，以维护我的合法权益。

此致

北京市朝阳区人民法院

具状人：李甲

2009年3月24日

附：

1. 身份证、结婚证复印件各一份。

2. 财产清单一份。

3. 起诉书副本一份。

21. 起诉离婚时应当交纳多少诉讼费？

民事诉讼费用，是指当事人在人民法院进行民事诉讼及相关活动，依法交纳和支付的费用。当事人应当向人民法院交纳的诉讼费用包括案件受理费和申请费以及其他费用。案件受理费是当事人起诉、上诉时向法院交纳的一定费用。向法院起诉的案件分为财产案件和非财产案件，受理费的交纳标准不一样。非财产案件的受理费是指人民法院对只涉及人身关系或人身非财产关系的案件收取的案件受理费。人民法院对财产案件根据财产数额收取案件受理费，对非财产案件收取诉讼费用。离婚案件每件交纳 50~300 元（按照北京地区的规定，离婚案件每件交纳 150 元）。涉及财产分割，财产总额不超过 20 万元的，不另行交纳；超过 20 万元的部分，按照 0.5% 交纳。调解结案或者适用简易程序的案件，减半交纳案件受理费。案件受理费由起诉人、申请人预先向人民法院交纳；在案件审结或者执行完毕后，依照法律规定最终确定负担多少、由谁负担。执行案件在立案时，人民法院不向申请执行人预收申请执行费，待实际执行到案款后再依法予以收取。

其他诉讼费用主要包括公告、鉴定、评估等费用，在离婚诉讼过程中因鉴定、公告、评估、拍卖等发生的依法应当由当事人负担的费用，人民法院根据谁主张、谁负担的原则，决定由当事人直接支付给有关机构或者单位。在离婚诉讼中，主要发生的一笔费用即鉴定评估费用。如果男女双方对房屋价值达不成共识，就需要委托评估机构对房屋价值进行鉴定，鉴定费用由原告或申请一方预告交纳，待诉讼终结后由人民法院判定由某一方或双方承担。

如果在离婚诉讼过程中，原告一方申请财产保全，需要交纳保全申请费和保全财产的担保费。保全申请费的标准为财产数额不超过 1000 元或者不涉及财产数额的，每件交纳 30 元；超过 1000 元至 10 万元的部分，按照 1% 交纳；超过 10 万元的部分，按照 0.5% 交纳。但是，当事人申请保全措施交纳的费用最多不超过 5000 元。财产保全的担保费各法院规定不同，有的法院要求全额、等额担保，有些法院要求提供担保额的 10%。

22. 起诉离婚的当事人应当向法院提交哪些证据?

夫妻中的一方向法院起诉离婚，应当对自己所主张的事实负有

举证责任，具体地说，当事人应当向法院提供以下几个方面的证据或者证据来源：①

（1）证明当事人（原、被告）的诉讼主体资格的证据。

①证明原、被告是夫妻关系的证据，如结婚证、婚姻关系证明书、户口簿以及身份证。

②如涉及构成事实婚姻的，应提交居委会或村委会出具的证明。

③证明被告下落不明的，应提交被告住所地或经常居住地村委会或公安机关的证明，或者如果先经过人民法院的宣告失踪程序，提供人民法院的裁判文书。

（2）证明婚姻关系破裂的证据。

①如涉及家庭暴力，应提交法医鉴定，提出证人。

②如涉及吸毒、赌博行为的，应提交居委会或村委会或公安机关出具的证明；涉及行政处罚、刑事犯罪的，应提交有关处罚决定或判决书。

③如涉及有重婚行为或有配偶者与他人同居的，应提交上述行为相关的结婚证、子女出生证、居住证明、相片或居委会、村委会、公安机关出具的证明等证据。

因重婚、有配偶者与他人同居、实施家庭暴力、虐待遗弃家庭成员引起离婚的，无过错方有权请求损害赔偿。

（3）证明由一方抚养子女为宜的证据。

①证明一方经济状况良好的，应提交工资单或其他合法收入的证明，或提交有关居住情况的证据。

②如涉及10周岁以上未成年子女的，应提交子女本人愿跟随父或跟母生活的相关证据。

（4）证明婚姻关系存续期间有共同财产的证据。

①证明有房产的，应提交房产证或购房合同、交款发票或出资证明。

---

① 本部分参考广东省深圳市罗湖区法院《离婚纠纷案件举证指引》。

②证明有银行存款并申请法院调查的，应提交银行账号；证明有股票并申请法院调查的，应提交股东代码、资金账号；证明有车辆的，应提交行驶证、车牌号。

③证明对方在公司拥有股权的，应提交该公司的工商登记情况、出资的证明等。

④证明一方有债权债务的，除提交借据以外，必须有相关的证据佐证。

⑤证明夫妻双方财产有约定的，必须提交协议书等相关的证据。

⑥如申请法院调查取证但不能提供以上线索的，依法驳回申请。

（5）有具体的诉讼请求金额的，应提交诉讼请求金额的计算清单。

※生活实例※捉奸在床拍照，所得证据是否合法[①]

张莉的丈夫王强与李贝之间有婚外同居关系，并因此逐渐导致夫妻感情恶化，张莉无奈欲起诉与王强离婚，并依据《婚姻法》规定向王强索赔精神损失。但张莉一直苦于收集不到王强与李贝有婚外同居关系的证据。某日中午，张莉假称到外地出差，当晚回家发现王强与李贝一起睡在自己家的床上，当即拍了照。事后张莉向法院起诉，请求判令其与王强离婚，并要求王强赔偿自己因丈夫有外遇所受到的精神损失1万元。王强同意离婚，称已与李贝认识1年多时间，但否认其与李贝之间有婚外同居关系，并称张莉捉奸拍照取得的证据不具有合法性，不应作为认定其与李贝有婚外同居关系的事实依据。

一审法院经审理后认为，双方均称夫妻感情确已破裂，均要求离婚，依法应予准许。张莉为保护自己的合法权益，在家中通过拍下丈夫与他人同居照片的方式取证，属合法行为，该证据应认定有

① 王松、张媛媛：《捉奸拍照所得证据是否合法》，载法律教育网，http：//www.fuxinlawyer. com/ShowArticle. shtml? ID＝20080102211945. htm。

效；因王强已与李贝认识1年多时间，综合全案的审理过程，可以认定王强与李贝有婚外同居关系。现王强与他人同居导致双方离婚，张莉作为无过错一方向王强索赔其因此所受到的精神损失，该诉讼请求具有法律依据，依法应予支持。据此法院依照本案的具体案情，依法判决准予张莉与王强离婚，王强同时赔偿张莉精神损失8000元。

一审宣判后，王强以捉奸拍照方式取得的证据不具有合法性，其不应赔偿张莉的精神损失为由提起上诉，二审法院判决驳回其上诉，维持原判。

❉分析解答❉我国《婚姻法》规定了有配偶的一方与他人同居，无过错方在请求法院判决离婚时可以请求赔偿，但是在实践中，受害方对过错方“与他人同居”的事实负有举证责任，如何证明“有配偶者与他人同居”是非常困难的。本来配偶与他人同居能够被受害方发现就已经有难度了，即使被发现了既要拿出可以在法庭上出示的证据，还要顾及不能违反法律的规定而保证证据有效，就更是难上加难。

本案审理的焦点问题在于张莉通过捉奸拍照方式取得的证据是否具有合法性，能否作为本案的定案依据。就本案而言，首先，张莉捉奸拍照的主观目的在于保护自己的合法权益，并非意在侮辱、伤害对方。其次，该行为也没有违法，因为张莉作为王强的妻子，有权知道其配偶与他人有不正当男女关系的事实，有权收集与该事实有关的相关证据。张莉原来一直苦于收集不到王强与李贝有婚外同居关系的证据，为保护自己的权利，在情况紧迫而又不能及时请求公安等国家机关予以救助的情况下，进入自己家中，对睡在自己床上的丈夫及李贝进行拍照，该行为既没有侵害他人的人格尊严，也未限制他人的人身自由，并未违反法律的禁止性规定，而是一种对他人人身施加的为法律或社会公德所认可的强制行为。事后张莉也未将照片进行恶意公布、流传，只是提供给法院用做主张自己权利的事实根据。因此，张莉捉奸拍照的行为是其丈夫违反夫妻忠实义务而付出的必要代价。法院依法认定该证据有效并保护了张莉的合法权益是正确的。

值得注意的是，不是说法律赋予了受害方在事实发生后请求赔偿的权利，就赋予了受害方以任何方式获取证据的权利。以侵害他人合法权益或者违反法律禁止性规定的方法取得的证据，如故意违反社会公共利益和社会公德侵害他人隐私，或者是使用窃听手段取得的证据，就不具有合法性，不能作为认定案件事实的依据。毫无疑问，公民的性生活属于个人的私人活动，是个人隐私的一部分内容，他人对公民的性生活不得进行刺探、调查、窥视、擅自公布、非法利用等行为，否则构成对公民隐私权的侵犯，属于违法行为，受害人有权要求侵权人承担停止侵害、消除影响、赔礼道歉、赔偿损失等民事责任，依法保护自己的隐私权。如果本案中张莉的丈夫与李贝的同居行为发生在宾馆或李贝家等张莉家里以外的场所，则此时张莉的私人取证利益就会小于其丈夫（包括李贝）的隐私利益，张莉只能向公安机关报案，通过公安机关行使行政管理权力来保护自己的合法权益，其闯入宾馆或李贝家中捉奸拍照的证据就不具有合法性了，不能作为法院定案的根据。

23. 首先提出离婚的一方会吃亏吗？

依据我国的法律规定，谁先向人民法院提出离婚诉讼，谁便是原告，对方则是被告。但是，无论是当原告还是当被告，都不能说明谁有理或者谁没理。或者说，官司能不能打赢，最后所分得的财产是多是少，谁该负何种责任这些问题，都和谁先起诉没有关系。法官也不会因为男方起诉离婚，就认为是男方抛弃了女方，反之亦然。即使提出离婚的一方有过错，只要具备离婚的法定事由，人民法院就应该判决准予离婚。是否符合离婚的条件，才是法院判决是否准许离婚的依据；而在离婚中谁的过错程度较大，孩子归谁抚养等事实，才是法院判决财产怎样分配的依据。而一般情况下，法院在判决离婚而对财产进行处理时，在夫妻没有财产协议的情况下，一般会本着照顾子女和女方权益的原则判决。

而对于离婚时的损害赔偿问题，我国法律规定，有下列情形之一的，无过错方可以请求损害赔偿：重婚的，有配偶者与他人同居的，实施家庭暴力的，虐待、遗弃家庭成员而导致离婚的。也就是说，无论男女，只要对方有法律规定的过错，无过错方有权请求损害赔偿，至于赔偿金额的多少，则由法官根据实际情况予以确定。

❈生活实例❈起诉先后不影响离婚财产分割

某丁丈夫有了第三者，多次要求和某丁协议离婚，某丁不同意。某丁丈夫听别人说，先提出离婚的，会在财产分割上吃亏。于是，就逼某丁去法院起诉离婚，某丁也怕先去法院起诉会得不到财产，是这样吗？

❈分析解答❈这种说法是不对的。谁先提出离婚谁吃亏的说法，不仅没有法律根据，而且与我国婚姻法的原则相违背。夫妻双方无论谁先提出离婚，都享有平等的权利和义务，双方的合法财产权益都受法律保护。法院在处理离婚财产时，不是看谁提出的离婚，而是依据《婚姻法》的有关规定，秉公而断。

24. 在什么情况下，一方不得向法院起诉要求离婚？

由于在婚姻关系中，女方一般情况下处于弱势，所以我国的婚姻立法在某些情况下通过限制另一方的诉权来保护女方的利益。根据我国《婚姻法》第34条的规定：“女方在怀孕期间、分娩后一年内或终止妊娠后六个月内，男方不得提出离婚。女方提出离婚的，或人民法院认为确有必要受理男方离婚请求的，不在此限。”所以说，在女方怀孕期间、分娩后1年内或终止妊娠后6个月内，男方是不得提出离婚请求的。

如果男女双方协议离婚，不向法院起诉，直接到民政部门办理离婚，当然也是可以的。如果男女双方均同意离婚，只是对于子女抚养或财产分配问题达不成协议，也可以向法院起诉离婚。当女方认为离婚对其本人或胎儿、婴儿更有利时，作为原告向法院提起离婚诉讼，也不受这一规定的限制。

另外，人民法院也可以决定在特殊情况下接受男方的起诉，即存在“确有必要受理男方离婚请求的”情形，这类一般是指男方有正当理由，女方有重大过错的情况下或者有重大的紧迫事由的情形，如女方与他人通奸怀孕，男方坚持要求离婚的，法院一般会准许离婚，即使如此，法院一般也会在判决中注意保护到妇女、胎儿或者婴儿的身心健康。

女方婚前与他人发生性关系，婚后怀孕期间男方提出离婚的，不属于“确有必要受理男方离婚请求”的范围。女方婚前与他人发生性行为，应与婚后通奸行为加以区别。婚姻关系尚未确立，男女双方之间未产生夫妻间的相互忠实的法律义务，婚前性行为属道德问题，不属法律问题，所以此种情形不属确有必要受理的范围。

原审法院在未发现女方怀孕时判决离婚，宣判后女方发现怀孕提起上诉，二审法院经审查不存在确有必要受理情形的，应撤销原判，裁定驳回男方的起诉。

❈生活实例1❈妻子人流期间，丈夫不能诉讼离婚

某君与妻子婚后不久，就产生严重矛盾。3个月前，妻子背着他做了人工流产。某君想和她离婚，但又听说在女方怀孕、分娩的特定时期，男方不能起诉离婚。某君遇到的情况是不是属于禁止范围，现在能不能起诉？

❈分析解答❈女方在怀孕期间、分娩后1年内或中止妊娠后6个月内，男方不得提出离婚。某君妻子刚刚做了人工流产，属于《婚姻法》第34条规定的中止妊娠，所以，在其妻子人工流产后的6个月内，一般来说不能起诉离婚。除非有充足的证据证明其妻子私自做人流具有重大过错，否则法院不会受理某君的起诉。

❈生活实例2❈同居女友怀孕，能否解除同居关系

李某与女友同居已经5年有余，但是近1年来关系逐渐恶化，想和其解除同居关系，但是女友却说她已经怀孕了，法律说女方怀孕的男方不得提出离婚，也不能跟她解除同居关系。李某可以起诉申请解除同居关系吗？

❋**分析解答**❋男女双方未办理结婚登记手续而共同生活的，其同居关系不能作为婚姻关系对待。根据最高人民法院《关于适用〈中华人民共和国婚姻法〉若干问题的解释（二）》第1条的规定，一般情况下的解除同居关系的案件，人民法院不予受理，只有在涉及子女抚养或共同财产分割时才会受理。解除同居关系法院无须调解，经依法审理，就可以判决予以解除。所以，起诉解除同居关系法院是不是受理与女友怀孕没有关系，关键是看是否涉及其他应当处理的纠纷。但是，如果李某的女友把孩子生下来的话，李某对孩子同样负有抚养义务，所以李某应该同女友好好协商，以便找出一个比较完善的解决办法。

25. 现役军人的配偶要求离婚，是否须经军人同意？

我国《婚姻法》对现役军人离婚作出了特殊规定，现役军人是指具有中国人民解放军军籍的干部和战士，人民武装警察部队的干部和士兵，包括军队中的文职人员。退伍、复员、转业和在部队中不具有军籍，从事后勤管理、生产经营的人员，均不属于军人。《婚姻法》第33条规定："现役军人的配偶要求离婚，须征得军人同意，但军人一方有重大过错的除外。"该规定是对现役军人配偶离婚诉权的限制，也就是人们常说的保护军婚，即军人在无重大过错的前提下，不经军人的同意，法院不得判决解除军人婚姻关系，从而保证军人在离婚诉讼中处于被告时的胜诉权。如果现役军人的离婚纠纷是由他人破坏引起的，将按照我国《刑法》规定的破坏军婚罪追究当事人的刑事责任。需要注意的是，《婚姻法》第33条规定中提到的现役军人的配偶，是指非军人一方。该条是对非军人一方对军人提出离婚时其胜诉权的限制，如果双方都是军人，或者军人对非军人提出的离婚案件，则不适用本条的规定。

保护军婚是我国的革命传统，之所以这样规定，是因为人民军队肩负着保护国家安全、保卫社会主义建设的神圣职责，在法律上给予现役军人的婚姻特殊的保护，符合国家与人民的根本利益，而且可以在一定程度上保障军人权利的行使，减轻军人的后顾之忧，稳定军心，巩固国防。但是，法院在适用此规定时，也同样要保护现役军人配偶的合法权益。如果因为现役军人一方的重大过错导致婚姻破裂，则不论军人是否同意，都可准许离婚。

按照有关法律的规定，军人重婚或者与他人同居，实施家庭暴力或虐待、遗弃家庭成员，有赌博、吸毒等恶习屡教不改，以及有其他重大过错导致夫妻感情破裂的，可以认定为具有重大过错。军人一方有重大过错的，其非军人配偶提出离婚后，军人可能承担以下法律后果：一是法院调解无效而判决准予离婚，无须得到军人的同意；二是军人要承担离婚过错损害赔偿责任；三是当军人一方的重大过错超出民事责任范围、触犯刑律时，根据刑法的有关规定承担刑事责任。

另外，军人协议离婚的，在婚姻登记机关办理离婚登记应当提交部队团级以上单位政治机关出具的同意离婚的证明。

※生活实例※军婚，结起来容易离起来难①

李菲和丈夫牛良是经人介绍后结婚的，牛良是一名军人。可是由于婚前缺乏了解，婚后争吵不断。婚后第 8 年，李菲和牛良开始分居，相互不履行夫妻义务。2004 年，李菲实在忍受不了牛良的辱骂及暴力威胁，从家里搬出来住，并在同一天向法院起诉离婚。法院接到这个案件后一审以其丈夫坚决不同意离婚，且其为现役军人为由驳回了李菲的诉讼请求。

两人的婚姻状况在经历了这一次离婚风波后并没有改善。不甘心的李菲又于 2005 年 2 月 13 日再次起诉离婚。在这次离婚案件审理过程中，牛良曾就离婚表示过同意，后来又突然反悔。法院认为双方婚姻状况已经没有可挽回的余地，并且李菲对离婚的态度非常

① 侯镜：《和平时期军婚诉讼如何处理》，载北京法院网，http：//bjgy. chinacourt. org/public/detail. php？id＝41803。

坚决，于是一审判决双方离婚。接到判决后，牛良向法院提起上诉。二审法院则以牛良为现役军人不同意离婚亦无重大过错为由，判决不予离婚。

而李菲认为她从2004年7月离家出走至今，牛良对她不管不顾，可以证明双方感情已无可挽回，于是在2006年的4月她再次向法院提起诉讼要求与牛良离婚。而牛良却说，双方矛盾产生是由于以前年纪轻，不懂得沟通，且在工作、学习上考虑过多造成的；再说，现在孩子也还小，如果父母离婚，对孩子的身心健康都不好。而且军婚受到法律保护，因此依旧不同意离婚。法院在审理过程中充分听取了双方的意见，并就整个案件作了分析，最后认为，婚姻关系的维系应以夫妻感情的存在为基础。李菲、牛良虽系自由恋爱、自主结婚，但双方在共同生活中产生了矛盾，以致不能共同生活。并且现在李菲已经是第三次起诉离婚，表明夫妻感情确已破裂，没有挽回的余地了。虽然牛良不同意离婚，但这种婚姻关系的继续维持对于双方均无益处，所以支持了李菲的诉讼请求。

※分析解答※我国《婚姻法》规定的保护军婚的初衷是好的，而且也确实起到了不小的作用。但是，实践中也出现了许多问题，像案例中出现的那样，非军人一方想离离不了的情况也是最为常见的。尤其在《婚姻法》修改以前，军婚中非军人一方想离婚，而军人一方不同意时，这个婚是不可能离的。但是，婚姻关系的维系还应当以夫妻感情存在为基础，就如同本案中的事实那样，如果夫妻双方之间已不存在夫妻感情了，仅因为一方的坚持而维持这段婚姻关系是毫无意义的。军婚尽管受到法律的特别保护，但在和平时期，如果过分地强调保护军人一方的利益，而无视非军人一方一而再、再而三的强烈的离婚要求，并在明确已不可能共同生活的事实面前，依然要求双方勉强维持名存实亡的婚姻关系，对于保护军婚来说，不一定会起到积极作用。

26. 父母可以代无民事行为能力人提起离婚诉讼吗?

离婚不是儿戏，夫妻双方如果一方想提起离婚诉讼，必须亲自到场，这样的事情别人是不能帮忙的，也是不好请别人帮忙的。他人代为提起的离婚诉讼并不体现夫妻任何一方的意愿，是无效行为。是否提出离婚是婚姻当事人的自主行为，而有些情况下，婚姻关系的一方无法表达自己的意愿，比如说夫或妻一方已经成为无民事行为能力人或限制行为能力人，他的监护人能不能代为提起离婚诉讼呢？限制民事行为能力人并未完全丧失辨认能力和控制能力，无论结婚还是离婚应由其自行决定。而无民事行为能力人成为离婚案件的被告时，一般允许其近亲属作为代理人，或者由人民法院在其近亲属中指定代理人参加诉讼。在无民事行为能力人起诉离婚的情况下，如果无民事行为能力人结婚之初，就存在无民事行为能力的原因，应当提起婚姻无效之诉，提起人为无民事行为能力人结婚前的监护人；在婚姻关系存续期间丧失民事行为能力的，则需要根据特别程序变更无民事行为能力人的监护人，由变更后的监护人代理无民事行为能力人提起离婚诉讼。

※生活实例1※欲代子离婚，须先认定儿子无民事行为能力①

李某与刘某于2003年登记结婚，婚后夫妻感情较好。2007年5月因交通事故，李某被撞成植物人，刘某在李某住院之初的几个月内尚能履行扶养义务。但随着时间的推移，李某的病情不见好转，花费日益增大，刘某产生了厌烦情绪，于2008年3月起借故不到医院护理，且变卖家中物品，转移家中财物。李某之父能否以法定代理人的身份代李某提起离婚诉讼？

※分析解答※我们认为，李某之父可以代李某提起离婚诉讼，但要符合一定的条件。首先，李某之父需要根据特别程序将李某的

---

① 张久松：《儿子成植物人，儿媳不尽扶养义务，我能代儿子起诉离婚吗?》，载北京法院网，http：//www. bjgy. chinacourt. org/public/detail. php? id＝67800。

监护人由刘某变更为自己，然后以监护人的身份代理无民事行为能力的李某提起离婚诉讼。

※生活实例2※法定代理人可代为精神病患者提出离婚①

1993年5月，王女士与薛先生经人介绍相识，同年6月登记结婚，并于1995年11月17日生一女。婚后初期双方感情尚可，后因双方性格不合常产生矛盾，薛先生及家人亦对王女士有打骂现象。2005年2月，王女士与薛先生家人再次发生冲突，2005年4月7日医院出具了王女士为精神分裂症的诊断证明书。

2005年2月，王女士的父母便为此将薛先生起诉到法庭。被代为起诉的王女士称，1994年6月，薛先生和其母亲强迫自己做人工流产，为此夫妻之间开始产生矛盾。生育子女后，矛盾加深，薛先生和其家人经常对自己进行打骂、虐待。2005年2月，薛先生的母亲和两个姐姐又对自己进行殴打，致使自己患上精神病，故要求离婚。薛先生辩称，王女士所述自己和家人长期对其打骂与事实不符，自己与王女士父母有矛盾，王女士患病后自己去其家，其父母都不让进家门，现不同意离婚。

一审法院经审理判决后，薛先生不服，以离婚诉讼请求并非王女士本人提出，而是其父母提出，一审法院判决离婚过于草率为由，上诉到二中院。

二中院经审理认为，王女士与薛先生婚后未建立起真挚的夫妻感情，因性格不合及家庭琐事时常发生矛盾，且薛先生及家人对王女士亦有打骂的行为，现夫妻感情已彻底破裂，一审法院对王女士要求离婚的诉讼请求予以支持是正确的，应予支持。王女士经医院确诊为精神分裂症患者，故王女士父母以其法定代理人身份代为参加离婚诉讼符合我国相关法律规定，一审法院对该程序问题的处理并无不当。薛先生此项上诉理由法律依据不足，亦不予采信。据此，作出维持一审法院判决离婚的终审判决。

---

① 高志海、高洁：《法定代理人可代为精神病患者提出离婚》，载北京法院网，http://bjgy.chinacourt.org/public/detail.php?id=35140。

※**分析解答**※在这种情况下，案件的原告是无民事行为能力者，而不是其父母。父母只是法定代理人，行使相应的诉讼权利。

需要注意的是，患有精神病的人可以成为被告，即另一方当事人可以向法院提起离婚诉讼。法院会在诉讼中为患精神病的被告指定代理人，通常是指定精神病者的父母担任代理人，维护精神病者的合法权益。在这种情况下，当事人之间是否离婚，由法院根据当事人的具体情况予以裁判，父母不能代替被告作出同意离婚与否的意思表示。

27. 法院审理离婚案件为什么要注重调解?

注重调解是离婚案件所特有的原则。一般民事案件只有当事人愿意调解，法院才能调解，否则强行调解是违法的，但在离婚案件中，调解是审理离婚案件的必经程序，调解工作包括调解和好和调解离婚两个方面，这是由离婚案件涉及特定人身家庭关系的特殊性所决定的。

通过审判人员的调解，可能出现以下几种情况：

(1) 双方通过相互沟通和理解，愿意和好则订立和好协议，告诫双方努力遵守，努力营造和睦的家庭，用正确的方式方法处理今后生活中出现的摩擦和矛盾。

(2) 如双方都选择了离婚，并对子女及财产问题协商一致，则订立离婚协议，解除双方的婚姻。

(3) 如原告坚持离婚，被告坚持不离，而离婚条件尚不成熟时，暂时判不离，缓解矛盾。

离婚虽然是当事人的一项权利，但在离婚条件尚不成熟时，教育当事人应谨慎地行使权利，在一方当事人坚持离婚，调解和好无效的情况下，判决不准予离婚限制当事人行使权利，可以给当事人设定一个缓冲期亦即考验期，让当事人有一段时间再反复慎重地考虑婚姻问题，同时也为不想离婚的当事人以积极务实的行动努力改善夫妻关系提供了机会，使一些濒临解体的家庭有可能获得新的生机，因此，不离判决往往也能收到明显的效果。

（4）对感情确已破裂的婚姻，在调解无效后，判决予以解除。

28. 法院认定夫妻感情破裂而判决离婚的条件是什么？

我国《婚姻法》规定的离婚的实质要件是感情确已破裂，调解无效。感情确已破裂，是指夫妻感情已出现裂痕，达到真实、完全、长久地无法挽回的地步。通常认为，夫妻感情确已破裂有两层含义：首先，夫妻感情已经破裂而不是即将破裂或可能破裂；其次，夫妻感情的破裂是夫妻双方当事人之间的感情确实存在破裂的实施，而非假象或第三人的主观臆断。夫妻感情是否破裂，是人民法院判决离婚或不离婚的原则。

在下列情况下，法官一般会认为夫妻感情尚未破裂，并判决驳回诉讼请求：（1）原告第一次起诉离婚，被告表示不同意离婚，没有原则性矛盾的；（2）正在下岗待业的职工，对方因另一方下岗，经济困难第一次起诉离婚的。另外，实践中也有许多因住房问题无法解决而判决不准离婚的案例。在夫妻双方的经济都不宽裕，双方的住房只有一处甚至一间，如果离婚，那么一方无法为对方提供足够的经济补偿或另行解决居住，导致一方无处居住的，一般法院会判决不准离婚。

根据《婚姻法》第32条的规定，有下列情形之一，调解无效的，应准予离婚：

（1）重婚或有配偶者与他人同居的。“有配偶者与他人同居”的情形，是指有配偶者与婚外异性，不以夫妻名义，持续、稳定地共同居住。①

① 《广东省高级人民法院关于审理婚姻案件若干问题的指导意见》第17第规定：《婚姻法》所称的“有配偶者与他人同居”，是指有配偶者与婚外异性共同生活，关系相对稳定，且共同生活的时间达到3个月以上。

（2）实施家庭暴力或虐待、遗弃家庭成员的。“家庭暴力”是指行为人以殴打、捆绑、残害、强行限制人身自由或者其他手段，给其家庭成员的身体、精神等方面造成一定伤害后果的行为。持续性、经常性的家庭暴力，构成虐待。

（3）有赌博、吸毒等恶习屡教不改的。

（4）因感情不和分居满2年的。

（5）其他导致夫妻感情破裂的情形。

“其他导致夫妻感情破裂的情形”一般在司法实践中可以概括为：

①一方患有法定禁止结婚疾病的，或一方有生理缺陷，或其他原因不能发生性行为，且难以治愈的。

②婚前缺乏了解，草率结婚，婚后未建立起夫妻感情，难以共同生活的。

③婚前隐瞒了精神病，婚后经治不愈，或者婚前知道对方患有精神病而与其结婚，或一方在夫妻共同生活期间患精神病，久治不愈的。

④双方办理结婚登记后，未同居生活，无和好可能的。

⑤包办、买卖婚姻，婚后一方随即提出离婚，或者虽共同生活多年，但确未建立起夫妻感情的。

⑥因感情不和经人民法院判决不准离婚后又分居满1年，互不履行夫妻义务的。

⑦一方与他人通奸、非法同居，经教育仍无悔改表现，无过错一方起诉离婚，或者过错方起诉离婚，对方不同意离婚，经批评教育、处分，或在人民法院判决不准离婚后，过错方又起诉离婚，确无和好可能的。

⑧一方被依法判处长期徒刑，或其违法、犯罪行为严重伤害夫妻感情的。

⑨一方宣告失踪，另一方提起离婚诉讼的，应准予离婚。

⑩因其他原因导致夫妻感情确已破裂的。

❈生活实例1❈因感情不和分居满两年的可以离婚[①]

1996年秋天，马惠的父亲患病住院，急需5000元住院押金。马惠迫不得已来到邻村她的中学同学马有福家借钱。马有福的爸爸搞运输发家，可马有福并不争气，经常打架斗殴。如果不是被逼得没有办法，马惠也不会去他家借钱。听马惠说明来意后，马有福马上取钱并把钱送到了医院。随后的一段日子里，马有福常常利用家里有车的便利条件接送马惠去医院护理父亲。两个人的关系逐渐融洽了起来，等马惠的父亲病好后，马有福便找人上门提亲。马有福信誓旦旦地向马惠保证，自己一定痛改前非，好好过日子，于是，两个人举办了隆重的婚礼。

婚后的生活最初还是幸福美满的，但是随着女儿的出生，夫妻生活出现了逆转。马有福恶性不改，经常外出酗酒，还拈花惹草，后来索性彻夜不归，无论马惠如何好言相劝都无济于事。外柔内刚的马惠抱着不满1岁的女儿回到了父亲家，可马有福不但不思悔改，还经常醉酒后跑到岳父家闹事，伤心欲绝的马惠为了躲避马有福的骚扰就带着孩子南下打工去了。两年半后马惠回村，还清了借马有福的本金和利息6600元后，到法院起诉离婚，其诉讼请求为：(1) 解除双方的婚姻关系；(2) 孩子由自己抚养；(3) 被告付给孩子抚养费每月600元。马有福则辩称：婚后夫妻感情很好，不承认夫妻感情破裂，不同意离婚。

人民法院审理查明：被告马有福与马惠结婚基础不稳固，婚后感情起初还好，但随着女儿的出生，马有福重男轻女思想严重，对生女儿极为不满，不仅不尽为父为夫的职责，反而经常酗酒滋事，彻夜不归。现双方分居已经2年以上，无和好可能。故法院支持原告的诉讼请求，判决准予双方离婚；孩子归马惠抚养，马有福每月给付200元抚养费直至孩子成年。

❈分析解答❈夫妻感情是看不见、摸不着的，感情的好坏只有

---

① 巩沙、郝惠珍主编：《以案说法——婚姻家庭法篇》，中国人民大学出版社2005年版，第51页。

婚姻当事人知道。感情破裂是离婚的重要标准，对此该如何掌握呢？《婚姻法》第32条列举了“重婚、家庭暴力、赌博吸毒”等情形作为衡量感情破裂的标准，还有就是“因感情不和分居满2年”，本案中马惠与马有福因感情不和而分居的时间已经超过2年，符合上述离婚要件。

对于“因感情不和分居满2年”的认定，包含两个要件：一是要存在分居的状态，即必须有双方已经不在一起生活，不存在夫妻双方同床共枕、相互关照、同桌就餐等夫妻共同生活。即使夫妻双方住在同一屋檐下，但没有共同生活，也构成分居状态。本案中一个外出打工一个仍在家中就属于分居状态。二是夫妻二人是因为感情不和而分居，也就是说，分居不是由客观原因造成的，比如说夫妻双方中的一方因到外地出差、工作、治病等造成的分居，是不能按照“因感情不和而分居”处理的。此外，“分居满2年”，应该是指从夫妻最后一次分居之日起已经持续2年以上。如果夫妻因感情不和而闹分居，和好后又共同生活，再次分居时分居时间就得重新计算，之前的时间是不能累加的。所以说，马惠起诉离婚已经满足了“因感情不和分居满2年”的要件，在调解无效的情况下，判决准予离婚是正确的。

※生活实例2※婚后四年两次入狱，妻子起诉离婚被驳①

赵某和董某自由恋爱并于2004年6月1日结婚。婚后董某没有固定工作，收入不稳定。2006年9月，董某因盗窃罪被判处有期徒刑1年6个月，2008年3月刑满释放。2008年8月，董某又因盗窃罪被拘留。赵某认为，董某再次犯罪服刑，对自己和婚姻是极其不负责任，故告上法院要求与董某离婚。丈夫董某则辩称自己的犯罪行为确实伤妻子很重，自己会好好改造，希望妻子能等他出来。

法院经审理认为，考虑到董某刑期较短，为有利于其认真接受

① 母冰：《婚后四年两次入狱，妻子起诉离婚被驳》，载北京法院网，http://bjgy.chinacourt.org/public/detail.php?id=74093。

改造，赵某应予以谅解。董某认真接受改造，夫妻还有和好的可能，最终判决驳回了赵某的离婚诉讼请求。

❖**分析解答**❖最高人民法院《关于人民法院审理离婚案件如何认定夫妻感情确已破裂的若干具体意见》第11条指出："一方被依法判处长期徒刑，或其违法、犯罪行为严重伤害夫妻感情的。"根据司法实践，如果夫妻一方被依法判处较长刑期的有期徒刑，另一方提出离婚的，人民法院一般会予以支持并判决离婚。但如果犯罪的刑期较短，仍有和好的可能性，人民法院可以不判决离婚。本案主要考虑到有利于犯罪分子的改造，而且丈夫犯的罪行也并不严重，法官判决不准离婚也是正确的。

❖**生活实例3**❖**妻子突患癌症，丈夫诉请离婚未获准**[①]

黄强与陈兰于1980年自由恋爱，第二年双方登记结婚，婚后，两人感情很好，没有多久，女儿出生了，给了这个家庭更多的欢笑，一家人其乐融融。前些年，陈兰从企业内退，黄强在某物业公司工作，女儿也已经长大成人了，不需要他们操心了，陈兰感觉心头放宽了许多。但是不幸在去年降临了，陈兰被医院诊断为患上了乳腺癌，在医院治疗期间，黄强对其开始不关心了，有时也不来看她，这让陈兰非常伤心。更没有想到的是，今年10月，丈夫一纸诉状，要与她离婚，陈兰一下子懵了，在法庭上失声痛哭，她说自己对黄强是有感情的，今后会努力改善夫妻关系，不同意离婚。看着陈兰掩面哭泣的神情，黄强坐在法庭上不为所动，执意认为夫妻之间常为琐事产生矛盾，夫妻感情难以维持，坚决要求离婚。法院在审理后，认为两人有较好的婚姻基础和感情。双方产生矛盾是彼此之间遇事缺少沟通、处理矛盾的方式方法欠妥所致，陈兰现在有希望改善双方关系的意愿，作为丈夫的黄强应对患病的陈兰给予一份关爱，只要双方做到珍惜彼此感情，相互包容体贴，正确处理好夫妻关系，共同经营好家庭，夫妻和好是可能的。所以判决不准

---

① 许骁妍、佘君红：《妻子突患癌症　丈夫诉请离婚法院未准》，载中国法院网，http：//www. chinacourt. org/public/detail. php? id = 335664。

离婚。

❈**分析解答**❈“感情确已破裂”是我国《婚姻法》规定的准予离婚的唯一理由，但是，就像前文中叙述的那样，“感情确已破裂”是个很抽象的描述，怎么认定是一个主观问题，不同的人有不同的看法。所以在实践中，法官往往会从维护婚姻的角度出发，没到比较严重的程度一般都判处不准离婚。即使是已经具备了感情破裂的条件，法官也会考虑很多其他的因素，比如说从保护孩子的利益出发，或者像本例中共同度过几十年风雨的妻子患了癌症，丈夫就请求离婚，这于情于理都不合适，所以即使达到了“感情确已破裂”的程度，法院也不会判决离婚。

29. 判决不准离婚后，原告可否再重新起诉?

我国《民事诉讼法》第111条第7项规定，“判决不准离婚和调解和好的离婚案件……没有新情况、新理由，原告在六个月内又起诉的，不予受理。”法律之所以会有这样的规定，不同于一般的民事案件“一事不再审”原则，是因为离婚案件主要是解除当事人之间的身份关系，所以对于第一次不准离婚的夫妻给予第二次提起诉讼的机会。但是，原告再次起诉的，两次诉讼之间相隔时间要超过6个月。法律这样规定是为了给双方当事人一个冷静考虑夫妻关系的机会。而且应当注意的是，只有原告再次起诉要受6个月的限制，如果被告想提起离婚诉讼，是没有6个月的限制的。

❈**生活实例**❈**已判决不准离婚，想离须再忍半年**[①]

冯女士与刘先生结婚后常常争吵。半年前，冯女士发现丈夫有了外遇。为此，冯女士以双方感情破裂为由向法院起诉离婚。庭审中，刘先生表示不想离婚，愿意改正错误。最终，法院判决不准离婚。法院判决后两个月，刘先生又开始与人同居，常常夜不归宿。

① 法宣：《已判决不准离婚 想离须再忍半年》，载北京法院网，http：//bjgy.chinacourt. org/public/detail. php？id＝49758。

冯女士再次向法院提起离婚诉讼。法院作出对此案不予受理的裁定。

※**分析解答**※本案就是涉及人民法院判决不准离婚后，原告再重新起诉受时间限制的问题。根据我国《民事诉讼法》的规定，法院判决不准离婚或调解和好的离婚案件，没有新情况、新事由，原告在6个月内起诉的，法院不予受理。"新情况、新理由"一般是指出现了足以证明双方感情确已破裂的情况、理由，或出现了有可能导致凶杀、自杀等情况，如一方继续受到对方的家庭暴力的伤害等。此外，法官对一些情况也可以酌情考虑是否属于"新情况、新理由"，如6个月内出现重婚、一方犯罪、一方患禁止结婚的疾病等。本案中，冯女士的第二次起诉距第一次判决下达后不足6个月，刘先生两次都是出现外遇，冯女士起诉没有新情况和新理由，法院不能予以支持。

30. 一方下落不明，另一方可以起诉离婚吗？

人民法院受理离婚案件后，依据原告提供的被告住址无法送达，应要求原告补充被告的其他住址或其近亲属的住址和联系方式，仍不能确定被告住址的，人民法院应当依法向被告公告送达诉讼文书。公告期满被告未到庭应诉的，法院可以缺席判决。

人民法院受理夫妻一方下落不明但未宣告失踪，另一方提出离婚的案件，应责令原告提供被告下落不明的事实、时间等证据和证明材料，并附有公安机关或其他有关机关关于被告下落不明的书面证明。

经法院合法传唤后被告不到庭应诉的，法院可以缺席审理。但解除婚姻关系的生效判决当事人不得申请再审，为防止原告故意不提供被告的准确地址而损害被告的合法权益，有必要慎用公告送达。

被诉方经法院依法传唤无故不到庭，并且没有提出书面答辩意见，经依法缺席开庭审理，请求方离婚态度坚决，可以判决离婚。

31. 家庭暴力对婚姻有什么危害?

“家庭暴力”，是指行为人以殴打、捆绑、残害、强行限制人身自由或者其他手段，给其家庭成员的身体、精神等方面造成一定伤害后果的行为。持续性、经常性的家庭暴力，构成虐待。最高人民法院中国应用法学研究所《涉及家庭暴力婚姻案件审理指南》将家庭暴力界定为发生在家庭成员之间，主要是夫妻之间，一方通过暴力或胁迫、侮辱、经济控制等手段实施侵害另一方的身体、性、精神等方面的人身权利，以达到控制另一方的目的的行为。并将家庭暴力分为身体暴力、性暴力、精神暴力和经济控制四种类型：

（1）身体暴力是加害人通过殴打或捆绑受害人或限制受害人人身自由等使受害人产生恐惧的行为；

（2）性暴力是加害人强迫受害人以其感到屈辱、恐惧、抵触的方式接受性行为，或残害受害人性器官等性侵犯行为；

（3）精神暴力是加害人以侮辱、谩骂、或者不予理睬、不给治病、不肯离婚等手段对受害人进行精神折磨，使受害人产生屈辱、恐惧、无价值感等作为或不作为行为；

（4）经济控制是加害人通过对夫妻共同财产和家庭收支状况的严格控制，摧毁受害人自尊心、自信心和自我价值感，以达到控制受害人的目的。

夫妻遭遇家庭暴力的，可以向公安机关寻求帮助。宣传部、最高人民检察院、公安部、民政部、司法部、卫生部、全国妇联联合制定的《关于预防和制止家庭暴力的若干意见》，对家庭暴力案件，公安机关应当根据不同情况，依法及时作出处理：（1）对情节轻微的家庭暴力案件，应当遵循既要维护受害人的合法权益，又要维护家庭团结，坚持调解的原则，对施暴者予以批评、训诫，告知其应承担的法律责任及相应的后果，防范和制止事态扩大；（2）对违反治安管理规定的，依据《治安管理处罚法》予以处罚；（3）对构成犯罪的，依法立案侦查，做好调查取证工作，追究其刑事责任；（4）对属于告诉才处理的虐待案件和受害人有证据证明的轻伤害案件，应当告知受害人或其法定代理人、近亲属直接向人民法院起诉，并及时将案件材料和有关证据移送有管辖权的人民法院。

实施家庭暴力或虐待、遗弃家庭成员，是判决离婚的一个重要理由，也是离婚时受害一方要求精神损害赔偿的理由。一般来说，家庭暴力受害一方在离婚侵害财产时应当得到照顾，受害人分割共有财产的份额一般不低于70%；针对加害人隐藏或转移财产的情况，分割夫妻共同财产时，受害方的份额一般不低于80%。家庭暴力受害人请求精神损害赔偿的，无论家庭暴力行为人是否已受到行政处罚或被追究刑事责任，均应当得到予以支持。

在因为家庭暴力提起的离婚诉讼中，主张家庭暴力存在的一方应当提供证据证明。作为证明家庭暴力存在的证据，可以是伤照、报警证明、证人证言、社会机构的相关记录或证明、加害人保证书、加害人带有威胁内容的手机短信等。家庭暴力受害人在提起诉讼之前曾向公安机关、人民调解组织、妇联组织、庇护所、村委会等国家机关、社会团体和组织投诉，要求庇护、接受调解的，或者家庭暴力受害人曾寻求过医学治疗、心理咨询或治疗的，上述机构提供的录音或文字记载，及出具的书面证词、诊断或相关书证，内容符合证据材料要求的，经人民法院审查后认为真实可靠的，可以作为认定家庭暴力发生的重要证据。公安机关的接警和出警记录是认定家庭暴力的重要证据。加害人在诉讼前作出的口头、书面悔过或保证，可以作为加害人实施家庭暴力的证据。家庭暴力具有隐蔽性。家庭暴力发生时，除了双方当事人和其子女之外，一般无外人在场。因此，子女通常是父母家庭暴力唯一的证人。其证言也可以视为认定家庭暴力的重要证据。

原告提供证据证明受侵害事实及伤害后果并指认系被告所为的，举证责任转移到被告。被告虽否认侵害由其所为但无反证的，可以推定被告为加害人，认定家庭暴力的存在。

※生活实例1※长期冷战也可构成家庭暴力[①]

张某与陈某于1994年建立了自由恋爱关系，1998年双方办理了结婚登记手续，领取了结婚证，婚后无子女。婚后双方由于性格差异，常因家庭琐事而双方互不理睬。2001年4月至今，双方一直处于冷战状态。2008年10月，妻子张某认为双方感情已经破裂，向法院起诉离婚，陈某不同意离婚。

法院经审理认为，原、被告长时期处于冷战状态，且原告对共同生活下去已完全丧失信心，若继续生活下去，对双方都是一种精神伤害，应视为双方夫妻感情确已破裂，以离婚为宜。

※分析解答※长期冷战属于精神暴力的一种，会严重破坏夫妻之间的感情，因此，其也可构成离婚要件之“夫妻感情破裂”。

※生活实例2※屡遭家庭暴力，离婚可获赔精神损失费[②]

武女士与齐先生于1980年登记结婚，婚后生有一子。婚后二人因生活琐事产生矛盾。齐先生多次在发生争执后对武女士施以暴力。医院还为武女士出具诊断证明书，认定武女士“右大腿后侧、左臂部、颈部等处皮下瘀血8块”。武女士无奈起诉至法院要求判决离婚，并由齐先生赔偿原告精神损失1万元。

法院经审理认为，武女士与齐先生虽结婚多年，但在婚后不久便因齐先生的家庭暴力造成武女士离家出走。虽齐先生多次口头、书面表示有悔改之意，但在其后的共同生活中却并未彻底改变，造成夫妻关系不和，致感情破裂。武女士提出离婚的请求予以准许。鉴于齐先生对武女士实施的家庭暴力行为给武女士的身体上和精神上造成了一定的伤害，武女士要求齐先生支付精神损害赔偿的请求，也予以支持，具体数额酌定为5000元。

---

① 朱庆梅：《长期冷战也可构成离婚要件之“夫妻感情破裂”》，载北京法院网，http：//bjgy. chinacourt. org/public/detail. php？id＝76148。

② 乔学慧：《屡遭家庭暴力诉离婚　妻子获赔精神损失费》，载北京法院网，http：//bjgy. chinacourt. org/public/detail. php？id＝75486。

❁**分析解答**❁本案中，医院的诊断证明书、悔过书是证明家庭暴力的重要证据。《婚姻法》第46条规定，“有下列情形之一，导致离婚的，无过错方有权请求损害赔偿：（一）重婚的；（二）有配偶者与他人同居的；（三）实施家庭暴力的；（四）虐待、遗弃家庭成员的。”因此，武女士有权要求齐先生支付精神损害赔偿，具体赔偿数额由人民法院根据具体情况裁量决定。

32. 虚假离婚的法律后果是什么？

虚假离婚，或称假离婚，是指夫妻一方或者双方本无离婚的真实意思而受对方欺诈或双方通谋作出离婚的意思表示。一般而言，虚假离婚包括两种情形：一是通谋离婚；二是欺诈离婚。

通谋离婚，是指婚姻当事人双方为了共同的或各自的目的，串通暂时离婚，等目的达到后再复婚的离婚行为。通谋离婚具有以下基本特征：第一，双方当事人并无离婚的真实意思，不符合协议离婚的实质条件。第二，双方当事人以离婚为手段，以达到共同的或者各自的目的。如为了规避计划生育、多生子女；为了逃避债务；为了两边享受分房或购房的国家优惠政策；为了给子女办理农转非户口等。第三，双方均有恶意串通离婚的故意，共同采取欺骗或者隐匿事实真相的方法，欺骗婚姻登记机关以获取离婚登记。第四，通谋离婚一般具有暂时性，待预期目的达到后，双方通常会按约定复婚。但也有一部分人弄假成真，离婚后置原先的约定于不顾，不愿复婚或者与他人再婚，从而引起纠纷。

欺诈离婚，是指一方当事人为了达到离婚的真正目的，采取欺诈手段向对方许诺先离婚再复婚，以骗取对方同意暂时离婚的行为。欺诈离婚具有以下特征：第一，这种离婚是欺诈方的真实意思，而受欺诈一方并无离婚的真实意思。第二，欺诈方的目的在于骗取对方同意离婚，以达到真正离婚的目的，因而并无复婚的意思，而受欺诈方却期待目的达到后即行复婚。第三，受欺诈方既是受害人，又与欺诈方共同欺骗婚姻登记机关。

根据1994年《婚姻登记管理条例》第25条的规定，办理虚假离婚登记，骗取离婚证的，经当事人申请或者婚姻登记管理机关依职权，应当由办理离婚登记的婚姻登记管理机关宣布其离婚无效，并收回离婚证。但现行有效的《婚姻登记条例》只规定了结婚登记无效的制度，并没有对虚假离婚这一情况进行规定，没有规定离婚登记的无效制度。因此，我们认为，一旦离婚登记便不允许再由婚姻登记机关自行宣布为无效。虚假离婚当事人一方或者双方已经与第三人结婚的，应承认其再婚有效。离婚的男女双方自愿恢复夫妻关系的，直接到婚姻登记机关办理复婚登记即可，不必也不应宣布离婚无效。

规定登记机关离婚登记无效会产生难以避免的法律尴尬，会造成“合法”的“一夫二妻”现象。可以通过行政诉讼程序解决，由人民法院经过审理之后，人民法院审理确认婚姻登记无效案件，应当通知婚姻当事人参加。即使离婚登记不合法，也不当然宣布为无效。如果当事人已经再婚，应当依法作出宣布离婚登记违法的确认判决。

33. 认定夫妻共同财产的基本规则是什么？

认定夫妻共同财产要把握以下原则：

（1）要准确理解夫妻财产制的法律规定和立法精神

在认定财产是否属于夫妻共同财产时，首先看双方有无约定，有约定且约定不侵犯第三人利益的，以约定为准。其次看财产的来源，主要是看婚前所得，还是婚后所得；是婚前的劳动经营、投资收益所得还是继承受赠所得，是继承受赠所得的，看遗嘱或者赠与合同中是否确定了财产的归属。再次看财产的获得是否与特定人的人格和身份利益相联系。最后看财产是否为一方生活所专用。以此来确定是夫妻个人财产还是夫妻共同财产。

夫妻在婚姻关系存续期间的所得，除了双方另有约定，一般均为夫妻共同财产。《婚姻法》所称的“婚姻关系存续期间”，是指从合法缔结婚姻到婚姻关系依法解除或者自然终止期间，不包括以下期间：

①双方虽然共同生活，但双方不具备结婚实质要件，未领取结婚证的期间。

②双方登记离婚或诉讼离婚生效后又同居生活的期间。

夫妻分居期间各自所得的财产，尽管事实上处于分离状态，但法律上婚姻关系仍然存续，因而分居期间一方所得财产应认定为夫妻共同财产。同样，双方依法办理了结婚登记手续，不管当事人是否同居生活，其后取得的财产一般均认为属于夫妻共同财产。

在实践中，财产权利的取得与实际财产的取得有时是同步的，而有时却是先后分开的。例如，张某婚前丧父，继承已开始，但因发生纠纷，他未实际取得遗产。在此期间他与刘某结婚，婚后半年，张某才分得遗产。这里张某取得的遗产，形式上看似“婚姻关系存续期间所得的财产”，但实际上财产权利已在婚前取得，因此，应认定为张某的婚前个人财产，不能列入共同财产的范围。类似的还是婚前购买的房屋婚后才取得房产证的情形，也不属于夫妻共同财产。

（2）要分清财产制之间的逻辑联系

《婚姻法》规定的夫妻财产制分为法定财产制和约定财产制。法定财产制包括婚后所得共同制和特定财产的个人所有制。在法定财产制和约定财产制的逻辑关系上，前者是基础，后者是补充。只有在夫妻之间存在明确约定且约定有效的情况下，才适用约定财产制认定财产的归属。在婚后所得共同制和个人所有制的逻辑关系上，前者是基础，后者是补充。凡是夫妻财产没有明确约定的，都适用法定财产制；在婚姻关系存续期间获得的任何财产，只要不能证明是夫妻个人所有的，都是夫妻共同财产。

在证据规则上，主张婚姻关系存续期间取得的财产为个人财产的一方应承担举证责任，当事人无法举证，人民法院又无法查清的，应认定为夫妻共同财产。

(3) 要严格按照证据规则的要求认定夫妻共同财产

当前，夫妻共同财产的分割存在着举证难、认证难的问题。主要有两个方面：夫妻双方或者一方与亲属之间的债权债务难以取证；夫妻双方或者一方隐瞒实际收入或隐匿财产难以举证。这些情况下，只能通过强化当事人的举证责任加以解决，符合证据规则的，法院也可以依职权调取证据，必要时可以通过法律推定的办法确定夫妻财产的性质。在没有证据或者证据不具有优势性的情况下，按照法律真实的原则妥善解决。但是对于通过离婚逃避债务的，一旦查清，应当责令离婚的双方对婚姻关系存续期间所欠债务承担连带清偿责任。

※生活实例1※对婚姻存续期间取得的财产，由主张为个人财产的一方承担举证责任①

赵男与余女恋爱两年后结婚，婚前赵男的父母给赵男10万元，赵男购买了股票。婚后，赵男利用业余时间炒股，有时也利用家中部分积蓄购买股票，但在赢利后及时将挪用的家中积蓄退出股市。股票一直由赵男操作买卖，后股票已增值至40余万元。现赵男与余女因生活琐事发生矛盾，夫妻感情急剧恶化，余女向法院提起离婚诉讼，并要求分割股票的增值部分。

经审理法院认为，虽然赵男在赢利后将家庭积蓄退出股市，但所得的赢利已无法分清是何部分股金所产生，且该部分收入是在夫妻关系存续期间所得，应认定为共同财产，余女可以分享股票增值部分的财产。

※分析解答※股票的增值部分作为一种生产、经营收入，只要是在婚姻关系存续期间取得的，就应当推定属于夫妻共同财产，除非有其他的证据能够推翻这一推定。从举证责任分配原则来看，最高人民法院《关于人民法院审理离婚案件处理财产分割问题的若

① 杨潇：《婚前股票婚后增值部分无法查证为个人财产，应算夫妻共同财产》，载北京法院网，http：//bjgy. chinacourt. org/public/detail. php? id =73391。

干具体意见》第7条规定，对个人财产还是夫妻共同财产难以认定的，主张权利的一方负举证责任。当事人举不出有力证据的，人民法院又无法查实的，按夫妻共同财产处理。赵男如果主张股票增值部分财产主要是自己婚前财产的增值，就应当承担举证责任，但其举不出证据证实自己的主张，所以这笔增值财产应作为夫妻共同财产处理。

(4) 婚前个人财产不因物质形态的变化转变为夫妻共同财产

1993年最高人民法院曾出台一个司法解释，即最高人民法院《关于人民法院审理离婚案件处理财产分割问题的若干具体意见》，其中第6条规定："一方婚前个人所有的财产，婚后由双方共同使用、经营、管理的，房屋和其他价值较大的生产资料经过8年，贵重的生活资料经过4年，可视为夫妻共同财产。"但这一规定与2001年修改以后的《婚姻法》相冲突，因此失去法律效力。最高人民法院《关于适用〈中华人民共和国婚姻法〉若干问题的解释(一)》第19条规定："夫妻一方所有的财产，不因婚姻关系的延续而转化为夫妻共同财产。但当事人另有约定的除外。"

我们认为，婚后双方对婚前一方所有的房屋进行过修缮、装修、原拆原建的，房屋仍归原产权人所有，增值部分中属于另一方应得的份额，由房屋所有权人折价补偿另一方；进行过扩建的，扩建部分的房屋应按夫妻共同财产处理。

※生活实例2※婚前住房属个人财产

李某在婚前支付了全部房款并取得了房产证，现在要结婚了，这处房产会因其结婚而转化为夫妻共有财产吗?

※分析解答※夫妻一方在婚前购买住房并且取得了所有权，如果当事人之间没有关于该财产为双方共同所有的特殊约定，则该财产并不会因结婚而转化为夫妻共同财产，仍是属于一方的财产。所以这套房产属于李某个人的婚前财产，不会转化为夫妻共有财产。

※生活实例3※婚前住房婚后拆迁，增加部分属夫妻共同财产

张某在婚前有一处68平方米的房产，在婚后由于房屋被拆迁，又被重新安置了一处96平方米的楼房，补交了7万元。与妻子结婚10年后，终因感情破裂离婚。这处房产是否属于张某夫妻的共同财产？

※**分析解答**※现有房产中完全由拆迁房转换的部分，应属于张某的个人财产，但是对于支出的7万元所购买的部分增加面积，应认定为夫妻共同财产，所以，张某如果想拥有房屋所有权，应当就这一部分进行分割后，给妻子相应的经济补偿。

34. 哪些财产属于夫妻共同财产？

根据我国《婚姻法》第17条的规定，夫妻在婚姻关系存续期间所得的下列财产，归夫妻共同所有：

（1）工资、奖金。工资是作为劳动报酬按期付给劳动者的货币或实物。对工资应作广义理解，不仅指职工的基本工资，还包括各种形式的补贴、福利等，这些共同构成了职工的工资收入，属于夫妻共同财产的范围。奖金是为了鼓励和表扬而给予的金钱或财物。对奖金也应作广义的理解。

※**生活实例1**※**夫妻共同财产中的工资不包括奖金**[①]

刘艳与张杰于2003年11月协议离婚，约定“儿子随女方共同生活，由男方每月付工资收入的30%；教育费用平均负担”。离婚后张杰支付和委托他人转交生活费1950元，至2004年6月尚欠部分生活费及教育费未付，刘艳诉至法院。审理中，对于离婚协议中“工资收入”一词，刘艳认为根据劳动部《关于贯彻执行〈劳动法〉若干问题的意见》及国家统计局《关于工资总额组成的规定》的规定，“工资收入”应当包括奖金在内。张杰则认为根据协议时的真实意思，协议中“工资收入”不包括奖金在内。

法院认为，关于对工资的理解，劳动部、国家统计局的规范性文件作出了不同的解释，而在全国人民代表大会常务委员会修正的

① 梅廷聪：《离婚协议引出一词两解 法院认定：工资不含奖金》，载人民法院报网站，http：//rmfyb. chinacourt. org/public/detail. php？id＝72429。

《婚姻法》第17条的规定中将工资和奖金并列以示区别。全国人民代表大会常务委员会作为最高国家立法机关之一，其立法旨意具有较高的法律效力，故对“工资”的通常理解不包括奖金在内。结合本案当事人在协议后所打欠条及委托转交的生活费均以250元为基数，可以认定当事人订立协议时的真实意思中“工资收入”并不包括奖金在内。“工资收入”应当指职工应领工资，单位代扣代缴的养老保险、医疗保险、住房公积金等费用属于职工必要支出，不能扣减工资收入。据此，法院判决张杰给付刘艳垫付（至2004年6月）子女抚养费1620元并按约继续履行抚养义务。

※**分析解答**※现实生活中的一些词汇一旦适用在法律中就需要给出明确的界定。本案中法院根据《婚姻法》的条文作出处理是适当的。为了避免将来的麻烦，夫妻在订立相关协议时对可能存在不同理解的词不妨写得具体一些。

（2）从事生产、经营所得的收益。生产指人们使用工具来创造各种生产资料和生活资料。经营主要指从事商业活动。生产经营的具体形式很多，如自己投资自己经营，承包、租赁他人的企业从事经营活动等。

在婚后所得共同制下，夫妻婚前个人财产的所有权不因婚姻的成立而改变。一方婚前财产的孳息归个人所有，但如果将个人财产用于投资，不管这种投资是在婚前还是在婚后，本金仍归原所有者个人所有，但是，这些财产通过经营活动得到的增值或收益，依法则应属于夫妻双方共有。

（3）知识产权的收益。知识产权指与特定人身密不可分的人身权和财产权两方面权利。人身权是作者基于其智力成果依法享有的以人身利益为内容的权利。由于人身权具有人身专属性，不可能由他人包括权利人的配偶享有，因此，不能属夫妻共同所有。财产权指知识产权人依法通过各种方式利用其智力成果的权利。知识成果所产生的经济利益，是一种财产权，则应归夫妻共有。

（4）因继承得到的财产，但遗嘱确定只归一方所有的财产除外。

（5）因赠与得到的财产，但赠与合同指明归一方所有的除外。夫妻一方因赠与得到的财产，归夫妻共同所有。但是赠与合同中确定赠与财产归受赠一方个人所有的，依法应排除在夫妻共有财产范围之外。因为：①赠与人作为原财产所有者，赠与是其依法处分自己财产的一种形式，理应受到法律保护。②赠与的发生通常是基于赠与人与受赠人之间存在充分信任和私人感情，受赠人是否已婚及其婚姻状况如何，往往与赠与人的赠与行为实施并无关联。

（6）其他应当归夫妻共有的财产。根据最高人民法院《关于适用〈婚姻法〉若干问题的解释（二）》第11条的规定，婚姻关系存续期间，下列财产属于《婚姻法》规定的"其他应当归共同所有的财产"：

①一方以个人财产投资取得的收益；

②男女双方实际取得或者应当取得的住房补贴、住房公积金；

③男女双方实际取得或者应当取得的养老保险金、破产安置补偿费等。

（7）根据司法解释和司法实践，下列财产也应当属于夫妻共同财产：

①夫妻一方婚前承租的公房，婚后以共同财产购买为产权的，该房屋为共同所有。一方婚前借款或通过银行按揭、贷款购买的房屋，购房所欠债务主要是用婚后共同所得偿还的，视为夫妻共有财产。

②婚后双方对婚前一方所有的房屋进行过修缮、装修、原拆原建，离婚时未变更产权的，房屋仍归产权人所有，增值部分中属于另一方应得的份额，由房屋所有权人折价补偿另一方；进行过扩建的，扩建部分的房屋应按夫妻共同财产处理。

❈生活实例2❈婚姻存续期间因继承所得财产归夫妻共同所有[①]

张霞和王竹1986年结婚，婚后初期两人感情还不错，但是后

① 乔学慧：《婚姻存续期间因继承所得财产归夫妻共同所有》，载北京法院网，http：//bjgy. chinacourt. org/public/detail. php？id＝75538。

来因为家庭琐事产生矛盾，相互之间不能沟通谅解。2008 年 3 月，张霞起诉至法院，要求和王竹离婚，并请求法院分割夫妻双方共同财产。

法院经审理查明，双方争议的房产是坐落于北京市丰台区某处 34 号院的四间北房，这四间房原来是王竹家的祖产。1985 年，法院生效法律文书确定这四间房产归王竹的父亲所有。1996 年，王竹的父亲去世，之前王竹的母亲和祖父母均已过世，留下王竹和其他三个兄弟姐妹。1999 年 10 月，王竹兄弟姐妹四人到公证处办理了继承公证，其他兄弟姐妹三人均放弃了继承房产，决定这四间北房由王竹一人继承，但是王竹一直没有办理该房产的登记手续。

开庭审理过程中，王竹同意离婚，但是辩称夫妻共同财产已处理完毕，张霞所请求分割的房产是自己父母的遗产，该房产尚未登记，自己并未取得产权，房产系王家原家庭成员共有，不同意分割。

法院最后判决，准许张霞和王竹离婚；涉案的四间房产系夫妻共同财产，离婚后归王竹所有，根据评估的价格，由王竹补给张霞房屋折价款 2 万元。

❈**分析解答**❈男女双方结婚后，必然会积累一定的财产。在这些财产中，既有双方婚前各自的个人财产，也有婚后所得的夫妻共同财产。当夫妻离婚时，要做到正确分割财产，关键在于对夫妻共同财产和夫妻个人财产作出准确的认定。

我国对不动产物权采取的是登记生效主义，即《物权法》第 9 条规定的“不动产物权的设立、变更、转让和消灭，经依法登记，发生效力；未经登记，不发生效力。法律另有规定的除外”。但同时，《物权法》第 29 条规定：“因继承或者受遗赠取得物权的，自继承或者受遗赠开始时发生效力。”本案中涉案房产虽未经登记，但其物权自其他兄弟姐妹三人放弃继承权之时已经转移给王竹，应当属于夫妻共同财产。

35. 夫妻共同财产权如何行使?

在婚姻共同生活中，日常处理的事务甚多，不可能事事都由夫妻双方共同处理，必然有夫妻相互代理的需要。因此，多数国家婚姻家庭法规定夫妻对日常家事有相互代理权。日常家事代理权指夫妻一方因日常家庭事务而与第三人交往时所为法律行为，视为夫妻共同的意思表示，另一方承担连带责任。

我国《婚姻法》仅在第 17 条规定，“夫妻对共同所有的财产，有平等的处理权”，没有明确规定夫妻间的日常家事代理权。最高人民法院《关于适用〈中华人民共和国婚姻法〉若干问题的解释(一)》第 17 条规定：“因日常生活需要而处理夫妻共同财产的，任何一方均有权决定。”从文义上看，该规定暗含了家事代理权的主要内容，对该规定应当理解为：夫或妻在处理夫妻共同财产上的权利是平等的；夫或妻非因日常生活需要对夫妻共同财产作出重要处理决定，夫妻双方应当平等协商，取得一致意见。最高人民法院《关于适用〈中华人民共和国婚姻法〉若干问题的解释（二）》第 24 条规定：“债权人就婚姻关系存续期间夫妻一方以个人名义所负债务主张权利的，应当按夫妻共同债务处理。但夫妻一方能够证明债权人与债务人明确约定为个人债务，或者能够证明属于婚姻法第十九条第三款规定的情形除外。”这条规定进一步肯定了夫妻一方的日常行为应当由夫妻双方共同负责。

日常家事的范围应当包括家庭生活所必要的一切事务，该事务的范围主要以家庭生活开支的形式表现出来。家庭生活开支是为维持家庭生活正常进行及进一步提高生活水平所需的费用，是经常的和重要的日常夫妻共同财产开支，其外延也是相当宽广的，它涵盖了必要的日用品的购买、医疗和医药服务、合理的保健与锻炼、文化消费与娱乐、子女教育以及家庭用工的雇用等决定家庭共同生活必要的一切事务，其范围主要包括：（1）维持共同生活的费用；

(2) 抚育子女的费用；(3) 家庭成员所需的医疗费用；(4) 其他日常生活所需的费用。

下列事务不属于家事代理的范围：(1) 处分不动产；(2) 处分具有重大价值的财产；(3) 处分与婚姻当事人一方人身有密切联系的事务，如领取劳动报酬、放弃继承。

长期以来，很多夫妻在买房子、办理房产证的时候多习惯于写一方的名字，不论写一个人的名字，还是两个人的名字，都不改变房产为夫妻共同财产的性质。但是如果只登记在一人名下，单纯从房产证来看，他个人有完全的处分权，可以瞒着另一方将房子卖掉，第三人也可能会信任这一点而买下该房产，这样会导致许多纠纷的发生。夫妻关系存续期间，夫妻一方对于双方共同购买的房产可以请求法院确认属于夫妻共同所有进而变更房产证，但是在婚内要求分割共同财产或者要求法院确定夫妻双方各自的财产份额的，不会得到支持。

※生活实例※夫妻一方私自卖房，不影响善意买方获得房产权[①]

2007 年 5 月 27 日，宋某与付某签订房屋买卖合同，将自己名下的坐落在北京市某处的楼房一套卖与付某。5 月 29 日，付某将全部购房款给付宋某，双方到建委提出变更房屋所有权申请。

6 月 11 日，宋某、付某在查看房屋时遇到宋某的妻子王某，王某知晓宋某卖房后发生争执。次日，王某到建委查看房屋所有权的登记情况，发现该房屋所有权人仍为宋某，王某提出不能将房屋所有权变更为付某，并说明了理由。后王某发现该房屋产权已经变更为付某所有，故诉至法院，要求确认房屋买卖合同无效。法院认为，王某要求确认房屋买卖合同无效的诉讼请求，不符合《合同法》第 52 条的规定。最终，判决驳回了原告的诉讼请求。

※分析解答※《物权法》第 106 条规定了动产与不动产的善

---

① 张倩：《丈夫私自卖房，买方善意取得，妻诉无效不获支持》，载北京法院网，http：//bjgy. chinacourt. org/public/detail. php？id＝68060。

意取得制度——“无处分权人将不动产或者动产转让给受让人的，所有权人有权追回；除法律另有规定外，符合下列情形的，受让人取得该不动产或者动产的所有权：（一）受让人受让该不动产或者动产时是善意的；（二）以合理的价格转让；（三）转让的不动产或者动产依照法律规定应当登记的已经登记，不需要登记的已经交付给受让人。受让人依照前款规定取得不动产或者动产的所有权的，原所有权人有权向无处分权人请求赔偿损失”。

本案中，涉案房屋应属于夫妻共同财产。但付某从与宋某订立房屋买卖合同到如约付款再到双方到房屋管理部门申请变更房屋产权，均不知宋某无权卖房，构成善意取得。虽然付某在王某主张权利后才取得房屋所有权证，但付某、宋某在王某主张权利前，已经到相关部门申请了所有权变更登记，且付某不能决定房屋所有权证的发放时间，故不能否定付某善意取得财产的合法行为。

36. 哪些财产属于夫妻一方个人财产？

夫妻一方个人财产是指专属于配偶一方个人所有并排斥夫妻共有的财产。根据《婚姻法》第 18 条的规定，夫妻一方个人财产包括：

（1）一方的婚前财产。男女双方结婚前的财产，无论是动产、不动产，在婚后均归原财产所有人个人所有。即使离婚也不能作为共同财产分割，除非当事人另有约定。

（2）夫妻一方因身体受到伤害获得的医疗费、残疾人生活补助费等费用。这些财产与生命健康直接相关，应专属于夫妻个人所有，不能成为共同财产。否则，法律设立赔偿金的意义无法实现。实践中，夫妻一方因身体受到伤害获得的费用除医疗费和残疾人生活补助费外还有其他各项费用，如精神抚慰金、一次性工伤辞退费、交通补助费、营养补助费、住院伙食补助费、护理费、假肢安装费、被抚养人生活补助费，以及军人的伤亡保险金、伤残补助金、医药生活补助费等。如上述费用中的被抚养人生活补助费，虽是因为受伤而获得，但赔偿对象不是受伤者本人，而是原本可依靠受伤人的抚养生活的人，此费用最终应归被抚养人所有，而不应计入一方个人财产。另外，受害者获得医疗费等赔偿后，还扣除因受害者因先行治疗所用家庭共有财产，剩余的费用才为受害者的个人财产。

(3) 遗嘱或赠与合同中确定只归夫或妻一方的财产。这一规定尊重了赠与人和立遗嘱人的意愿。

(4) 一方专用的生活用品。这类财产成为个人特有财产，必须同时具备两个条件：一是生活用品；二是这些生活用品为夫妻一方专用。

一方专用的生活用品属一方的个人财产，不应作为夫妻共有财产纳入分配。但用夫妻共有财产购置的价值较大的生活用品，或在家庭财产中所占比重较大的用品，在分给专用一方的同时，在其他共有财产的分割时应该对另一方的份额或比例予以适当平衡。

(5) 其他应当归夫妻一方的财产。这类财产可考虑两方面因素：一种是这些财产确实带有较强的人身属性，理应归一方所有。如军人的伤亡保险金、伤残补助金等。另一种是这些财产确实与某一方的专门业务密不可分，另一方即使享有权利也不能充分体现财产的价值。

※生活实例1※父母为子女所购婚房若无明示赠与双方则属个人财产①

王某之父母1998年为其购买一处两室一厅住房，1999年王某与贺某结婚时即住用该房。2004年7月王某要求与贺某离婚，贺某提出要求分割该房。经审理，法院对贺某的该项请求没有支持。

※分析解答※根据最高人民法院《关于适用〈中华人民共和国婚姻法〉若干问题的解释（二）》第22条规定："当事人结婚

① 杨潇：《父母为子女所购婚房若无明示赠与双方则属个人财产》，载北京法院网，http：//bjgy. chinacourt. org/public/detail. php？id=75191。

前，父母为双方购置房屋出资的，该出资应当认定为对自己子女的个人赠与，但父母明确表示赠与双方的除外。”如果父母所购房屋明确表示是赠与夫妻二人的，该房屋即为夫妻的共同财产；如果没有明确表示赠与夫妻二人的，即为个人财产。因此，王某父母为王某购买的房屋属于王某婚前个人财产。最高人民法院《关于适用〈中华人民共和国婚姻法〉若干问题的解释（一）》第19条规定："夫妻一方所有的财产，不因婚姻关系的延续而转化为夫妻共同财产。但当事人另有约定的除外。"如果结婚前或结婚后，夫妻双方没有约定该房为夫妻共同财产，那么，无论王某与贺某共同生活多少年，该房都始终是个人的财产。个人财产，离婚时，对方是不能参与分割的。

※生活实例2※交通赔偿款属夫妻个人财产，离婚后应予归还[①]

王军与田伶原系夫妻关系，2006年7月经法院判决离婚，该判决书已生效。但王军认为在婚姻关系存续期间，田伶未经王军同意，于2005年8月分两次将王军于2002年12月存入信用社定期5年、数额3万元的交通事故赔偿款取出1.5万元，此款应属其个人财产，故多次向其催要不果，遂向法院提起诉讼，要求田伶返还此款。

本案诉讼中，王军依法申请本院对田伶于2005年8月取走其1.5万元存款的事实予以调查。经法院查证：田伶分别于2005年7月31日、8月1日、8月26日各取走5000元，总计1.5万元。庭审中，田伶承认，王军于2002年12月存入信用社定期5年、数额3万元的存款，该存款中有1万元属王军在交通事故中获得的赔偿款，2万元属双方共同生活结余。

法庭经审理，最后判令田伶返还王军5000元。

※分析解答※交通事故赔偿款属于一方因身体受伤而获得的医

---

① 王杨、杨旭：《交通赔偿款属夫妻个人财产，离婚后应予归还》，载北京法院网，http://bjgy.chinacourt.org/public/detail.php?id=69811。

疗费用，属于夫妻一方个人财产，离婚时不能平分。

❖生活实例3❖私房钱也可以分割

李某想与丈夫离婚，知道丈夫背着她存下了许多私房钱，对方也并不否认。李某向他提出分割这笔钱时，他说这是属于他个人的财产。李某可以向法院要求分割吗？

❖分析解答❖我国实行的法定夫妻财产制是婚后所得共同制，即在婚姻关系存续期间夫妻各方的一切收入和取得的财产，除夫妻个人特有的财产及另有约定的外，均为夫妻共同所有。私房钱是夫妻一方个人积蓄而不为对方知道的钱财，其性质与《婚姻法》规定的个人特有财产有所区别，应当属于夫妻共同财产。如果没有财产约定，那么一方的私房钱，另一方有权向法院提出分割。

❖生活实例4❖婚前购房，婚后才取得房产证的，属于婚前财产

在婚前支付了全部房款，购买了一套房子，但在结婚后才取得房产证，这套房子是否属于夫妻共同财产？

❖分析解答❖夫妻间的财产关系在没有约定的情况下，适用法律的规定，即婚后取得的财产为夫妻共同财产。这套房子虽然是在婚后取得房产证，但由于是婚前出资购买，仍然属于婚前个人财产。

37. 离婚时分割夫妻共有财产的一般原则是什么？

离婚时，夫妻的共同财产由双方协议处理；协议不成时，由人民法院根据财产的具体情况及照顾子女和女方权益的原则判决。夫或妻在家庭土地承包经营中享有的权益等，应当依法予以保护。

夫妻以书面形式约定婚姻关系存续期间所得的财产以及婚前财产归各自所有、共同所有或部分各自所有、部分共同所有的，离婚时应按约定处理。

夫妻分居两地分别管理、使用的婚后财产，应认定为夫妻共同财产。在分割财产时，各自分别管理、使用的财产归各自所有。双方所分财产相差悬殊的，差额部分，由多得财产的一方以与差额相当的财产抵偿另一方。

已登记结婚，尚未共同生活，一方或双方受赠的礼金、礼物应认定为夫妻共同财产，具体处理时应考虑财产来源、数量等情况合理分割。各自出资购置、各自使用的财物，原则上归各自所有。

夫妻双方分割共同财产中的股票、债券、投资基金份额等有价证券以及未上市股份有限公司股份时，协商不成或者按市价分配有困难的，人民法院可以根据数量按比例分配。

38. 离婚时如何分割夫妻共有的房屋？

我国的夫妻财产制度实行的是共同共有制，它原则上不考虑各方对财产贡献的大小和收入的高低，离婚时一般均等分割夫妻共同财产。因此，在双方离婚进行房产分割时，首先，应当确认房产是否属于夫妻共同财产。其次，应当确认该房产能否分割使用，如果可以分割使用，则可以由双方进行产权分割，各自使用。如果不可以分割使用，则应确认归一方所有，获得房产的一方应按房产价值的一半给予对方补偿。

在确认由哪一方取得房产时，应按照如下原则进行：(1) 考虑双方的住房情况。一般情况下应照顾无处居住的一方。(2) 照顾抚养子女的一方。(3) 照顾无过错的一方。(4) 照顾身体残疾或生活困难的一方。(5) 在同等条件下照顾女方。如果双方的条件大致相当，按照上述原则不能确定房产的归属，双方均主张房屋所有权并且同意竞价取得的，由出价高的一方取得所有权；一方主张房屋所有权的，由评估机构按市场价格对房屋作出评估，取得房屋所有权的一方应给予另一方相应的补偿；双方均不主张房屋所有权的，根据当事人的申请拍卖房屋，就所得价款进行分割。

目前随着房地产市场价格的上涨，许多房产在双方离婚时的价格已远远超过了当初的购买价格，而且由于房屋已成为公民的生活必需品，其价值在夫妻共同财产中的分量非常之重，往往成为争议的焦点。因此双方在协商不成时，应及时向人民法院提出申请，由人民法院组织竞价、评估或拍卖，从而达到按照房屋的真实价值分割房产的目的。在诉讼中采取这几种方式分割房产时，一般需要双方的申请或同意。司法实践中，人民法院一般并不主动确定讼争房屋的价值。

当事人结婚前，父母为双方购置房屋出资的，该出资应当认定为对自己子女的个人赠与，但父母明确表示赠与双方的除外。当事人结婚后，父母为双方购置房屋出资的，该出资应当认定为对夫妻双方的赠与，但父母明确表示赠与一方的除外。

离婚时对双方尚未取得所有权或者尚未取得完全所有权的房屋，双方协商不成的，可以根据实际情况由一方使用，待取得完全所有权后现另行处理。

离婚时尚未取得产权证的农村自建房，人民法院可以根据实际情况判决由一方使用，由此产生的权利和义务由该方享有和承担。

◈生活实例◈离婚时双方都要求房屋产权，法院竞价判归属①

谢某与吴某于1995年登记结婚。结婚时，两人从朋友那里借来了十几万块钱，买了一套一室一厅的房子。2002年还清欠款。2005年4月吴某向法院提起离婚诉讼。经过几次庭审和调解，两人在房屋问题上都不让步，都要求自己取得房子的所有权。因为两人都没有经济实力再去购买一套住房，而没有得到房子的一方，仅凭对方支付的折价款根本不足以再购房。法院在征得双方当事人的同意之后，决定采用竞价的方式解决双方的争议。在法官的主持下，双方轮番竞价，最终吴某以稍高的价格得到该住房，同时补偿谢某房屋折价款30万元。

◈分析解答◈住房为共同财产，离婚时应按照一般共同财产分

① 贾明军、王常栋：《现代婚姻家庭经典案例》，上海交通大学出版社2008年版，第103页。

割。对不宜分割使用，以及双方对夫妻共同财产中的房屋价值及归属无法达成协议的，人民法院会根据当事人双方的不同态度，采取不同的处理方式。双方均主张房屋所有权并且同意竞价取得的，由出价高的一方取得所有权。需要注意的是，采取竞价的方式解决夫妻共同财产归属时，必须是双方同意或双方经济、住房条件基本相同才可以采取。在本案中，双方都要求自己取得房子的所有权，而且双方都同意采取竞价的方式决定房子的归属。因此，法院最终采取了竞价的方式判决争议财产的归属。

39. 承租的房屋离婚时应当如何处理?

对于公房租赁问题，最高人民法院《关于审理离婚案件中公房使用、承租若干问题的解答》中规定，夫妻共同居住的公房，具有下列情形之一的，离婚后，双方均可承租：

（1）婚前由一方承租的公房，婚姻关系存续5年以上的；

（2）婚前一方承租的本单位的房屋，离婚时，双方均为本单位职工的；

（3）一方婚前借款投资建房取得的公房承租权，婚后夫妻共同偿还借款的；

（4）婚后一方或双方申请取得公房承租权的；

（5）婚前一方承租的公房，婚后因该承租房屋拆迁而取得房屋承租权的；

（6）夫妻双方单位投资联建或联合购置的共有房屋的；

（7）一方将其承租的本单位的房屋，交回本单位或交给另一方单位后，另一方单位另给调换房屋的；

（8）婚前双方均租有公房，婚后合并调换房屋的；

（9）其他应当认定为夫妻双方均可承租的情形。

对夫妻双方均可承租的公房，应当按照下列原则处理：（1）照顾抚养子女的一方；（2）男女双方在同等条件下，照顾女方；（3）照顾残疾或生活困难的一方；（4）照顾无过错一方。对夫妻双方均可承租的公房而由一方承租的，承租方对另一方可给予适当的经济补偿。离婚时，一方对另一方婚前承租的公房无权承租而解决住房确有困难的，人民法院可调解或判决其暂时居住，暂住期限一般不超过两年。暂住期间，暂住方应交纳与房屋租金等额的使用费及其他必要的费用。离婚时，一方对另一方婚前承租的公房无权承租，另行租房经济上确有困难的，如承租公房一方有负担能力，应给予一次性经济帮助。

❈生活实例❈公房承租权的处理原则①

伍某与刘某于1994年结婚，婚后因感情恶化，刘某向法院起诉离婚。经审理法院判决二人离婚，并对双方财产进行了分割。但二人在离婚诉讼中没有请求对某街24号二层房屋的使用权予以处理。法院的判决于2003年5月22日生效。

因旧城区改造，某街24号二层将要拆迁，刘某起诉请求分割使用权。伍某辩称：离婚后该房屋一直由其居住，2002年7月至今由其交纳租金，刘某起诉的目的是为得到拆迁补偿。

法院经审理认为：某街24号二层房屋为公产房，是由刘某于婚前承租，且二人的婚姻关系存续5年以上，因此双方离婚后均享有承租使用权。伍某离婚后在此居住，是其享有承租使用权的表现，但并不形成由其独享承租使用权的法律后果。双方均携带有子女，且伍某未举证证实刘某另有所有权的房屋。因此，刘某请求确认二人均有承租使用权于法有据，应予以支持。

❈分析解答❈由于国家给予公房住户拆迁时政策上的优惠，使住户能获得一笔较高的拆迁补偿款，因此，公房租赁权的归属，一直是离婚诉讼当事人争议的焦点问题。

根据最高人民法院《关于审理离婚案件中公房使用、承租若干问题的解答》的规定，在离婚案件中，当事人对公房的使用、

---

① 广东省佛山市中级人民法院（2004）佛中法民一终字第205号民事判决书，载中国法律检索系统之中国法院裁决文书库。

承租问题发生争议，自行协商不成，或者经当事人双方单位或有关部门调解不成的，人民法院应根据案件的具体情况，依法予以妥善处理。婚前由一方承租的公房，婚姻关系存续5年以上的，夫妻共同居住的公房，离婚后，双方均可承租。本案中争议的某街24号二层房屋是由原告于婚前承租，且原、被告的婚姻关系存续5年以上，因此双方离婚后均享有承租权的使用权。法院经审理后认为，被告请求独享承租使用权缺乏事实和法律依据。因此，法院支持了原告的诉讼请求。

40. 婚姻关系存续期间取得的房改房在离婚时如何处理？

婚姻关系存续期间取得的有限产权房屋，应视为夫妻双方共有财产。

一方婚前承租单位住房，婚后以夫妻双方的名义参加房改，购房时折扣了双方的工龄、职级而取得的有限产权房屋，视为夫妻双方共有财产。但在对该项财产进行分割时，应考虑获得该项财产时各自的出资份额，出资较大的一方可以相应地多分。

一方婚前参加建房集资，房屋建起后又按房改政策出售给职工，出售给职工时折扣了双方的工龄、职级的有限产权房屋，视为夫妻共有财产。但在确认各自应得的份额时，同样应考虑让出资较大的一方多得相应的份额。

一方婚前借款集资或购买而取得有限产权房屋，婚后用双方共同财产偿还债务的，视为夫妻双方共有财产。

对属于夫妻双方共有的有限产权房屋应本着方便生活、解决和避免产生新的矛盾及适当兼顾房屋原产权人利益的原则进行分割。

一般应让原房产所属单位的职工一方分得房屋，该方对另一方作价补偿。补偿时，不宜按实际购房款的一半进行补偿，应参照考虑房地产的市场行情、当地政府规定的住房标准价和当事人的经济状况等因素，斟情决定。双方均主张房屋的，也可以在评估的基础上由双方竞价，让出价高的一方得房，另一方获得相应份额的补偿。

对有限产权房屋，人民法院应本着彻底解决矛盾、稳定法律关系、减轻当事人诉累的原则，根据实际情况判决或由当事人使用、居住，或由当事人所有。

在婚姻关系存续期间，用夫妻共同财产出资购买了以一方父母名义参加房改的房屋的，在离婚分割时需要考虑房改政策。按照房改政策，这类房屋仍属于父母的财产，对于购买房屋出资的夫妻共同财产视为一种债权，在离婚时可作为债权妥善处理。对于以夫妻双方或一方承租的公房参加房改后，没有取得房产证明的，不影响认定为夫妻共同财产。

41. 以按揭方式购买的商品房屋在离婚时怎么分割?

按揭是指购房人不转移所购房屋的占有权，而是将其作为向银行偿还贷款本息的担保，并由售房人做购房人的保证人。购房人不偿还银行本息时，银行有权将该房屋折价或以拍卖、变卖该房屋的价款优先受偿，或者由售房人将该房屋回购，并将回购款偿付银行的本息。

在按揭房买卖中，由于购房者购买的房屋已经抵押给银行，购房者即使取得了房屋权属证明，对该房屋也无完整的处分权。因此，如果离婚时尚未完全还清按揭房的银行贷款，双方只能通过协商方式解决房产的归属。如果夫妻双方在取得房屋的全部所有权后，就所有权的归属无法达成协议，可以另行向人民法院提起诉讼。

夫妻一方婚前以个人名义办理按揭贷款，且用个人财产支付了首付房款，在婚姻存续期间用夫妻共同财产还借贷，如果婚后取得房屋产权证书的，应认定为夫妻共同财产。对于一方婚前支付的房款，由另一方返还一半；尚欠的贷款，作为夫妻共同债务，由双方返还。

夫妻一方婚前以个人财产购买房屋并以个人名义在银行按揭贷款，支付的购房款数额超过房屋总价的一半时，无论房产何时交付及房屋产权证书何时取得，离婚时该房屋均应认定为其个人婚前财产。另一方婚后参与清偿贷款，不改变该房屋为个人财产的性质，但对已归还的贷款中另一方以个人财产清偿的部分，应当全部返还；以夫妻共同财产清偿的部分，应当返还其中的一半。

婚前购买的房屋，产权证登记在一方名下，但另一方有证据证明婚前购房时，其也同意出资的，在离婚分割财产时，该房屋为产权登记人的个人财产，剩余未归还的债务，为其个人债务。但对首期款和已归还的贷款中属于另一方出资和清偿的部分，应当予以返还。

一方婚前购买的房屋，另一方有证据证明其婚前是基于双方均认可所购房屋为共同所有的前提下进行出资的，则虽然该房产登记在一方名下，仍应认定为夫妻共同财产，分割时应按共同财产的分割原则进行处理，其按揭贷款债务为共同债务。但对于存在当事人出资比例悬殊，且婚后确未共同生活，或婚姻关系存续期间较短等情形的，可参考当时的出资比例对房产进行分割，不宜各半分割。

❈生活实例❈商品按揭房屋权属的处理原则①

罗某、刘某于 1998 年结婚，后因家庭矛盾，罗某起诉离婚，并请求分割被告刘某于 1997 年 11 月以按揭方式购买、婚后二人共同还贷的房屋。

法院经审理后认为：刘某在结婚前交纳了购房首期和部分供楼款。因此，该房屋部分属于刘某的婚前财产。按照婚前缴纳的购房首期款和供楼款所占购房价的比例，该房屋的 75.2% 属于刘某的

① 广东省佛山市中级人民法院（2004）佛中法民一终字第 797 号民事判决书，载中国法律检索系统之中国法院裁决文书库。

婚前财产，其余部分为双方的夫妻共同财产。因此，罗某在取得该房屋后，应当补偿房屋现价的87.6%，即81292.8元给刘某。

※**分析解答**※本案中，罗某和刘某争议的房屋至离婚时已经将供楼款全部付清，取得了完全的产权，可以进行分割。刘某在婚前就交纳了购房首期款项和部分供楼款，该部分属于刘某的个人婚前财产，应当按照婚前缴纳的购房首期款和供楼款所占购房价的比例区分夫妻个人财产和共同财产。因此，罗某和刘某二人可以通过协商解决房屋的归属，取得所有权的一方应当给予另一方相应的补偿。

42. 离婚时家庭土地承包经营权如何分割?

土地承包经营权是农村居民的一项重要的民事权利，夫妻双方所享有的土地承包经营权及其相应的收益属于夫妻共同财产制的范畴。处理农村土地承包经营权的原则是：夫妻一方在婚前已经取得的土地经营权或一方与其家庭成员共同承包而享有的经营权，应确认为夫妻一方婚前个人财产，因为土地承包经营合同的承包方是以家庭为单位，按家庭成员人数确定土地面积，没有成为家庭成员的夫或妻一方，对另一方在婚前取得的土地承包经营权不享有财产权，不能确定为夫妻共同财产；对夫妻关系存续期间取得的土地承包经营权，应视为夫妻共同财产，分割时应当根据土地承包的情况，可以分开由双方分别承包，也可以将土地由一方承包，另一方给予适当补偿。

43. 离婚时住房公积金和住房补贴如何分割?

住房公积金制度是与城镇住房制度改革相配套的福利制度之一。住房公积金是由原来的一次性福利分房改为现在逐月发放的个人、集体、国家共同承担的一种福利转化形式，其本质属性是一种住房的长期储蓄。

住房补贴同样如此，它只是扩大了工资的外延，改变了工资的形式而已，其发放的目的也是解决职工及其家庭成员的居住问题。由于夫妻一方或双方在婚姻关系存续期间所得的工资收入、福利分房等财产属于夫妻共同财产，因此在此期间所得或者应得的住房公积金与住房补贴部分，同样应当认定为夫妻共同财产。

但是，应当注意的是在离婚案件处理中，作为夫妻共同财产予以分割的住房公积金与住房补贴，只能限于婚姻关系存续期间实际所得和应当取得的部分。婚姻关系存续期间之外所得的住房公积金和住房补贴，则属于个人财产，归个人所有。

※生活实例1※单位发放的住房补贴，离婚时如何分割[①]

蒋某与董某于2005年离婚，双方在离婚协议书中约定，双方无共同财产无共同债务。两个月后，蒋某却得知董某从单位分得16万元住房补贴，因此蒋某要求分割16万元，并提供了董某住房补贴银行账户的信息。董某辩称：这笔钱不是夫妻关系存续期间取得，况且双方已经在协议中写明了双方没有共同财产，所以蒋某不能分割这笔钱。

法院经审理认为：16万元住房补贴应作为夫妻共同财产分割。至于董某主张蒋某放弃这部分财产的权利，因未提供证据证明蒋某在签署协议时明知住房补贴金的存在，所以法院不予支持。最终法院判决蒋某获得8万元。

※分析解答※住房补贴是国家或企业为职工解决住房问题而给予的补贴资助，由单位将原来用于建房、购房的资金分次或一次性地发给职工，再由职工到住房市场上通过购买或租赁等方式解决自己的住房问题。根据最高人民法院《关于适用〈中华人民共和国婚姻法〉若干问题的解释（二）》的规定，婚姻关系存续期间实际取得或者应当取得的住房补贴应当作为夫妻共同财产分割。本案董

① 贾明军、王常栋：《现代婚姻家庭经典案例》，上海交通大学出版社2008年版，第142页。

某获得的16万元住房补贴属于婚姻关系存续期间应当取得的财产，因此应作为夫妻共同财产分割。虽然本案中，蒋某是在离婚后才发现董某从单位分得16万元住房补贴，但是根据《婚姻法》第47条的规定，离婚后，另一方发现有上述行为的，可以向人民法院提起诉讼，请求再次分割夫妻共同财产。

※生活实例2※离婚时住房公积金能否提现分割①

彭某与马某于2005年离婚。离婚后，彭某听说住房公积金属于夫妻共同财产，离婚后应平均分割。但是当初离婚时，没有对马某的公积金进行分割。因此彭某于2006年向法院起诉要求分割马某的住房公积金，共计52000元。马某辩称：现在公积金放在专用账户内，无法提取，而自己没有那么多现金补偿彭某，因此请求法院驳回彭某的诉讼请求。一审法院经审理查明：截至离婚时，马某的公积金账户尚有5.2万元。

法院认为：住房公积金属于夫妻共同财产，离婚时任一方实际取得的或应当取得的住房公积金应当作为夫妻共同财产分割。但是鉴于公积金的提现有严格的限制，因此可以等到公积金提现条件成熟后，马某再行支付给彭某。最终法院判决：被告马某在婚姻关系存续期间的5.2万元住房公积金应当作为夫妻共同财产分割，马某应于公积金提现15日内向彭某支付2.6万元，外加同期利息（利率按同期公积金利率计算）。

※分析解答※住房公积金是国家机关、国有企业、城镇集体企业、外商投资企业、城镇私营企业及其他城镇企业、事业单位、民办非企业单位、社会团体为其在职职工缴存的长期住房储金，一般为职工工资的5%～12%。按照我国《住房公积金管理条例》的规定，职工个人缴存的住房公积金和职工所在单位为职工缴存的住房公积金，属于职工个人所有。而职工个人所有的住房公积金如果是在婚姻关系存续期间取得的，则属于夫妻共同财产。

① 贾明军、王常栋：《现代婚姻家庭经典案例》，上海交通大学出版社2008年版，第144页。

但是由于公积金的提现有严格规定，因此在具体分割方式上存在诸多不便。法院通常是对公积金进行分割，但是暂不执行，等到条件成熟可以提取时，再由该公积金账户方给对方适当比例的补偿。因此，在本案中法院判决将被告马某在婚姻关系存续期间的住房公积金作为夫妻共同财产分割，由被告于公积金提现后向原告支付。

44. 一方在有限公司中的出资额及收益在离婚时如何分配？

在婚姻关系存续期间，夫妻一方或双方用夫妻共同财产投资有限责任公司，相应的出资额代表股东对公司依法享有的权益，根据《婚姻法》的规定，应作为夫妻共同财产来认定，除非夫妻双方另有约定。分割作为夫妻共同财产的股权时，应在坚持《婚姻法》所规定的离婚共同财产分割的基本原则基础上，与《公司法》等相关法律协调一致，合理分割夫妻共同股权。一般而言，在分割夫妻共同财产中以一方名义在有限责任公司的出资额，而另一方不是该公司股东时，如果夫妻双方协商一致将出资额部分或者全部转让给该股东的配偶，过半数股东同意、其他股东明确表示放弃优先购买权的，该股东的配偶可以成为该公司股东；如夫妻双方就出资额转让份额和转让价格等事项协商一致后，过半数股东不同意转让，但愿意以同等价格购买该出资额的，人民法院可以对转让出资所得财产进行分割。过半数股东不同意转让，也不愿意以同等价格购买该出资额的，视为其同意转让，该股东的配偶可以成为该公司股东。

❈生活实例❈离婚时一方的公司股权及收益如何分配[①]

张某与赵某于1988年3月登记结婚。1999年张某与郑某、徐

① 贾明军、王常栋：《现代婚姻家庭经典案例》，上海交通大学出版社2008年版，第128页。

某共同出资开了一家机电公司，张某占51%的股份。2003年年初赵某、张某因感情恶化，协议离婚并约定张某转让机电公司20%的股权给赵某。2003年10月，双方到工商局办理股权转让手续。当提供全体股东决议的时候，郑某、徐某两人才得知张某将20%的股权转让给了赵某。他们对张某的这一行为表示反对，认为张某侵犯了他们的优先购买权，因此要求法院认定张某、赵某两人关于股权转让的约定无效。在法庭上，郑某、徐某表示愿意以同样的价格各自购买张某10%的股权。法院经审理认为：其他股东对张某转让给赵某的20%的股权有优先购买权，张某、赵某在其他股东没有明确表示放弃优先购买权并且同意赵某作为新股东加入的前提下，就约定转让该部分股权，侵犯了其他股东的优先购买权。现在其他股东行使优先购买权，愿意购买该20%的股权，法院予以支持。

❖**分析解答**❖根据《婚姻法》的规定，在婚姻关系存续期间，夫妻一方或双方当事人用夫妻共同财产投资有限责任公司，相应的出资额应当被认定为夫妻共同财产。不过由于该股权是以夫或妻一方的名义拥有，公司的其他股东只承认其合作的对象是股东本人而非股东的妻或夫，因此在夫妻双方同意就股权按一定比例分割时，法院应征得公司全体股东过半数同意，且其他股东放弃优先购买权，并在符合法律规定的股东人数的情况下，对该部分股权进行合理分割；如果有过半数的股东不同意股权转让，或者虽然同意但不放弃优先购买权的情况下，法院不能强制分割，而应委托有关的专业机构对夫妻共同股权的现有价值进行重新评估后，由法院根据具体案情按股权现有价值进行合理的分割。

本案中其他股东对张某转让给赵某的20%的股权有优先购买权，张某只有在过半数股东同意且其他股东明确表示放弃优先购买权的前提下，才能将20%的股权转让给赵某。张某在其他股东没有明确表示放弃优先购买权并且同意赵某作为新股东加入的情况下，就在两人的离婚协定中约定转让该部分股权，是无效的。

45. 离婚时合伙企业的份额怎么办?

合伙企业是指依照《合法企业法》在中国境内设立的由各合伙人订立合伙协议，共同出资、合伙经营、共享收益、共担风险，并对合伙企业债务承担无限连带责任的营利性组织。变更合伙人必须得到其他合伙人的一致同意或者视同一致同意。最高人民法院《关于适用〈中华人民共和国婚姻法〉若干问题的解释（二）》第17条规定，人民法院审理离婚案件，涉及分割夫妻共同财产中以一方名义在合伙企业中的出资，另一方不是该企业合伙人的，当夫妻双方协商一致，将其合伙企业中的财产份额全部或者部分转让给对方时，按以下情形分别处理：（1）其他合伙人一致同意的，该配偶依法取得合伙人地位；（2）其他合伙人不同意转让，在同等条件下行使优先受让权的，可以对转让所得的财产进行分割；（3）其他合伙人不同意转让，也不行使优先受让权，但同意该合伙人退伙或者退还部分财产份额的，可以对退还的财产进行分割；（4）其他合伙人既不同意转让，也不行使优先受让权，又不同意该合伙人退伙或者退还部分财产份额的，视为全体合伙人同意转让，该配偶依法取得合伙人地位。可见，离婚时，夫妻一方能否将自己在合伙企业的财产份额能否全部转让给另一方，主要取决于其他合伙人的态度。

※生活实例※离婚时，合伙份额如何处理①

李某和崔某在2000年登记结婚，2005年因感情不和，决定协议离婚，二人对子女的抚养、财产的分割均作出了约定。另外，李某还在5年前用夫妻的共同财产和几个朋友组成了一个合伙企业，经营建筑材料。李某打算离婚后到广州发展。于是将自己在合伙企业的财产份额全部转让给妻子崔某。崔某也愿意接受这个转让。崔

① 陈刚：《婚姻家庭纠纷》，中国法制出版社2008年版，第88页。

某能直接成为合伙人吗?

※**分析解答**※根据合伙企业的性质，变更合伙人必须得到其他合伙人的一致同意或者视同一致同意。李某在向崔某转让其在合伙企业中的份额前，必须先征求其他合伙人的意见，如果有其他合伙人不同意的，崔某就不能取得合伙人的地位。

46. 下岗补助金和买断工龄款属于夫妻共同财产还是个人财产?

下岗补助金是人民政府支付给下岗职工的生活费用，具有未来生活保障金的性质，这部分费用是专门用来安排下岗职工生活的，具有较强的人身依附性质，如果将下岗补助金或者失业救济金作为夫妻共同财产分割，将会影响下岗职工一方的生活，因此，无论从下岗补助金的性质，还是从财产效能上看，都不宜将下岗补助金作为夫妻共同财产予以分割。

所谓买断工龄款，即用人单位一次性对职工进行经济补偿，职工获得补偿离开工作单位，从此单位不再对职工负担经济责任所支付的款项。买断工龄款的结构构成比较复杂，主要是对职工放弃工作岗位后对职工今后生活所提供的一种基本保障，性质上类似养老保险金，这种款项是与特定人身密不可分的，应当视为一种个人财产，一般不宜作为共同财产分割。国家统计局《关于印发 1999 年劳动统计年报新增指标解释及问题解答的通知》中指出，“一次性买断工龄所支付给职工的费用从性质上说属于保障性质而非劳动报酬性质，因此，不应统计为工资”。

※**生活实例**※**买断工龄款属于夫妻共同财产还是个人财产**①

王某、贾某于 1993 年结婚。2004 年王某与贾某先后买断工龄，王某领取了 6.4 万元，贾某领取了 2 万元。2005 年两人决定

① 贾明军、王常栋:《现代婚姻家庭经典案例》，上海交通大学出版社 2008 年版，第 136 页。

离婚，贾某向法院起诉要求离婚，并分割8.4万元的一半。而王某认为买断工龄款是个人财产不同意分割。贾某则认为，8.4万元是破产安置补偿款，应当作为夫妻共同财产分割。

法院审理后认为：双方在领取系争款项的时候，在单据上写的是买断工龄款，因此对原告认为系争款项是破产安置补偿费的主张，不予认可。买断工龄款不属于夫妻共同财产的范畴。遂驳回原告贾某要求分割被告王某买断工龄款的诉讼请求。

分析解答 买断工龄款是建立在国有企业员工“终身制”，且医疗保险、养老保险、失业保险等基本社会保障制度尚未建立的基础上，企业支付给员工“买断工龄”货币，应该视为企业解除与员工之间的劳动关系后企业支付给员工的经济补偿金，主要是对特定人今后事业、养老、就医等方面的救济、补偿性质，就其性质应认定为夫妻个人财产，应归其本人所有，不属于夫妻共同财产的范畴。

47. 离婚时有价值的人身保险如何分割？

人身保险合同是以人的寿命或身体为保险标的保险合同。人身保险合同按保障范围可划分为人寿保险合同、人身意外伤害保险合同和健康保险合同。人身保险合同的保险期限具有长期性，这个特点决定了在离婚案件处理人身保险利益分割时的难度；人身保险合同的订立和履行又具有一定的储蓄性，这个特点决定了在离婚案件处理人身保险利益分割时保险单能体现出现金价值。

司法实践中对离婚时人身保险利益的分割主要有两种做法：一种处理方法是分割所交的保险费，另一种处理方法是离婚时分割保险单日的现金价值。现金价值又称“解除退还金”或“退保价值”，当投保人要求解约或退保时，人寿保险公司应该退还投保人的部分责任准备金。长期人寿保险合同通常分为分期交纳或一次性交纳。当投保人采用分期支付方式时，由于在订立保单的第一年，附加费用（主要包括新合同费、合同维持费和收费费用）支出大，因此，在合同订立的第一年所收的保险费，扣除新合同费和当年用于承担保险责任的自然保费后，一般没有剩余，甚至出现负数。合同订立的第二年所收的保险费，扣除附加保费和当年的自然保费后一般能略有剩余，可弥补第一年的亏损。所以，一般说来，分期支付保险费的人寿保险合同在交足两年以上保险费后，才有可能产生现金价值。至于在投保时一次性付清全部保险费的人寿保险合同，则自支付保险费之日起，就产生现金价值。

离婚案件涉及分割以夫妻共同财产投保的人身保险时，一方为投保人并以自己或亲属（子女除外）为受益人，另一方可以请求对方给予相当于保险单现金价值一半的补偿。

48. 如何区分夫妻个人债务与共同债务?

《婚姻法》第41条规定："离婚时，原为夫妻共同生活所负的债务，应当共同偿还。共同财产不足清偿的，或财产归各自所有的，由双方协议清偿；协议不成时，由人民法院判决。"因此，夫妻共同债务是指夫妻双方因婚姻共同生活及在婚姻关系存续期间履行法定扶养义务所负的债务。夫妻个人债务是指夫妻约定为个人负担的债务或者一方从事无关家庭共同生活时所产生的债务。

判断婚姻关系存续期间的债务属于夫妻债务还是夫妻共同债务，可以考虑以下两个判断标准：一是夫妻有无共同举债的合意，如果夫妻有共同举债之合意，则不论该债务所带来的利益是否为夫妻共享，该债务均应视为共同债务。二是夫妻是否分享了债务所带来的利益，尽管夫妻事先或事后均没有共同举债的合意，但该债务发生后，夫妻双方共同分享了该债务所带来的利益，则同样应视其为共同债务。

（1）夫妻共同债务的范围包括以下几个方面：

①婚前一方借款购置的财产经双方约定转化为夫妻共同财产，

为购置这些财产所负的债务；

②因日常生活所负的债务；

③因生产经营活动，经营收入用于家庭生活或配偶分享所负的债务；

④夫妻一方或者双方治病以及为负有法定义务的人治病所欠的债务；

⑤因抚养子女所负的债务；

⑥因赡养负有赡养义务的老人所负的债务；

⑦个体工商户、农村承包经营户夫妻双方共同经营所欠的债务以及一方从事经营，其收入主要用于家庭共同生活的，所欠的债务为共同债务；

⑧在婚姻关系存续期间，一方因家庭析产所分得的债务；

⑨夫妻一方受另一方虐待，无法共同生活而离家出走，出走方为日常生活所需开支及治疗疾病、抚养子女等所欠债务；

⑩其他应当认定为夫妻共同债务的债务。

由于共同债务是为共同生活所负的债务，所以，应当以夫妻共同财产偿还。如果夫妻共同财产不足以清偿共同债务时，由双方协议清偿，协议不成时，由人民法院判决。余下债务在确定偿还责任时，应当考虑双方实际偿还能力的大小。能力强的，应当适当多承担，能力弱的，可适当少承担。

夫或妻一方死亡的，生存一方应当对婚姻关系存续期间的共同债务承担连带清偿责任。

（2）司法实践中，下列债务属于个人债务，应由一方以个人财产清偿：

①夫妻双方约定的由个人负担的债务，但以逃避债务为目的的除外；

②一方未经对方同意，擅自资助与其没有抚养义务关系的亲朋所负的债务；

③一方未经对方同意，独立筹资从事经营活动，其收入未用于共同生活所负的债务；

④男女各自婚前所负的债务，但已转化为夫妻共同债务的除外；

⑤其他应当由个人承担的债务。

（3）区分个人债务的共同债务的证明责任。根据《婚姻法》第19条第3款规定，夫妻对婚姻关系存续期间所得的财产约定归各自所有的，夫或妻一方对外所负的债务，第三人知道该约定的，以夫或妻一方的财产清偿。夫妻举债需事先协商一致，并立下书面协议。一方单独举债，事后配偶一方没有追认的，应视为夫妻一方债务。

最高人民法院《关于适用〈中华人民共和国婚姻法〉若干问题的解释（二）》第24条规定，债权人就婚姻关系存续期间夫妻一方以个人名义所负债务主张权利的，应当按夫妻共同债务处理。但夫妻一方能够证明债权人与债务人明确约定为个人债务，或者能够证明属于《婚姻法》第19条第3款规定情形的除外。

《最高人民法院公报》2006年第5期登载的“单洪远、刘春林诉胡秀花、单良、单译贤法定继承纠纷案”裁判摘要指出：最高人民法院《关于适用〈中华人民共和国婚姻法〉若干问题的解释（二）》第24条的规定，本意在于加强对债权人的保护，一般只适用于对夫妻外部债务关系的处理。人民法院在处理涉及夫妻内部财产关系的纠纷时，不能简单依据该规定将夫或妻一方的对外债务认定为夫妻共同债务，其他人民法院依据该项规定作出的关于夫妻对外债务纠纷的生效裁判，也不能当然地作为处理夫妻内部财产纠纷的判决依据，主张夫或妻一方的对外债务属于夫妻共同债务的当事人仍负有证明该项债务确为夫妻共同债务的举证责任。

（4）离婚协议和离婚裁判中对债务所作区分的效力。最高人民法院《关于适用〈中华人民共和国婚姻法〉若干问题的解释（二）》第25条规定了离婚协议、离婚裁判文书对债权人的影响问题，根据该规定，离婚协议、离婚诉讼的法律文书对夫妻财产问题的处理不影响债权人主张权利。

如果债权人已经就债务问题提起诉讼，已经生效的法律文书对夫妻共同债务的认定将产生什么影响呢？一般认为，共同债务的证明标准应分为两个层次：一是债务的真实存在；二是该债务是夫妻共同生活所负的债务。根据最高人民法院《关于民事诉讼证据的若干规定》第9条的规定，对生效裁判已经确认的事实提出相反意见的应提供足以推翻该事实的相反证据，因此应将举证责任分配给提出相反意见的一方当事人。婚姻关系存续期间，人民法院生效裁判由一方承担的债务，该方主张该债务为夫妻共同债务的，应承担举证责任。婚姻关系存续期间，人民法院生效裁判由夫妻双方共同承担的债务，一方主张该债务为对方个人债务的，应承担举证责任。

※生活实例1※夫妻共同债务的认定与处理原则①

2001年3月31日，吴某、江某向梁某借款10000元，并写下借条承诺两年内还清。同年5月23日，二人又向梁某借款2300元，由被告写下借条并签名确认，承诺在2003年3月31日前归还。但至今仍未归还，梁某遂向法院起诉。

经审理查明，吴某、江某原系夫妻，2003年5月23日二人通过离婚诉讼被法院判决离婚，判决书确认所欠梁某的10000元夫妻债务由吴某承担，欠梁某的2300元在离婚诉讼中两被告没有提出分割。

法院经审理认为：江某辩称10000元借款在与吴某离婚时法院已判决由吴某承担，不应由他承担的主张不能成立。由于其并未提供证据证明另一笔债务是梁某与吴某明确约定的个人债务，故江某仍应承担偿还责任。据此，法院判决吴某、江某在2004年10月30日前向梁某偿还12300元及利息。

※分析解答※夫妻对婚姻关系存续期间的共同债务应当承担连带清偿责任。这种连带清偿责任不因离婚协议或人民法院裁判文书已对夫妻财产作出分割处理而转移。如果债权人在夫妻双方解除婚姻关系之后，又以夫妻双方在婚姻关系存续期间所欠共同债务为由

---

① 朱和庆：《婚姻家庭法案例与评析》，中山大学出版社2005年版，第220页。

向债务人及配偶主张权利的，只要其主张没有超过诉讼时效，债务人及配偶不得以离婚协议或人民法院的裁判文书已经对共同财产予以分割作为其拒不承担连带清偿责任的抗辩理由。

本案中，虽然法院在离婚判决中已明确江某和吴某向梁某所借的10000元由吴某负责偿还，但根据上述规定，江某仍然需要对婚姻关系存续期间共同向梁某所借的10000元承担连带清偿责任。对于2300元的借款，因江某并未能举证证明此笔债务是梁某与吴某明确约定为吴某的个人债务，因此应认定此笔债务是江某与吴某的夫妻共同债务，二人应共同承担该笔借款的偿还责任。

※生活实例2※婚姻存续期间向岳母借款，离婚后债务均摊[①]

王某与张某原系夫妻，在婚姻存续期间张某曾向岳母李某借款2万元。2004年，因王某、张某感情不和，被法院判决离婚。2006年，李某去世。王某作为李某唯一的继承人，持欠条向张某多次所要欠款未果后，将前夫张某诉至法院，要求张某偿还欠款2万元。

庭审中张某辩称，他从未从前岳母李某处借过这笔钱，王某出示的借条是伪造的。欠条上虽有张某的签名，但该签名仅是日常生活中随意书写的。且王某在离婚诉讼中未提到此借款，更能证明该笔借款不存在，故不承认王某的诉讼请求。

法庭经审理认为，当事人之间合法的借贷关系受法律保护。张某向原告之母李某借款后，双方即形成债权债务关系。但该笔债务系在张某与王某婚姻关系存续期间所借，属于张某与王某婚姻关系存续期间的共同外债，故判决张某偿还王某欠款1万元。

※分析解答※本案中张某关于借条中伪造之主张，没有提供相应的证据支持，因此没有被法院采信。

---

① 王雪、刘洋：《前妻诉前夫还钱　两万元债务均摊》，载北京法院网，http：//bjgy. chinacourt. org/public/detail. php? id = 76314。

49. 一方对第三人侵权承担的损害赔偿债务是个人债务还是共同债务?

在确定夫妻的债务是属于个人债务还是共同债务时，应当强调保护债权人的利益。

夫妻关系存续期间配偶中一方因侵权给第三人造成的损害并不当然属于夫妻共同债务的范畴，也不当然属于个人债务，而应当根据导致侵权行为的基础行为或事实（原因行为、事件）与夫妻共同生活有无关系、是否为夫妻共同生活所需、其行为的经济利益是否为夫妻双方所分享的标准来判断。

我们认为，现有法律法规并没有明确婚姻存续期间一方对第三人侵权承担的损害赔偿债务属于个人债务的情况下，应当推定该债务属于共同债务。主张债务为个人债务的夫妻一方承担举证责任。举证不能的，应作为共同债务处理。

※生活实例※ 因个人损害赔偿所贷款项不应作为夫妻共同债务①

王某诉与李某离婚一案中，牵涉一笔3万元的贷款，此笔贷款是因王某出交通事故自己负主要责任并且受伤，因无钱治伤和赔款，向银行贷款3万元，其中1万元用于自己治伤，另2万元用于赔款。现双方因感情问题，王某起诉与李某离婚，庭审中双方对此笔贷款应否为夫妻共同债务各执己见，王某主张此是在婚姻存续期间因自己出事故所贷款，应属夫妻共同债务；而李某则主张此是王某个人事故责任贷款，所贷款并非家庭生活和夫妻共同所用，故不属于夫妻共同债务，应属王某个人债务。法院经审理，认定此债务中用于治伤的部分应属于夫妻共同债务，用于赔款的部分不属于夫妻共同债务。

---

① 杨潇：《因个人损害赔偿所贷款项不应作为夫妻共同债务》，载北京法院网，http：//bjgy. chinacourt. org/public/detail. php？id =73452。

❈**分析解答**❈在婚姻关系存续期间，夫妻任何一方生病或受伤，另一方都负有帮助救治的义务，所以，本案王某在受伤无钱治疗的情况下而贷款治伤，该债务应认定为夫妻共同债务。

50. 夫妻关系存续时一方致人损害，受害人能否向离婚后的另一方请求赔偿？

这个问题其实是夫妻离婚时，债务如何清偿的问题。我国《婚姻法》规定，离婚时，原为夫妻共同生活所负的债务，以共同财产偿还；共同财产若不足偿还时，由双方协议清偿，协议不成时可由人民法院判决。夫妻共同生活所负债务，是指夫妻关系存续期间所用于包括治病、意外事件以及抚养子女、赡养老人等支出所负的债务。对于损害赔偿的案件，如果发生在婚姻存续期间，夫妻当然应当以共有财产赔偿损失，但是如果夫妻后来离婚，对于未赔偿的部分损失，或者损失是在离婚后发生的但是由原损害引起的，原婚姻关系中的另一方也是有赔偿责任的。另外，最高人民法院《关于适用〈中华人民共和国婚姻法〉若干问题的解释（二）》第25条规定："当事人的离婚协议或者人民法院的判决书、裁定书、调解书已经对夫妻财产分割问题作出处理的，债权人仍有权就夫妻共同债务向男女双方主张权利。一方就共同债务承担连带清偿责任后，基于离婚协议或者人民法院的法律文书向另一方主张追偿的，人民法院应当支持。"

❈**生活实例**❈**丈夫婚内撞人致损伤，离婚后妻子负连带责任**①

刘某与李某原系夫妻关系。2005年2月7日，李某在驾车外出时与孙某发生交通事故，经事故认定由李某负责事故的主要责任，赔偿孙某各项经济损失共计86445元，并由李某承担诉讼费用3103元。在孙某向法院申请执行期间，李某与被告刘某办理了协

① 李谦：《丈夫撞人致损伤　离婚妻子连带责》，载北京法院网，http：//bjgy.chinacourt.org/public/detail.php？id＝71586。

议离婚手续，将其夫妻二人的主要财产分配给刘某所有，而离婚时李某欠孙某的赔偿款仍有83548元未执行。由于财产大部分给了刘某，使得李某欠孙某的钱一直无法落实。孙某认为，自己因交通事故造成的经济损失应为李某与被告刘某夫妻关系存续期间的共同债务，应由其二人共同偿还。故起诉要求刘某对李某造成的经济损失未赔偿部分83548元，承担连带赔偿责任，并承担本案的诉讼费用。在庭审中，刘某辩称，自己确实与李某原系夫妻关系，但是对于李某对孙某的赔偿判决仍在申诉中。自己与李某已办理了离婚手续，离婚时李某已经同意由他偿还孙某的债务，故不同意孙某的诉讼请求。

法院认为，案外人李某在与被告刘某夫妻关系存续期间，因交通事故给原告孙某造成的经济损失应为李某与被告刘某的夫妻共同债务。夫妻共同债务不因夫妻关系的解除，而免除夫妻任何一方对债权人应承担的给付责任。因此，原告孙某享有向被告刘某主张给付赔偿款的权利，故对原告孙某要求被告刘某对83548元赔偿款与李某承担连带赔偿责任的诉讼请求法院予以支持。据此，法院作出判决：判决被告刘某对李某给原告孙某造成损失中尚未履行的83548元承担连带赔偿责任。

※分析解答※本案中孙某提出主张的依据就在于，发生损害赔偿的事实是在李某与刘某婚姻存续期间，虽然后来李某和刘某离婚，而且夫妻两个人有约定说由李某偿还此债务，但是这项离婚时的约定是发生在损害赔偿发生之后，是不能对受害人生效的。也就是说，只要是夫妻双方应当共同偿还的债务，夫妻就负有连带赔偿责任，无论两个人离婚与否，也无论两个人离婚时怎样作的约定。这样的约定的作用只在于，在妻子偿还了夫妻二人共同的债务后，可以凭约定向丈夫追偿。其实，不仅是尚未还清的债务，即使是受害人在他们离婚后才发现的新损失，只要是由原损害造成的，只要还在诉讼时效内，就有权向他们夫妻中的任何一方追偿。比如说，孙某当时被撞伤了，开始觉得没事，但是在李某和刘某离婚之后才到医院检查出肋骨当时被撞裂了，只是当时没有发现而已，那么孙

某也有权向已经离婚的刘某追偿。实践中有很多夫妻为了躲避债务而离婚，这种情况下受害方要懂得用法律维护自己的权益。

51. 一方提出离婚，另一方转移财产怎么办?

《民事诉讼法》第 92 条规定：人民法院对于可能因当事人一方的行为或者其他原因，使判决不能执行或者难以执行的案件，可以根据对方当事人的申请，作出财产保全的裁定；人民法院接受申请后，对情况紧急的，必须在 48 小时内作出裁定；裁定采取财产保全措施的，应当立即开始执行。

第 93 条规定：利害关系人因情况紧急，不立即申请财产保全将会使其合法权益受到难以弥补的损害的，可以在起诉前向人民法院申请采取财产保全措施。人民法院接受申请后，必须在 48 小时内作出裁定；裁定采取财产保全措施，应当立即开始执行。

根据以上规定，一方提出离婚时或者提出离婚之后，为了防止另一方对家庭共同财产转移、隐匿、变卖或毁损，可以向人民法院申请财产保全措施。人民法院可依职权对家庭的共同财产及时采取查封、扣押、冻结，责令提供担保或法律准许的其他民事强制措施，以防止人民法院在对夫妻离婚案件作出判决后，由于一方转移家庭共同财产使判决不能执行或难以执行，侵害另一方的合法权益。

同时，申请财产保全是十分严肃的事情，是一项权利，但也是有一定条件并负有一定责任的。《民事诉讼法》明确规定，人民法院采取财产保全措施的，可以责令申请人提供担保，利害关系人在起诉前向人民法院申请采取财产保全措施的，应当提供担保。不提供担保的，驳回申请。最高人民法院《关于适用〈中华人民共和国婚姻法〉若干问题的解释（二）》第 28 条规定：“夫妻一方申请对配偶的个人财产或者夫妻共同财产采取保全措施的，人民法院可以在采取保全措施可能造成损失的范围内，根据实际情况，确定合理的财产担保数额。”

第四章　离婚后的财产纠纷

离婚后的财产纠纷是指男女双方当事人协议离婚或者诉讼离婚后，当事人请求再次分割夫妻共同财产的纠纷。《婚姻法》第 47 条规定，离婚时，一方隐藏、转移、变卖、毁损夫妻共同财产，或伪造债务企图侵占另一方财产的，分割夫妻共同财产时，对隐藏、转移、变卖、毁损夫妻共同财产或伪造债务的一方，可以少分或不分。离婚后，另一方发现有上述行为的，可以向人民法院提起诉讼，请求再次分割夫妻共同财产。本条的规定不仅适用于诉讼离婚，也适用于协议离婚。

52. 如何处理离婚后的财产纠纷?

在司法实践中，双方当事人在离婚后常常因为财产纠纷起诉到法院。这类纠纷主要有这样几种：

(1) 双方就部分财产达成分割协议，但离婚后一方未按协议分割财产

离婚协议书是婚姻当事人双方自愿离婚，并同时就离婚所涉及的后果达成的一致协议。离婚协议书对双方当事人均具有法律约束力，除非有证据能证明协议是在欺诈或被胁迫的情况下形成的，否则协议不能被撤销。但是婚姻登记机关对双方的离婚协议仅仅负有形式审查的责任，离婚协议的内容完全由双方当事人自主决定并自觉履行。实践中此类纠纷，多为一方拒绝给付房屋或者车辆折价款，或对另一方提出的房屋、车辆过户要求不予配合。

❈生活实例1❈协议离婚确定房产归属，协助过户是义务[①]

张先生和于女士原系夫妻。2005年9月20日，双方协议办理了离婚手续，并约定居住的楼房一幢归于女士所有。离婚2年多来，张先生一直拒绝配合于女士办理楼房过户手续。无奈之下，于女士向法院提起民事诉讼，要求张先生履行协助义务。

法院经过调解，解决了该起离婚后财产权属纠纷案件。调解书确认，由张先生协助于女士办理房屋过户手续。

❈分析解答❈离婚协议书对双方具有约束力。张先生协助于女士办理过户手续是该合同履行当中的重要内容，也是离婚协议履行过程中张先生的义务。张先生拒绝履行协助义务的行为构成违约。

（2）一方在离婚时隐匿了部分共同财产

根据法律规定，夫妻关系存续期间双方所得的财产如果没有通过协议作出处理，应当认定为夫妻共同财产。在双方离婚后，遗漏处理的共同财产在法律上仍由双方共有，一方起诉要求分割的，人民法院应当受理并予以处理。在这种情况下，请求再次分割夫妻共同财产的诉讼时效为两年，从当事人发现之次日起计算，另一方必须尽快起诉，以免丧失维护自己合法权利的条件。

❈生活实例2❈离婚后发现未分割的财产仍可要求依法分割[②]

陆某与黄某于2000年2月登记结婚，2008年4月双方协议登记离婚，在自愿离婚协议书上写了“双方无共同财产”。两个月后，陆某得知黄某曾分得一笔16.8万元住房补贴费，遂向黄某提出分割要求，但遭拒。于是陆某将黄某告上法庭，要求分割其住房补贴费的一半。

法庭审理中，黄某不同意分割该住房补贴费，辩称由于陆某在婚后几乎不工作，且家庭日常开销较大，为维持正常生活，自己在

① 尤文军：《协议离婚确定房产归属　协助过户是义务》，载北京法院网，http：//bjgy. chinacourt. org/public/detail. php？id = 62495。

② 杨潇：《离婚后仍可要求依法分割婚内住房补贴》，载北京法院网，http：//bjgy. chinacourt. org/public/detail. php？id = 72103。

外借债，此款已用于还债，故在离婚时明确双方无债权债务。对还款一项，黄某没有提供相应的证据支持。

法院经审理，判决支持了陆某的诉讼请求。

※**分析解答**※夫妻关系存续期间双方所得的财产如果没有通过协议作出处理，应当认定为夫妻共同财产。在双方离婚后，遗漏处理的共同财产在法律上仍由双方共有，所以，一旦遗漏共同财产，当事人应在法定的时效内向人民法院请求分割，以保护自己的合法权益。

本案中，黄某所得的16.8万元的住房补贴费，是在与陆某夫妻关系存续期间所得财产，在双方无特别约定情况下，应为双方共同财产，应按《婚姻法》中关于夫妻共同财产的分割原则进行分割。

需要注意的是，根据《婚姻法》第47条的规定，离婚双方分割夫妻共同财产时，如果其中一方隐藏、转移、变卖或毁损夫妻共同财产；或者其中一方利用伪造的债务关系，企图将伪造的债务变为夫妻共同债务，让另一方承担偿还责任，以侵占另一方财产的，法院将依法保护利益被损害的一方权益，对隐藏、转移、变卖、毁损夫妻共同财产或伪造债务的一方，可以少分或不分。如果陆某有证据证明黄某故意隐匿财产，可以要求法院在财产分割时对故意隐匿财产的黄某进行少分，以保护自己的合法权益。

（3）离婚后出现重大事由使原财产分割协议丧失基础

比较典型的案例是男方在离婚时出于对孩子的关爱，协议约定将大部分财产分给抚养孩子的女方。但是在离婚后发现孩子并非其亲生，遂以出现原协议丧失基础为由，起诉要求重新分割。

53. 离婚判决生效后，一方能否向法院起诉请求再次分割夫妻共同财产？

在离婚程序已经结束，法院或当事人之间已经对财产作出分割，夫妻共同财产已经成为两个人各自独立的私有财产之后，一方发现另一方在离婚时隐藏、转移、变卖、损毁夫妻共同财产或伪造债务的行为，或虽在离婚时一方提出另一方有上述行为，但无法举证，离婚后发现证据的，均有权再次就重新分割夫妻共同财产提起诉讼。

根据民事诉讼法“谁主张，谁举证”的原则，受到损害的当事人负有提供其共同财产受到另一方侵害的证据的义务，凡事实清楚，证据确凿的，人民法院应当受理，并应重新分割夫妻共同财产。分割夫妻共同财产时，对隐藏、转移、变卖、毁损夫妻共同财产或伪造债务的一方，可以少分或不分。

司法实践中，夫妻离婚后，一方因另一方隐藏、转移、变卖、毁损夫妻共同财产或伪造债务的行为而起诉要求再次分割的，应当符合一定的条件：（1）要求被分割的财产应当属于夫妻共同所有的财产；（2）一方主张的财产在离婚时没有涉及，该方当事人在离婚时也不知悉该财产的存在；（3）争议的财产应当已经或将来必然归双方共同共有；（4）财产和附着的债务应当一并处理；（5）财产价值在离婚后发生变化的，应当按照有利于无过错方的原则予以处理。

此外，根据最高人民法院关于适用婚姻法的司法解释，权利人请求再次分割夫妻共同财产的诉讼时效为两年，从当事人发现之日起计算。超出法定期间后，当事人再向法院请求保护其权利的，人民法院依法不予保护。因此，当事人应当及时行使权利。

※生活实例※离婚后新发现的财产可以要求分割[1]

因丈夫婚外恋，并且还生有一私生子，某女士向人民法院提起了离婚诉讼请求。法庭在审理中查明，属于夫妻共同财产的有价值50万元的三居室一套，价值20万元的汽车一辆、存款50万元以及全部的家用电器，并依法对上述财产进行了分割。在判决生效之

---

① 王卫国、戴志强、朱晓娟：《婚姻家庭维权自助手册》，清华大学出版社2008年版，第85页。

后，双方各自履行了义务。时隔不久，该女士听说前夫在婚外恋期间曾经买过一套价值30万元的住房，而在离婚时由于前夫的极力隐藏，而使之并不知情，此情况后来经调查属实。面对这种状况该女士应怎么办?

❈**分析解答**❈根据《婚姻法》第47条及最高人民法院《关于适用〈中华人民共和国婚姻法〉若干问题的解释（一）》第31条的规定，该女士可以在自发现之日起两年内向法院起诉，要求分割财产，维护自己的合法权益。

第五章　离婚后的损害赔偿纠纷

离婚的损害赔偿，是指因夫妻一方有特定侵权行为导致离婚，另一方当事人有权依法请求的损害赔偿。离婚后的损害赔偿纠纷是指双方当事人协议离婚或者诉讼离婚后，一方当事人以另一方在婚姻存续期间存在法定的侵权行为，从而另行提起的损害赔偿诉讼。

54. 离婚无过错方如何向另一方请求赔偿?

我国婚姻法确立了离婚损害赔偿制度。《婚姻法》第 46 条规定，“有下列情形之一，导致离婚的，无过错方有权请求损害赔偿：一、重婚的；二、有配偶者与他人同居的；三、实施家庭暴力的；四、虐待、遗弃家庭成员的”。“损害赔偿”包括物质损害赔偿和精神损害赔偿。精神损害赔偿的认定和处理参照最高人民法院《关于确定民事侵权精神损害赔偿责任若干问题的解释》的相关规定。也就是说，夫妻一方有以上列举的任意一项重大过错导致离婚，给对方造成极大的精神伤害、身体伤害的，无过错方就可以在离婚时请求损害赔偿，作为对自己精神、身体上伤害的补偿。实践中，无过错方请求损害赔偿的具体程序，可以分为以下几种情况：

（1）知情的无过错方起诉离婚时应当一并要求赔偿。

根据我国婚姻法的相关规定，无过错方以另一方存在上述几种情况之一作为理由提起离婚诉讼时，必须在离婚诉讼的同时向法院提出损害赔偿请求。

※生活实例1※丈夫改名换姓与他人同居，妻子诉请离婚有权要求赔偿①

1980年，陈苹与张庆结婚，次年生下一子，之后曾多次被评为“五好家庭”。1995年，张庆到广州开公司，认识了王莲，次年便与王莲同居，并在当地购置了一套房产。1998年，陈苹到广州探望丈夫方知这一切，在张庆再三保证与王莲断交后，陈苹收起了离婚诉状。2001年1月，张庆与武汉妻儿失去了联系。陈苹3次南下寻夫，并于当年10月找到张庆。原来，张庆已改名吴军，与王莲在另一处购买了房产，公然过起了“夫妻”生活，还将公司破产后留下的部分资金及房产划归王莲名下。张庆称，怕债主上门，所以改名。一气之下，陈苹于2002年3月将张庆诉至广州当地法院要求离婚。案子还未审结，张庆竟去向不明。2004年5月，陈苹好不容易找到了张庆，再次将他诉至法院。这次，她状告张庆重婚。此案被移送至汉阳区法院审理，陈苹向张庆索赔300余万元。

人民法院经审理查明，张庆与他人非法同居，属于有过错方，遂判决张庆向陈苹赔偿80万元。

※分析解答※有配偶的人与他人以夫妻名义同居生活的，构成事实重婚，事实重婚是不需要他们再次办理结婚证才能认定的，只要以夫妻名义同居，就可以认定为重婚。由于我国重婚是要受到刑罚处罚的，所以一般提起离婚诉讼的一方如果起诉对方重婚，人民法院是会移送公安机关作为刑事案件处理的。一般说来，民事诉讼只审理民事权利，如果法院认定对方与他人同居或者认定重婚，受损害方在离婚诉讼中当然可以享受赔偿。

（2）不知情的无过错方在离婚后知情的，应在知情之日起内1年内起诉。

有些情况下，受害方在离婚时并不知道损害的存在，例如有些

---

①　胡新桥：《老公改名换姓包二奶　妻诉请离婚获赔80万》，载中国法院网，http：//www. chinacourt. org/public/detail. php？id＝181541。

妻子并不知道怎么回事就被丈夫起诉离婚，离婚之后才发现丈夫有“包二奶”行为的。这种情况下诉讼时效的计算应当按照一般的人身损害赔偿请求权的诉讼时效执行，即从知道或者应当知道权利受侵害之日起1年内提起损害赔偿诉讼。

(3) 无过错方在对方提起的离婚诉讼中知情，可以在同意离婚的同时提出损害赔偿请求。

人民法院受理离婚案件时，应当将当事人的损害赔偿请求权，以书面的形式告知当事人。无过错方在对方提起的离婚诉讼中发现作为原告的对方有《婚姻法》第46条规定的过错，可以在同意离婚的同时提出损害赔偿请求。

(4) 无过错方知情，但没有提起离婚诉讼，也不同意离婚，而是由过错方提起的离婚诉讼，在该离婚诉讼中无过错方也没有提出损害赔偿请求的，可以在法院判决双方离婚后1年内提出损害赔偿诉讼。

最高人民法院《关于适用〈中华人民共和国婚姻法〉若干问题的解释（一）》第30条规定，符合《婚姻法》第46条规定的无过错方作为被告的离婚诉讼案件，如果被告不同意离婚也不基于该条规定提起损害赔偿请求的，可以在离婚后1年内就此单独提起诉讼。无过错方作为被告的离婚诉讼案件，一审时被告未基于《婚姻法》第46条规定提出损害赔偿请求，二审期间提出的，人民法院应当进行调解，调解不成的，告知当事人在离婚后1年内另行起诉。

(5) 协议离婚后应在1年内起诉请求赔偿。

最高人民法院《关于适用〈中华人民共和国婚姻法〉若干问题的解释（二）》第27条规定：“当事人在婚姻登记机关办理离婚登记手续后，以《婚姻法》第46条规定为由向人民法院提出损害赔偿请求的，人民法院应当受理。但当事人在协议离婚时已经明确表示放弃该项请求，或者在办理离婚登记手续一年后提出的，不予支持。”因此，协议离婚后无过错方应在1年内起诉请求赔偿。

※生活实例2※因家庭暴力离婚，能否请求精神损害赔偿

由于前夫长期实施家庭暴力，王某实在无法忍受便提出离婚，两个月前终于办理了离婚登记。但现在想起来还是觉得相当委屈，因其家庭暴力留下的伤还未痊愈，而且由于前夫的过错使其现在不得不面对离婚后的种种压力，对精神也造成很大的伤害。王某能否向法院起诉要求他赔偿，并要求精神损害赔偿？

※分析解答※依据最高人民法院《关于适用〈中华人民共和国婚姻法〉若干问题的解释（二）》第27条的规定，当事人在办理离婚登记后，在1年内可以以家庭暴力为由向人民法院提起损害赔偿诉讼，除非在离婚时已经明确放弃该项请求，或者离双方办理离婚登记手续已经超过1年的时间。

（6）不离婚不能要求损害赔偿。

需要注意的是，最高人民法院《关于适用〈中华人民共和国婚姻法〉若干问题的解释（一）》第30条规定，符合《婚姻法》第46条规定的无过错方作为原告基于该条规定向人民法院提起损害赔偿请求的，必须在离婚诉讼的同时提出。也就是说，无过错方的损害赔偿请求权，是附有一定条件的，只能在离婚的同时或者在离婚之后提出。

※生活实例3※妻子因家庭暴力只提起民事赔偿，法院不受理[①]

杨环和陈诉是结婚多年的夫妻，平常夫妻感情还可以，就是吵闹不断，陈诉脾气暴躁，总是气儿一上来就忍不住打老婆，但是夫妇打完了之后又和好，陈诉也总是保证再也不打妻子了，所以也没出什么大问题。2006年9月16日上午，杨环与丈夫在协商出租房时，在一点小事上又起了争执，没想到再次遭到丈夫的殴打，直把她打得躺在地上，丈夫才停手，并抢走了她的手机，耳钉也在被打中丢失。她妹妹报警后，叫来急救车，杨环被送到医院治疗。经诊

① 甄红：《妻子因家庭暴力提起民事赔偿　法院不受理》，载中国法院网，http：//www. chinacourt. org/public/detail. php？id＝230911。

断为：右小腿软组织挫伤，脑外伤神经症反应。杨环回家越想越气，想来想去就想到只好通过起诉来向丈夫讨一个公道，但是念及多年感情，杨环又不想和陈诉离婚。于是杨环便将丈夫告到法院，以遭受家庭暴力为由起诉要求其赔偿医疗费753.26元、财产损失费3368元、交通费22元以及精神损害赔偿金3000元。

法院认为，构成婚姻过错赔偿，应该具备四种要件：(1) 存在《婚姻法》第46条规定的四种情形的侵权行为；(2) 该四种情形的侵权行为是一方的过错；(3) 侵权行为与损害事实有因果关系；(4) 还要具备一项特殊的要件——离婚。根据最高人民法院《关于适用〈中华人民共和国婚姻法〉若干问题的解释（一）》第29条第3款的规定："在婚姻关系存续期间，当事人不起诉离婚而单独依据该条规定提起损害赔偿请求的，人民法院不予受理。"现杨环以陈诉殴打致伤起诉要求其赔偿损失，因双方的婚姻关系仍在存续期间，杨环未提离婚诉讼请求，单独起诉损害赔偿请求不符合起诉条件。法院不予受理。

◈分析解答◈同是受到家庭暴力要求丈夫赔偿的案件，为什么法院一个判了支持一个却不予受理呢？原因就在于请求损害赔偿的前提是要提出离婚。我国婚姻财产在夫妻未约定的情况下是夫妻共有的，如果不起诉离婚只是要求赔偿损失，相当于"从左兜掏钱给了右兜"，对受害方来说没有实际意义。所以对于不请求离婚只要求赔偿的起诉来说，法院是不会受理的。

需要注意的是，在离婚后损害赔偿诉讼中，承担赔偿责任的是有过错的婚姻当事人一方，第三者不承担赔偿责任。当事人以《婚姻法》第46条规定，对与自己配偶重婚、同居的第三者提起民事诉讼或者以自己配偶和第三者为共同被告提起民事诉讼，要求第三者承担损害赔偿责任的，人民法院不予受理。

55. 男方受骗抚养非婚生子女，离婚后能否索赔？

妻子与别人生下的孩子，丈夫却一直蒙在鼓里，一直当做自己的亲生子女抚养，离婚的时候或者离婚后，男方可以请求女方赔偿自己这些年来对孩子的抚养费，并请求精神赔偿吗？首先来看看抚养费的问题，最高人民法院1992年作出的《关于夫妻关系存续期间男方受欺骗抚养非亲生子女离婚后可否向女方追索抚养费的复函》中规定："在夫妻关系存续期间，一方与他人通奸生育了子女，隐瞒真情，另一方受欺骗而抚养了非亲生子女，其中离婚后给付的抚育费，受欺骗方要求返还的，可酌情返还；至于在夫妻关系存续期间受骗方支出的抚育费用应否返还，尚需进一步研究。"也就是说，对于在婚姻关系存续期间男方支付的费用其实在实践中，对于已经支出的抚育费用一般很难计算，而且对于抚育费用的支出也是夫妻双方处分的共同财产，所以一般都以调解的方式确定赔偿的数额。但是如果夫妻离婚时，男方按约定付给孩子抚养费，之后发现孩子不是自己亲生的，对这笔数额男方是可以要求返还的。再来说说精神赔偿的问题。夫妻双方有对婚姻忠诚的义务，所以如果女方与别人生下孩子，男方又在不知情的情况下抚育孩子多年，精神确实会受到很大程度的损害，根据我国法律的相关规定，因侵权致人精神损害，但未造成严重后果的，人民法院可以根据受害人一方的请求判令赔偿其相应的精神损害抚慰金。所以说，男方在这种情况下向女方主张精神损害赔偿，是会得到法院的支持的。

※生活实例1※孩子非亲生，离婚后能否要求赔偿[①]

1999年，李新与赵靓自由恋爱相识。同年年底，双方同居。2001年，赵靓生育一子。孩子的降生为一家人带来了更多的欢声笑语，李新对孩子更是疼爱有加，视其为掌上明珠。2004年，李新与赵靓正式登记结婚，成为合法夫妻。2006年，因孩子面临上学，李新到当地派出所为孩子办理户口。派出所告知，因孩子是婚前生育，要办理户口必须确定孩子与父母的血缘关系。于是李新及妻子便带着孩子到北京市公安局法医检验鉴定中心进行了亲子鉴

① 林桂彬：《孩子非亲生"父亲"获赔偿》，载北京法院网，http://bjgy.chinacourt.org/public/detail.php?id=72663。

定。出乎李新的意料，法医检验鉴定中心鉴定结论为“不排除赵靓为孩子的生物学母亲。排除李新为孩子的生物学父亲”。2008年3月，李新以夫妻感情破裂为由将赵靓诉至法院要求离婚，并最终在法院的主持下与赵靓达成调解协议：双方自愿离婚，孩子由赵靓自行抚养。

离婚后，李新仍然无法接受自己辛辛苦苦抚养了8年的孩子不是自己亲生子的现实，又一纸诉状将前妻赵靓第二次诉至法院，要求赵靓返还抚养孩子8年的抚养费，并要求其赔偿精神损失。

法院经过审理认为，李新并非孩子的亲生父亲，没有抚养孩子的法定义务，因此，赵靓应当返还李新对孩子进行抚养期间的费用。同时，李新一直以为孩子是自己亲生的，并对孩子疼爱有加，而孩子并不是李新亲生之子的现实对李新的精神造成了严重的伤害，赵靓理应赔偿李新因此受到的精神损失。据此，法院依法判决赵靓返还李新孩子抚养费14694元、赔偿李新精神抚慰金8000元。

※分析解答※本案中，李新误将别人的孩子当成自己的亲生儿子抚养，这种抚养既不基于血缘关系又不基于收养关系，所以是在没有法律依据的情形下履行的。李新因履行了不属于自己的义务而使自己的经济遭受到损失，故赵靓应当同孩子的生父一同赔偿他的损失，但是在生父不明的情况下，应当由孩子的母亲承担这一赔偿，返还李新所付出的抚养费。

※生活实例2※养子多年貌相异，质疑被证实后“父亲”索赔获支持①

冯先生与金女士于1990年开始同居，于1993年6月1日登记结婚。1993年10月26日，金女士生下一子冯小宝。1998年5月，因家庭矛盾，金女士携子离家出走，自行抚养。2002年10月，冯先生与金女士离婚，冯小宝由金女士抚养。离婚后，冯先生给付冯小宝的抚养费2100元。随着年龄的增长冯小宝相貌上的变化，使

① 李翔、赵连峰：《养子多年貌相异，质疑被证实后“父亲”索赔获支持》，载北京法院网，http：//bjgy. chinacourt. org/public/detail. php? id =69775。

冯先生怀疑其非自己亲生儿子，故诉至法院要求确认冯小宝非其亲生子女。2007年4月，经法院委托司法鉴定机构鉴定，冯先生不是冯小宝的亲生父亲，法院依鉴定结论作出判决。冯先生一气之下又将金女士诉至法院，认为冯小宝系金女士与他人所生，却一直隐瞒实情，给其造成精神打击及经济损失，要求金女士返还其给付冯小宝的抚养费12600元、给付精神损害抚慰金5万元。

最终，法院判决金女士返还给冯先生给付冯小宝的抚养费7500元、赔偿精神抚慰金3万元。

❈**分析解答**❈在不知情的情况抚养了非自己亲生的子女，丈夫要求赔偿精神损失的法律依据，不适用《婚姻法》第46条。

最高人民法院《关于确定民事侵权精神损害赔偿责任若干问题的解释》第1条规定，“自然人因下列人格权利遭受非法侵害，向人民法院起诉请求赔偿精神损害的，人民法院应当依法予以受理：（一）生命权、健康权、身体权；（二）姓名权、肖像权、名誉权、荣誉权；（三）人格尊严权、人身自由权。违反社会公共利益、社会公德侵害他人隐私或者其他人格利益，受害人以侵权为由向人民法院起诉请求赔偿精神损害的，人民法院应当依法予以受理。”人格权利受到侵害的，可以主张精神损害赔偿。人格权利包括生命权、健康权、身体权、姓名权、肖像权、名誉权、荣誉权、人格尊严权和人身自由权等。妻子在婚后与他人生子并隐瞒实情的行为，侵害丈夫的人格尊严权，丈夫可以依法主张精神损害抚慰金。

❈生活实例3❈儿子不是亲生的，要求亲父赔偿精神损失应当证明其有过错[①]

张林与赵英1988年结婚，1994年生下一子。后因夫妻关系不合，于1996年经法院调解离婚，该调解书中确认儿子归张林抚养，赵英自1996年4月起每月付抚育费200元。离婚后，张林无论是

---

① 王悦：《12载“义务”养“儿” 前妻判赔25万》，载北京法院网，http://bjgy.chinacourt.org/public/detail.php?id=69999。

在生活上还是在精神上都对儿子倍加疼爱。但随着孩子的逐渐长大，张林发现儿子的长相一点也不像他，经亲子鉴定，确实非其亲生子。前妻最后终于告诉他，孩子的亲生父亲另有其人。

张林告上法院，要求赵英和孩子生父赔偿其因抚养孩子所支出的抚养费、医药费、教育费302200元，并赔偿精神抚慰金20万元。对于前夫的起诉，赵英在法庭上表示，在正式亲子鉴定作出后，她愿意依法承担责任。而孩子生父却没有发表具体答辩意见。

经法院委托某法医物证司法鉴定所进行亲缘关系鉴定结论证明张林确非孩子生父。

法院审理后认为：夫妻之间有互相忠诚于对方的义务，本案被告赵英在其与原告张林婚姻期间生育一子，后经鉴定该子与原告张林不具有血缘关系，而在双方离婚后，该子也由张林抚养多年，被告赵英应承担相应的法律责任并赔偿由此给张林带来的物质上及精神上的损失。由于原告张林及被告赵英尚不能提供足够证据证明孩子生父的过错，亦鉴于现有法律规定的实际情况，故对于原告张林要求孩子生父承担责任的诉讼请求，不予支持。综上所述，判决赵英返还张林抚养费15万元并给付张林精神损害抚慰金10万元；孩子由赵英继续抚养；驳回张林的其他诉讼请求。

※分析解答※我们认为，张林要求孩子亲生父亲赔偿精神损失应当证明后者有过错，但是，张林要求其赔偿抚养费的损失应当得到支持。因为作为孩子的亲生父亲，应当承担抚养子女的义务。《婚姻法》第25条规定，非婚生子女享有与婚生子女同等的权利，任何人不得加以危害和歧视。不直接抚养非婚生子女的生父或生母，应当负担子女的生活费和教育费，直至子女能独立生活为止。所以，就抚养费这项损失来说，孩子的亲生父亲应当与赵英一起对张林承担连带赔偿责任。

第六章　同居关系析产、子女抚养纠纷

同居关系析产、子女抚养纠纷是指男女双方在解除同居关系时就非婚生子女抚养和财产分割问题发生的纠纷。

56. 同居一定构成事实婚姻吗?

同居是指未进行结婚登记而共同生活，或未进行结婚登记而共同生活在一起的一种状态。事实婚姻是指没有配偶的男女，未进行结婚登记而以夫妻名义公开同居生活，群众也认为是夫妻的两性结合。

根据最高人民法院《关于适用〈中华人民共和国婚姻法〉若干问题的解释（一）》第5条的规定，未按《婚姻法》第8条规定办理结婚登记而以夫妻名义共同生活的男女，起诉到人民法院要求离婚的，应当区别对待：（1）1994年2月1日民政部《婚姻登记管理条例》公布实施以前，男女双方已经符合结婚实质要件的，按事实婚姻处理；（2）1994年2月1日民政部《婚姻登记管理条例》公布实施以后，男女双方符合结婚实质要件的，人民法院应当告知其在案件受理前补办结婚登记；未补办结婚登记的，按解除同居关系处理。

非婚同居可以通过办理结婚登记得到法律的保护。《婚姻法》第8条规定，“未办理结婚登记的，应当补办登记。”最高人民法院《关于适用〈中华人民共和国婚姻法〉若干问题的解释（一）》第5条规定，男女双方根据《婚姻法》第8条规定补办结婚登记的，婚姻关系的效力从双方均符合婚姻法所规定的结婚的实质要件时起算。也就是说，符合法定结婚条件的非婚同居男女，只要补办了结婚登记，那么他们之间的婚姻关系不是从双方办理结婚登记时开始起算，而是从双方均符合实质条件时起算，即从男方年满22周岁，并且女方年满20周岁时起算。

离婚后的男女双方自愿恢复关系、以夫妻名义共同生活但未到婚姻登记机关进行复婚登记的，应当补办结婚登记，未补办结婚登记的，按解除同居关系处理。

❈生活实例❈非婚同居符合一定条件的，形成事实婚姻[①]

1986年，于某与张某经人介绍相识，1987年1月举行了结婚仪式，因张某未满22周岁，故二人未办理结婚登记，之后也未补办结婚登记，一直共同生活，并育有一女。2008年4月，于某和张某因生活琐事发生争吵，二人决定不再共同生活，但对孩子由谁抚养的问题协商无法达成一致，遂诉至法院要求确定孩子的抚养关系，但法院告知于某和张某，在未解除婚姻关系前，不能处理孩子的抚养关系纠纷，应先行解除二人的婚姻关系。这让于某和张某很费解，二人并没有办理过结婚登记，虽然一直共同生活，但也只是同居关系，怎么又成了夫妻呢？

❈分析解答❈本案中，于某和张某早在1987年1月就举行了结婚仪式，虽然当时张某未到法定婚龄，不符合结婚实质要件，不能办理结婚登记，但是在1994年2月1日民政部《婚姻登记管理条例》公布实施以前，张某已经达到法定婚龄，符合了结婚的实质要件，已构成事实婚姻，受到婚姻法的保护，在未离婚的情况下，不能单独解决孩子抚养问题。

需要明确的是，我国刑事法律和民事法律对非婚同居有不同的

① 王晓磊：《事实婚姻的认定和解除》，载北京法院网，http：//bjgy. chinacourt. org/public/detail. php？id = 64171。

态度。根据最高人民法院《关于适用〈中华人民共和国婚姻法〉若干问题的解释（一）》第 5 条第 2 项的规定，民法上取消了“非法同居”的概念，而且对事实婚姻不再予以保护。但是，在刑法上对于重婚罪的认定上，由于事实婚姻同样对在先存在的合法婚姻造成损害，侵犯了正常的一夫一妻制度，因此，对于事实婚姻仍持认可态度。最高人民法院 1994 年 12 月 14 日《关于〈婚姻登记管理条例〉施行后发生的以夫妻名义非法同居的重婚案件是否以重婚罪定罪处罚给四川省高级人民法院的批复》中指出：新的《婚姻登记管理条例》（1994 年 1 月 12 日国务院批准，1994 年 2 月 1 日民政部发布）发布施行后，有配偶的人与他人以夫妻名义同居生活的，或者明知他人有配偶而与之以夫妻名义同居生活的，仍应按重婚罪定罪处罚。因为法律保护的是合法的婚姻关系，但并不是要求对合法婚姻关系的违反必须以合法婚姻形式，事实婚姻的存在已从实质上对前一合法婚姻造成侵犯，理应对这种行为予以制裁。

57. 可以请求法院解除同居关系吗?

同居关系是一种事实关系。未经办理结婚登记而以夫妻名义共同生活的，或者共同生活的一方或双方有配偶但对外不以夫妻名义相称，或者共同生活的双方均无配偶、对外也不以夫妻名义相称的，均构成非婚同居关系。

我国法律对同居关系视情形处理：第一，对于单纯的同居关系的确认解除纠纷，人民法院不予受理，但当事人请求解除有配偶者与他人形成的同居关系的，人民法院应当受理并依法一律解除；第二，离婚后双方没有再婚，但是也没有履行复婚登记手续，又以夫妻名义同居生活，一方起诉“离婚”的，一般应当作为同居关系判决解除；第三，人民法院审理解除同居关系案件时，如果涉及因同居关系产生的财产分割及子女抚养纠纷，人民法院应依法一并解决。

※生活实例※解除同居关系并涉及子女抚养纠纷的，可向法院起诉[①]

符彩霞（女，1967年7月出生）与邱广志（男，1971年12月出生）于1990年4月未经办理结婚登记手续就开始同居生活，同年5月15日生育一女儿小云。由于双方性格不合，没有感情，两人常因家庭琐事吵架。小云出生8个月之后，符彩霞便离开邱家。孩子主要由被告邱广志及其父母抚养。1997年9月，符彩霞将小云从学校带走抚养至诉讼发生时。后符彩霞提起诉讼，请求解除同居关系，同时请求抚养孩子，要求被告邱广志支付孩子的抚养费、教育费及医疗费。

法庭经审理后认为，邱广志未达到法定婚龄便于1990年4月与符彩霞未经政府部门办理婚姻登记手续而共同生活，依法应认定双方系同居关系。现符彩霞提出解除与邱广志的同居关系，依法应予准许。双方同居期间所生女儿小云表示愿跟随符彩霞生活，由符彩霞抚养，依法应予支持，邱广志每月应支付抚养费150元，直至小云年满18周岁为止。

※分析解答※人们总是向往着爱情的浪漫，但是也很容易迷失在浪漫中。本案中邱广志开始同居时还不满19岁，按照《婚姻法》的规定，尚且不能结婚，可他已为人父。而在其年满22周岁后，到1994年2月1日《婚姻登记管理条例》施行之时，符彩霞早已离开了邱家。因此，二人的关系不符合认定为事实婚姻的条件，只能构成非婚同居关系。

58. 如何处理同居关系引起的子女抚养纠纷?

未办理结婚登记而以夫妻名义共同生活的男女，如果不符合事实婚姻的认定条件，则不会产生婚姻的效力，同居关系终止时也不

① 中国法律检索系统之中国法院裁判文书库，海南省海南中级人民法院（2002）海南民二终字第240号民事判决书。

适用处理离婚的相关规定。但双方同居期间所生子女仍享有与婚生子女相同的权利和义务。因此，解除同居关系时，确定非婚生子女直接抚养人的原则，与离婚时确定婚生子女直接抚养方的原则是相同的。

在处理因同居关系引起的子女抚养纠纷时，应坚持有利于子女身心健康、保障子女合法权益的原则，根据当事人双方的抚养能力和抚养条件等具体情况妥善解决。最高人民法院《关于人民法院审理未办结婚登记而以夫妻名义同居生活案件的若干意见》第9条明确规定："解除非法同居关系时，双方所生的非婚生子女，由哪一方抚养，双方协商；协商不成时，应根据子女的利益和双方的具体情况判决。哺乳期内的子女，原则上应由母方抚养，如父方条件好，母方同意，也可由父方抚养。子女为限制民事行为能力人的，应征求子女本人的意见。一方将未成年的子女送他人收养，须征得另一方的同意。"

❈生活实例❈陈某诉赵某同居期间子女抚养纠纷案[①]

陈某、赵某经人介绍相识，于2004年5月7日按农村习俗举行结婚仪式，未办理结婚登记并同居生活。同居期间，于2004年12月21日生育一子。后因二人一同长期在外务工，相互间缺乏沟通，矛盾频生，无法共同生活。赵某于2007年8月回家，并于2008年1月9日在巫溪县胜利乡民政办与同乡健农村1组齐太扬登记结婚，随即外出务工。陈、赵二人的父母请求村干部调解无果。陈某遂向法院提起诉讼，请求儿子与其共同生活，赵某依法承担抚养费。

法院经审理认为：二人按农村习俗举行结婚仪式，未办理结婚登记并同居，其婚姻关系不受法律保障，但同居期间所生之子系二人的共同子女。法律规定父母对子女有抚养教育的义务，有保护和教育未成年子女的权利和义务，非婚生子女享有与婚生子女同等的

① 中国法律检索系统之中国法院裁判文书库，重庆市巫溪县人民法院（2008）巫法民初字第246号民事判决书。

权利，任何人不得加以歧视。赵某与他人登记结婚，现在外务工，陈某主张孩子随其生活，有利于成长，并无不当，予以支持。赵某自2008年9月开始，按每月200元的标准支付给儿子生活费，直至年满18周岁为止；在此期间的书费、学费、住院期间医疗费，陈某与赵某各承担一半。

❈**分析解答**❈如果只举行了结婚仪式，便直接进行同居生活，而没有办理结婚登记手续，等同于非婚同居关系，不属于合法婚姻，不受法律保护。

本案中，虽然陈某与赵某的同居关系不受我国法律的保护，但陈某向赵某主张子女的抚养费是有法律依据的。根据最高人民法院《关于人民法院审理未办结婚登记而以夫妻名义同居生活案件的若干意见》第9条的规定，解除非婚同居关系时，双方所生的非婚生子女的抚养，由双方协商决定；协商不成时，根据子女的利益和双方的具体情况判决。在本案中，赵某已与他人登记结婚，现在外务工，随陈某生活有利于子女成长。

59. 同居期间的财产如何分割？债务谁来偿还？

我国采取婚姻登记制度，未经结婚登记而同居的，不受法律保护。但是，同居毕竟是男女双方共同生活，在解除同居关系时难免会出现财产上的纠纷。最高人民法院在《关于人民法院审理未办结婚登记而以夫妻名义同居生活案件的若干意见》中对解除同居关系时财产的分割作了明确规定。解除同居关系时，同居生活期间双方共同所得的收入和购置的财产，如果没有约定的，为共有；在同居关系解除时，按照一般共有的原则进行处理，同时应当照顾妇女、儿童的合法权益，并考虑财产的实际情况和双方的过错程度，妥善分割。双方各自受赠和继承的财产归各自所有。对于一方因为个人目的所欠下的债务，由该个人负责偿还；对于同居期间为共同生产、生活而形成的债务，双方可以协商负担比例和方法，协商不成的，可按共同债务处理，由双方共同偿还。一方在共同生活期间患有严重疾病未治愈的，分割财产时，应予适当照顾，或者由另一方给予一次性的经济帮助。

◈生活实例1◈同居期间产生的一方名下的债务，另一方是否需要连带偿还①

楚某与吴某两人均在上海打工，并且同在一家超市工作，两人工作中日久生情。自2003年开始就生活在一起，但一直未办理结婚登记手续。2005年两人感情出现问题而分开。2005年8月楚某将吴某告上法庭，要求偿还其先行支付给债权人肖某的2.6万元借款的一半1.3万元。

吴某家里有两个弟弟在学校读书，每年需要学杂费等各种费用5000多元，但父母根本无力承担这笔费用。因此，吴某也就承担起了补给家庭的重担，她把一部分工资寄给父母，仅留一部分作为自己的日常生活所需。楚某家里的经济条件虽不像吴某那样，但也不是很好，自从他们租房同居后，生活开支一下子变大，经济上更加拮据。为了维持与吴某的生活，从2003年年底开始，楚某先后多次向他的朋友肖某借款，到2005年双方分开时，共借款2.6万元。因此分手后，楚某要求吴某共同偿还这部分债务。

吴某认为，这2.6万元的债务是以楚某个人名义所借，其并不知道这件事情，并且楚某也并未将这笔钱用于家庭生活，因此不同意偿还。随后，楚某向法庭提供吴某的工资收入情况证明，以及共同生活期间一些花费的凭证，还有债权人的证言，认为这些证据足以证明这笔钱用于了共同生活。而吴某又提出，就算用于共同生活，那也是楚某的自愿行为，因为两人并未结婚，楚某是为了某种目的而自愿将这笔钱用于共同生活的，因此她认为自己不应承担连带偿还责任。

法院审理后认为，借款虽然是以楚某的个人名义所借，但所借

---

① 贾明军、王常栋：《现代婚姻家庭经典案例》，上海交通大学出版社2008年版，第202页。

的钱是为了同居生活需要，并用于同居生活，该债务应视为同居期间的共同债务，吴某与楚某应共同归还该借款，两人对债务承担连带责任。因为楚某已经先行偿还了这部分债务，因此吴某应向楚某支付1.3万元。

❈**分析解答**❈本案中，虽然楚某是以个人的名义向孙某借的钱，但是有证据证明借款用于楚某和吴某双方的同居生活，即属于共同债务，应由双方共同偿还。因为楚某已经先行偿还，所以法院判决吴某向楚某支付借款的一半1.3万元。

❈**生活实例2**❈**解除同居关系，能否分割同居期间的财产**[①]

甲某在北京打工时认识刘某，两人相恋并于2005年3月同居生活，但未办理结婚登记手续。后甲某随刘某回到他的家乡，在他父母开的饭店里一起照看店面，和他的父母一起吃住，但从未领取任何工资。2008年年底，二人感情出现危机，甲某向法院起诉，要求离婚。她是否可以要求分割刘家的财产，包括该饭店？

❈**分析解答**❈根据最高人民法院《关于适用〈中华人民共和国婚姻法〉若干问题的解释（一）》第5条规定，如果是1994年2月1日《婚姻登记管理条例》实施以后，未按《婚姻法》第8条规定办理结婚登记而以夫妻名义共同生活的男女，起诉到人民法院要求离婚的，按解除同居关系处理。本案中甲某和刘某是在2005年5月同居生活，未办理结婚登记手续，属于非婚同居关系，对于其提出的“离婚”，法院应当按解除同居关系处理。

解除同居关系时，同居生活期间双方共同所得的收入和购置的财产，没有约定的，在同居关系解除时，按照一般共有的原则进行处理。甲某和刘某同居期间，参与了刘某父母小店的经营，未领取任何报酬，所以经营活动产生的利润部分，应是甲某、刘某和刘某父母的共同财产。甲某可以要求析产并从中分割出来相应的份额。但刘家的其他财产，不是甲某和刘某的共同收入，甲某无权要求分割。

---

① 范丽丽：《分手后能否参与分配同居期间的财产?》，载北京法院网，http://bjgy.chinacourt.org/public/detail.php?id=74927［2008-12-11］。

60. 同居关系终止后，女方要求男方赔偿“青春损失费”能否获支持?

在当前的社会生活中，存在恋爱关系或同居关系的男女当事人之间经常发生所谓“青春损失费”或曰“青春损失赔偿费”的纠纷，一般多是因为双方恋爱关系或同居关系出现了挫折引起的。

按照社会上比较普遍的看法，同居关系中女士的损失是比男士要大的，所以女方提出“青春损失费”的主张可以理解，但是，“青春损失费”是十足的“民间语言”，从未见于任何法律。我国目前的法律对同居关系基本是持否定态度的，也就是说，除了同居关系中的非婚生子女可以受到与正常子女同样的抚养保障外，其他的纠纷，一般不属于法院处理的范围。同居关系终止后女方提出要求男方赔偿“青春损失费”的主张没有相应的法律依据。

我们认为，虽然“青春损失费”没有法律依据，但是，人们通常理解的“青春损失费”实际是指精神损失。结合女方受伤害的事实，如果双方在终止同居关系时自愿达成了由一方补偿另一方适当数额的精神损害赔偿的协议，然后一方不履行协议，对方持协议要求履行的，一般应予支持。在司法实践中，“青春损失费”的补偿常常体现为“协议”、“欠条”的形式。对欠条合法性的分析，首先应当看欠条的形成是否是书写人的真实意思表示，是否存在欺诈、胁迫的情形；其次还要看是否是对实际发生的精神损害和人身损害、财产损失的补偿，看书写人是否具有一定的过错。如果另一方确实有损失的存在，则持“协议”、“欠条”要求其履行时，应当得到法院的支持。

※生活实例1※同居五年分手，持协议获得青春补偿[①]

原告金某在1998年与被告张某相识后开始恋爱。同年下半年，

---

① 浦宣：《同居五年分路扬镳　女方获得青春补偿》，载中国法院网，http://www.chinacourt.org/public/detail.php?id=153206。

双方以夫妻名义同居生活。同居期间，原告金某把自己在服装厂打工的工资都用在建房及双方的日常生活当中，将被告两间一层房屋升建为二层。后来由于被告张某与其他女人有不正当关系，双方曾多次为此争吵，被告对原告非骂即打，多次提出分手。原告金某因做过两次人流手术，考虑到以后可能不能生育，故不同意分手，而被告反而变本加厉，对原告进行谩骂、殴打，使原告的身心受到严重打击，实在无法与被告共同生活，遂于2003年6月7日同意与被告分手。原、被告双方为此达成一份协议，协议约定：由张某一次性补偿金某5年的青春费人民币3万元整，分两次付清。到期后，经原告多次催讨，被告拒不支付。原告故诉至法院，要求判令被告支付。

法院经审理后认为，被告与原告达成的青春补偿费协议，是被告对原告精神损失的一种补偿，该协议是双方当事人真实的意思表示，且不违反法律、法规的禁止性规定，法院予以认可，遂判决金某的原男友张某支付金某5年的青春费3万元。

※分析解答※本案中协议上写明的青春费实质上是精神损害赔偿，而在同居期间，金某的收入用在了二人的生活和建房上，遭受有财产损失，做过两次人流，有人身伤害，也受到暴力殴打，存在精神损失，所以，这笔3万元的精神损失费有相应的事实基础。加上该协议为二人自愿达成，不违反法律的禁止性规定，因此得到了法律的支持。

※生活实例2※虽有欠条但不存在真实的借贷关系不受支持[①]

1996年，曲某和陈某相识后确立了恋爱关系。随着时间的推移，双方矛盾与日俱增。曲某感到无法处下去，2002年6月向陈某提出分手。陈某说："分手可以，但必须付我8万元的青春损失费，否则别想分手。"无奈之下，曲某出具了欠条："今欠陈某人

① 贾晋璇、桂玲：《恋人分手　男子强索"青春损失费"虽有欠条但不存在真实的借贷关系》，载中国法院网，http：//www. chinacourt. org/public/detail. php? id = 172147。

民币捌万元，八年付清，从2003年起。”2005年2月，陈某因曲某始终拒绝付钱，一纸诉状将曲某告到法院。

法院经审理认为，陈某出具的欠条中不具有真实的对价关系，青春损失费的约定也有违公序良俗原则。因此，判决驳回陈某的诉讼请求。

❈**分析解答**❈本案中欠条的实质是，当曲某提出与陈某解除恋爱关系后，陈某让曲某出具赔偿青春损失费，进而解除恋爱关系的协议。我们认为，对于青春损失费的补偿，并不违反法律的禁止性规定。对此案中欠条效力的判断不能从是否具有真实的对价关系，即双方之间根本不存在真实的借贷关系来判断，而应当看曲某出具欠条这一行为是否符合民事法律行为的有效要件，即是否为曲某的真实意思，对于不是曲某真实意思的主张，应由曲某自己提出并举证；如果曲某自己不提出，或者提供不了证据证明，法院不宜主动判定该欠条无效。

第七章 婚姻无效纠纷

无效婚姻是指不符合结婚的实质条件的男女两性结合，在法律上不具有合法效力的婚姻。无效婚姻不发生合法婚姻的效力，但要对双方当事人在同居期间的人身关系和财产关系进行处理，因而其认定必须经过法定程序。在我国，2003 年 10 月 1 日新的《婚姻登记条例》施行之后，无效婚姻只能通过司法程序予以确认，而不能由婚姻登记机关按行政程序确认婚姻登记无效。

61. 哪些情况下的婚姻是无效的婚姻？

根据我国《婚姻法》第 10 条的规定，有下列情形之一的，婚姻无效：

（1）重婚的。重婚，是指有配偶者又与他人结婚的行为，即有配偶的人又与他人结婚或以夫妻名义共同生活的行为，或明知他人有配偶而与之结婚或者与之以夫妻名义共同生活的行为。重婚违反我国的一夫一妻制原则，因而重婚不仅是刑法所处罚的行为，因重婚所形成的婚姻也是无效的。

（2）有禁止结婚的亲属关系的。禁止结婚的亲属关系按照我国《婚姻法》的规定，是直系血亲和三代以内旁系血亲。

（3）婚前患有医学上认为不应当结婚的疾病，婚后尚未治愈的。当然，如果结婚时一方患有上述疾病而在日后治愈的，这样的婚姻具有有效的要件。

（4）未达到法定婚龄的。根据我国《婚姻法》的规定，结婚年龄，男不得早于22周岁，女不得早于20周岁。一方或双方未达到法定婚龄而结婚，是违反婚姻法的行为，原则上应认为婚姻无效。因此，对于未到法定结婚年龄通过弄虚作假手段登记结婚的，在双方未达到法定最低结婚年龄的时候是无效的婚姻，是不受法律保护的；但当双方达到最低结婚年龄，满足结婚的实质要件时，虽然其登记的方式存在瑕疵，仍是受法律保护的。

无效婚姻制度的设立有利于保障婚姻法的严肃性与权威性，有利于坚持结婚的条件与程序，是保障婚姻的合法成立、预防和减少婚姻纠纷、制裁违法婚姻的重要措施。

❈生活实例1❈姑表亲婚自始无效

李英（男）与李芳是姑表兄妹（李英的父亲与李芳的母亲是同胞兄妹），1998年年初，二人到当地婚姻登记管理部门办理了结婚登记，办理时隐瞒了其表兄妹的关系。李英和李芳知道表兄妹之间不适合生育，他们打算一辈子不要孩子。但婚后第三年二人避孕失败，次年有了一名男婴，起名李小英。孩子三岁时，他们发现孩子智力低下，一直不会说话。最终经诊断表明，孩子是先天严重缺陷，难以治愈。为了孩子的事情，两个人都非常痛苦，夫妻感情也由此变得冷淡，经常吵架，李英甚至还经常动手打骂李芳。

2006年，李芳向当地人民法院起诉，要求：1. 解除与李英的婚姻关系；2. 残疾儿子由李英抚养；3. 要求分得共同存款10万元中的一半。但李英不同意离婚。

法院经审理后查明，李英和李芳系表兄妹，双方间的婚姻关系违反了《婚姻法》的规定，属于无效婚姻。双方同居期间有共同存款10万元。人民法院对于李小英的抚养权和共同财产的处理经调解无效后作出如下判决：第一，宣告李英和李芳的婚姻无效；第二，儿子李小英由李芳抚养，李英负担儿子李小英的抚养费直至其独立生活为止；第三，双方共同存款10万元，李芳因要照顾残疾孩子分得7万元，李英分得3万元。

❈分析解答❈李英与李芳是姑表兄妹，属于禁止结婚的三代以内旁系血亲，他们的婚姻是典型的无效婚姻。无效婚姻自始无效，所以法院判决李英和李芳的婚姻自一开始就无效。应当注意的是，虽然李英和李芳提起的是离婚诉讼，但是我国对于无效婚姻不实行不告不理制度，只要法院在受理过程中发现婚姻关系无效，就会主动予以宣告。无效婚姻的当事人之间不具有夫妻的权利和义务，所以双方在同居期间共同所有的财产，按照共同共有处理，子女的抚养按照婚生子女的抚养关系予以确认。

※生活实例2※15岁妻子用假名，三年“婚姻”实无效[1]

2000年9月，23岁的青年沈林桥与湖南姑娘徐金花在当地镇政府办理结婚登记手续。2003年10月，徐金花因琐事与沈林桥争吵后离家出走，一直下落不明。2004年5月，沈林桥在整理妻子物品时，发现了两张身份证，印着妻子照片的那张身份证中赫然写着另外一个人的名字“徐艳华”，而写着“徐金花”的身份证上照片仔细辨认根本就不是漂亮的“妻子”，而是一个从来没有见过的女人。沈林桥这才明白，原来跟他生活了三年的“妻子”隐瞒了自己的姓名和年龄。“妻子”实际上叫徐艳华，出生于1985年7月15日，而不是结婚登记时的1980年3月24日，跟他登记结婚时才15周岁，根本不符合《婚姻法》规定的法定婚龄。2004年7月22日，沈林桥一纸诉状将“妻子”告上法庭，请求法庭宣告两人的婚姻无效。12月27日，法院公开开庭审理了此案。虽因被告徐艳华没有出庭参加诉讼，但根据原告提供的证据，法院认为，被告徐艳华利用虚假身份证明，隐瞒真实身份与年龄，在明知未达婚龄的情况下，与原告沈林桥办理结婚登记手续，且至原告沈林桥向法院申请宣告婚姻无效时，被告徐艳华的年龄仍不符合法定的婚龄，不具备合法婚姻的实质要件，因此原、被告双方的婚姻关系为无效婚姻。12月29日，法院作出终审判决，原告沈林桥与被告徐艳华以徐金花名义登记结婚的婚姻关系无效。

※分析解答※这段不足婚龄的结婚骗局对于结婚年龄的规定，

---

① 赵璐、贤逸：《15岁妻子用假名　三年婚姻实无效》，载中国法院网，http://www.chinacourt.org/public/detail.php?id=144657。

是我国法律对于具备结婚所需条件的一种限定，也是为了维护婚姻稳定及各方利益的一个条件。

本案中直至沈林桥起诉时，徐艳华也仅仅19岁，仍然不到法定的结婚年龄。虽然徐金花已经失踪了，但是对于宣告婚姻无效的案件，是不需要徐金花一定在场的，法院根据沈林桥提供的证据可以认定婚姻无效时，可以当即宣告他们的婚姻自始无效。

※生活实例3※婚前隐瞒“乙肝”，法院判决婚姻无效[①]

李先生与韩女士2001年登记结婚。同年10月妻子临产，婴儿出生不久便夭折。经医生检查，李先生发现妻子患有严重的乙型肝炎并处于活动期。原来，韩女士婚前患有严重的乙型肝炎，但在婚检中将病情隐瞒下来。李先生认为，依据《婚姻法》中的有关规定，妻子婚前患有医学上认定不应当结婚的疾病，婚后尚未治愈，其婚姻关系应为无效。

法院经审理后认为，根据目前医学界意见，乙型肝炎（处于活动期，极具传染性）应属于医学上认为不应当结婚的疾病，韩女士婚前隐瞒了自己的病情而领取了结婚登记证，婚后到目前为止尚未治愈，应该属于无效婚姻的范畴。法院遂判决原告李先生与韩女士的婚姻无效。

※分析解答※虽然乙型肝炎在目前来说已经不再是疑难杂症，但是尚属于较难治愈的疾病，尤其是尚属于活动期的乙型肝炎，是极具传染性的，这既不利于家庭生活，又有可能传染给后代，韩女士通过隐瞒的方式虽然取得了结婚证，但是仍然属于无效的婚姻，人民法院依法宣告他们的婚姻无效是正确的。

62. 委托父母代领结婚证的婚姻关系是否有效?

代理是指代理人在代理权限内，以被代理人的名义实施民事法

① 郝云鹤：《婚前隐瞒“乙肝” 法院判决婚姻无效》，载中国法院网，http://www.chinacourt.org/html/article/200207/03/6109.shtml。

律行为由此产生的民事权利、民事义务由被代理人享有和承担。

不是所有的民事法律行为都可以代理。依照法律规定或者按照双方当事人约定，应当由本人实施的民事法律行为，不得代理，如领取结婚证书。根据有关法律规定，不能代理的法律行为有三种：具有人身依附性质的法律行为，包括婚姻登记，订立收养合同，订立遗嘱，接受、放弃继承或遗赠等；内容违法的行为；依照法律规定或者双方当事人约定，应当由本人实施的民事法律行为。最高人民法院《关于贯彻执行〈民法通则〉若干问题的意见（试行）》第78条规定，凡是依法或者依双方的约定必须由本人亲自实施的民事行为，本人未亲自实施的，应当认定行为无效。但婚姻登记有一定的特殊性，婚姻法并没有规定非本人亲自办理的结婚登记无效。

对于一方未亲自到婚姻登记管理机关办理登记手续的情形，当事人可以通过离婚诉讼解决，即依据最高人民法院《关于人民法院审理离婚案件如何认定夫妻感情已破裂的若干具体意见》第4条的规定请求离婚。当事人以其未亲自到婚姻登记机关办理结婚登记手续取得结婚证为由，请求宣告婚姻无效或者请求撤销婚姻的，人民法院不予受理。

※生活实例※委托父母代领结婚证，可请求离婚以解除婚姻关系①

我的妹妹与男青年陈某外出打工时认识并相爱，一直同居。在父母多次催促下，妹妹出具了一份委托书，委托父母代她与陈某领取了结婚证，并将委托书交予婚姻登记机关。后由于性格不合，妹妹要求与陈某离婚，陈某拒绝。妹妹提出，自己委托父母代领结婚证的行为是无效的，他们的婚姻关系亦无效。请问，出于男女双方自愿委托父母代领结婚证的行为是否有效？

※分析解答※婚姻法要求结婚的男女双方必须亲自到婚姻登记

---

① 吕雅伟：《委托父母代领结婚证的婚姻关系是否有效》，载北京法院网，http：//bjgy. chinacourt. org/public/detail. php? id = 75398。

机关进行婚姻登记，委托他人代领结婚证的行为是不合法的，这种登记行为属于婚姻登记程序有缺陷的行为，你妹妹可以以此为由要求离婚。

63. 宣告婚姻无效应当经何种程序？

请求宣告婚姻无效仅限于已办理结婚登记的婚姻，当事人就事实婚姻申请宣告无效的，人民法院不予受理，应按离婚程序办理。

宣告婚姻无效应经过司法机关依诉讼程序办理，在程序上需要注意以下问题：

(1) 宣告婚姻无效，应当由婚姻当事人或者利害关系人向人民法院提出申请。夫妻一方提起申请的，另一方为被申请人；利害关系人申请人民法院宣告婚姻无效的，利害关系人为申请人，婚姻关系当事人双方为被申请人。

夫妻一方或者双方死亡后1年内，生存一方或者利害关系人可以在1年内申请确认婚姻无效。夫妻一方死亡的，生存一方为被申请人。夫妻双方均已死亡的，不列被申请人。

有权向人民法院申请宣告无效的是婚姻当事人和利害关系人。最高人民法院《关于适用〈中华人民共和国婚姻法〉若干问题的解释（一）》第7条规定："有权依据婚姻法第10条规定向人民法院就已办理结婚登记的婚姻申请宣告婚姻无效的主体，包括婚姻当事人及利害关系人。利害关系人包括：(1) 以重婚为由申请宣告婚姻无效的，为当事人的近亲属及基层组织。(2) 以未达到法定婚龄为由申请宣告婚姻无效的，为未达法定婚龄者的近亲属。(3) 以有禁止结婚的亲属关系为由申请宣告婚姻无效的，为当事人的近亲属。(4) 以婚前患有医学上认为不应当结婚的疾病，婚后尚未治愈为由申请宣告婚姻无效的，为与患病者共同生活的近亲属。"

※生活实例1※姑表亲一方已死亡，利害关系人仍可主张婚姻无效[①]

李某是马某的表妹，与马某是三代以内的旁系血亲。自2002年起，李某一直与马某亲密接触，甚至发展到二人在外偷偷约会和同居，长期保持两性关系。马某之妻何某忍无可忍于2003年年初与马某协议离婚，女儿喃喃与母亲一起生活。

马某和李某隐瞒了二人之间的血亲关系，于2004年4月到当地街道办事处办理了结婚登记手续。婚后仅4个多月，马某因肝癌去世。

喃喃在父亲的丧事办完后，请求法院确认并宣告李某与父亲的婚姻无效。

李某辩解说，他们的婚姻关系已经因马某的去世而终止，法定的无效婚姻情形已经消失，法院应依法驳回喃喃的诉讼请求。

法院经审理后认为，马某与李某是表兄妹，双方同源于外祖父母，具有三代以内的旁系血亲关系，属法律禁止结婚的情形，婚姻无效。2004年4月，两人对婚姻登记机关隐瞒真实情况登记结婚，而喃喃作为女儿申请宣告婚姻无效，应予准许。李某与马某的配偶关系虽因马某的死亡而终止，但双方三代以内旁系血亲的亲属关系永远不会改变，故李某“法定的无效婚姻情形已经消失”的辩称不能成立。因此依照《婚姻法》之规定，判决李某与马某的婚姻无效并收缴了他们的结婚证。

※分析解答※喃喃作为马某的近亲属，当然有权提出申请其父与表姑的婚姻关系无效，但是本案的另一个问题在于，马某已经去世了，还有没有必要宣告李某和马某的婚姻无效呢？我国《婚姻法》规定，对于申请宣告婚姻无效不予支持的情形是“申请时，法定的无效婚姻情形已经消失”。本案中虽然婚姻关系因当事人一方的死亡而终止，可是婚姻关系并不只是建立了配偶关系，还产生

① 李力：《父亲再婚娶表妹 女儿主张婚姻无效》，载北京法院网，http：//bjgy.chinacourt. org/public/detail. php？id＝4982。

了当事人与双方近亲属间的姻亲关系，而且婚姻关系的建立还改变了法定继承人的范围，配偶也成为法定继承人，所以虽然婚姻关系的一方当事人死亡，但对婚姻关系仍有必要确认其效力，利害关系人仍有权利向法院提出宣告婚姻无效。喃喃作为马某的近亲属在马某死亡后1年内，申请宣告婚姻无效是有法律依据的，也是有必要的。

（2）婚姻无效的，应当以判决的方式结案，而不能以调解的方式结案。人民法院受理申请宣告婚姻无效案件后，经审查确属无效婚姻的，应当依法作出宣告婚姻无效的判决。人民法院受理申请宣告婚姻无效案件后，经审查确属无效婚姻的，也不允许当事人主动撤诉，原告撤诉不成时可能拒不到庭的，也不按自动撤诉处理的规定，仍然由法院依法作出宣告无效的判决。

（3）人民法院审理无效婚姻案件，涉及财产分割和子女抚养的，应当对婚姻效力的认定和其他纠纷的处理分别制作裁判文书。有关婚姻效力的判决一经作出，即发生法律效力。对财产分割和子女抚养问题的判决不服的，当事人可以上诉。涉及财产分割和子女抚养的，可以调解。调解达成协议的，另行制作调解书。

◈生活实例2◈婚姻被确认无效后能否上诉

为了结婚，妻子虚报年龄。后认为丈夫对她不好而向法院起诉，要求确认婚姻无效。法院最终判决婚姻无效，理由是妻子从结婚到起诉仍未达到法定婚龄。丈夫不服，向法院提出上诉，可法院却拒绝受理。请问，婚姻被法院确认无效后，为什么不能上诉？

◈分析解答◈由于导致婚姻无效的事由是法定的，即由于重婚、有禁止结婚的亲属关系、未达法定婚龄等原因，一经当事人申请，法院认真审查后，作出的判决是终结性的。也就是说，婚姻效力问题一经作出即发生法律效力，当事人再上诉或申诉，法院均不予受理。本案中的婚姻已被法院确认为无效，所作出无效婚姻的判决已发生法律效力，当事人没有再上诉或者申诉的权利。但如果是对涉及财产分割和子女抚养问题的判决不服，可以向上一级法院提起上诉，法院对此会受理。

（4）人民法院受理离婚案件后，经审查确属无效婚姻的，应当将婚姻无效的情形告知当事人，并依法作出宣告婚姻无效的判决。人民法院就同一婚姻关系分别受理了离婚和申请宣告婚姻无效案件的，对于离婚案件的审理，应当待申请宣告婚姻无效案件作出判决后进行，婚姻关系被宣告无效后，涉及财产分割和子女抚养的，应当继续审理。

第八章 撤销婚姻纠纷

可撤销婚姻，是指已成立的婚姻关系，因欠缺结婚的真实意思，受胁迫的一方当事人可依法向婚姻登记机关或人民法院请求撤销婚姻。

64. 婚姻可以被撤销吗?

如果一方当事人因本人受到威胁而产生恐惧，从而作出结婚的意思表示，并不是本人的真实意思，法律赋予其撤销该婚姻的权利。《婚姻法》第 11 条规定："因胁迫结婚的，受胁迫的一方可以向婚姻登记机关或人民法院请求撤销该婚姻。""胁迫"是指行为人以给另一方当事人或者其近亲属的生命、身体健康、名誉、财产等方面造成损害为要挟，迫使另一方当事人违背真实意愿结婚的情况。

根据《婚姻法》第 11 条规定，审理撤销婚姻的案件时，对符合下列条件的，可以认定为"受胁迫"：

（1）行为人主观上有胁迫的故意；

（2）行为人客观上实施了威胁、暴力、强迫等行为，且该行为是以对受胁迫人本人或其近亲属的生命、健康、自由、名誉、财产等方面造成损害为要挟；

（3）行为人的胁迫行为导致受胁迫一方违背真实意愿而结婚。

因受胁迫而请求撤销婚姻的，只能是受胁迫一方的婚姻关系当事人本人。可撤销的婚姻只是可以撤销而不是必须撤销，是否行使撤销权由本人自行决定。

受胁迫的当事人一方撤销婚姻的请求，应当自结婚登记之日起1年内提出。被非法限制人身自由的当事人请求撤销婚姻的，应当自恢复人身自由之日起1年内提出。在此期间未请求撤销婚姻的，就不能以胁迫为由请求撤销婚姻，而只能按离婚诉讼程序处理。这里的“1年”期限，不适用诉讼时效中止、中断或者延长的规定。

※生活实例※被拐卖后结婚，婚姻关系存续3年，能否申请撤销[①]

刘某，女，3年前外出打工时被人贩子哄骗拐卖到一个偏僻的小山村。村中农民王某将刘某买下，拘禁3个月后强行与其结为夫妻。1年后，刘某生下一子，王某对其看管得不像以前那么严了，刘某伺机逃跑，但无奈小山村交通不便，每次逃跑后很快就被王家人追回。后来，在公安部门的一次打拐行动中，刘某被解救了出来，重获自由。刘某回到家中之后，家里人都支持她解除与王某的婚姻关系，刘某的哥哥让刘某在家休养，他代刘某向法院提出撤销婚姻关系的诉讼，但王某辩称，他与刘某成婚已有3年并生育一子，刘某提出撤销婚姻已经超过了法律规定的1年期间，请求法院维持他与刘某的婚姻关系。

法院经审理认为，刘某在3年期间人身自由受到限制，被公安机关解救后才恢复自由。因此，她对因胁迫而缔结婚姻的撤销期间应该从被解救之日起算，刘某的起诉没有超过法定期间，她与王某的婚姻应该予以撤销。

※分析解答※在本案中刘某被拐卖给王家后，人身自由受到了限制，客观上无法向法院提出撤销婚姻的诉讼。在被公安机关解救获得自由后，很快就向法院起诉，完全符合法律规定。

但需要注意的是，在受胁迫婚姻的申请和认定方面，法律都作出了严格的规定：一是申请的主体严格限制在受胁迫人本人。因此，在本案中，请求撤销婚姻关系的只能是刘某本人提出撤销婚姻

① 巫昌祯：《婚姻执行状况调查》，中央文献出版社2004年版，第284页。

关系的诉讼，刘某的哥哥只能作为她的诉讼代理人，而不能自行提起撤销之诉。二是可撤销婚姻的受害人必须在1年内提出撤销申请。被非法限制人身自由的当事人请求撤销婚姻的，应当自恢复人身自由之日起1年内提出，这1年的时效不适用诉讼时效中止、中断或者延长的规定。所以，应该由刘某在获得自由后1年内提出撤销婚姻关系的诉讼。

本案中还涉及子女的抚养问题。对当事人所生子女，适用婚姻法有关父母子女的一般规定。父母对子女有抚养教育的义务，如果父母不履行抚养义务，未成年的和不能独立生活的子女，有要求父母付给抚养费的权利。因此，在本案中，刘某和王某可以协商确定由谁来抚养儿子。如果不能达成协议，则由人民法院从有利于子女的身心健康、保障子女的合法权益出发，结合双方的抚养能力和抚养条件等具体情况进行判决。

65. 通过民政部门如何撤销婚姻登记?

《婚姻法》第11条规定，因胁迫结婚的，受胁迫的一方可以向婚姻登记机关或人民法院请求撤销该婚姻。可见，撤销婚姻登记有两种渠道：一种是行政程序，即向婚姻登记机关请求撤销婚姻；另一种是司法程序，即向人民法院提起撤销婚姻的诉讼。

因胁迫结婚的，受胁迫的当事人应当亲自向原婚姻登记机关请求撤销婚姻。受胁迫的一方撤销婚姻的书面请求，应当自结婚登记之日起1年内提出。被非法限制人身自由的当事人请求撤销婚姻的，应当自恢复人身自由之日起1年内提出。当事人向原婚姻登记机关提出撤销请求的，应当提交下列证件、证明材料：（1）本人的身份证和结婚证；（2）公安机关出具的解救证明、人民法院作出的有受胁迫结婚内容的判决书或者其他能够证明受胁迫结婚的证明材料。不能提供法律规定的证件、证明材料的，婚姻登记机关不予受理，并以书面形式向当事人说明理由。除受胁迫结婚之外，以任何理由请求宣告婚姻无效或者撤销婚姻的，婚姻登记机关不予受理。

婚姻登记机关对撤销婚姻的请求，应当自受理之日起30日内作出决定。婚姻登记机关经审查，认为受胁迫结婚情况属实且不涉及子女抚养、财产及债务问题的，应当作出撤销婚姻的决定，宣告结婚证作废，并予以公告，公告期限不少于30日。

婚姻登记机关在办理撤销婚姻过程中，发现当事人撤销婚姻的请求已被人民法院受理的，应当终止办理。

66. 婚姻被撤销后有什么法律后果?

根据我国《婚姻法》第12条规定，被法院依法撤销的可撤销婚姻，在效力上自始无效。也就是说双方当事人之间根本不具有夫妻的权利和义务关系，只能算是同居关系。同居期间所得的财产，由当事人协议处理；协议不成时，由人民法院按共同共有处理并根据照顾无过错方的原则判决。这里的无过错方，是指对婚姻被撤销的原因的发生无过错的当事人。同居期间所得的财产，有证据证明为当事人一方所有的，不进行分割。

对重婚导致的婚姻无效的财产处理，不得侵害合法婚姻当事人的财产权益。人民法院审理重婚导致的无效婚姻案件时，涉及财产处理的，应当准许合法婚姻当事人作为有独立请求权的第三人参加诉讼。

父母子女之间的关系以血缘为纽带，不受父母的婚姻无效或者被撤销的影响。《婚姻法》关于离婚后子女抚养教育的规定，同样适用于因婚姻被宣告无效或撤销后的父母子女关系。

※生活实例※婚姻被撤销后按共同共有分割财产①

温某被拐卖到南方沿海一小渔村，被迫和渔民齐某登记结婚。

① 陈刚：《婚姻家庭纠纷》，中国法制出版社2008年版，第22页。

婚后，温某被限制在齐家的养殖场里干活不能离开半步否则就是暴打。由于温某的勤劳和聪明，三年内使齐家的虾场在当地小有名气且收入颇丰。但是温某却依然被齐家当做奴隶，没有任何的经济权利和家庭生活的权利，齐某经常独自处理他们的共同财产。随着时间的推移，齐家渐渐对温某看管松弛了很多，温某借一次买饲料的机会逃离齐家，后诉请法院撤销与齐某的婚姻，并提出财产分割要求。

※**分析解答**※本案中，齐某通过限制温某的人身自由来迫使温某与其结婚。符合《婚姻法》第11条的规定，属于可撤销婚姻。而一旦温某和齐某的婚姻被撤销，同居期间所得的财产，按共同共有处理，由双方协议进行分割，如协议不成，由法院依法判决。

第九章　夫妻财产约定纠纷

约定财产制是指法律允许夫妻用协议的方式，对夫妻在婚前和婚后所得财产的归属、管理、使用、收益、处分以及对第三人债务的清偿、婚姻解除时财产的分割等事项作出约定，并优先于夫妻法定财产制适用的夫妻财产制度。

67. 婚后取得的财产一定会被认为是夫妻共同财产吗？

我国的夫妻财产制采取的是法定财产制与约定财产制相结合的制度。也就是说，如果男女结婚以后没有对婚姻关系存续期间所得的财产以及婚前财产进行约定或者约定无效，则适用通常情况下的法定夫妻财产制；但是如果夫妻双方对夫妻财产有合法约定，当然优先适用约定财产制。而且，根据我国《婚姻法》的有关规定，对于特定的或具有个人人身性质的财产，法律规定归个人所有，而且夫妻双方还可以以约定的方式，将本属于夫妻共有的财产改变为归夫妻一方所有。这样的约定，可以在结婚前作出，也可以在结婚后作出。夫妻双方对婚姻关系存续期间所得的财产，虽然没有书面约定其归属，但在诉讼中双方认可有口头约定且无争议的，该约定对双方具有约束力。但如果约定不明确或不能证明有约定的，视为没有约定。

我国婚姻法还明确规定了部分归夫妻一方所有的婚后所得财产，包括：一方因身体受到伤害获得的医疗费、残疾人生活补助费等费用；遗嘱或赠与合同中确定只归夫或妻一方所有的财产；一方专用的生活用品和其他应当归一方的财产。

68. 什么是夫妻约定财产制？

约定财产制是指法律允许夫妻用协议的方式，对夫妻在婚前和婚姻关系存续期间所得财产的归属、管理、使用、收益、处分以及对第三人债务的清偿、婚姻解除时财产的分割等事项作出约定，从而排除或部分排除夫妻法定财产制适用的制度。《婚姻法》第19条规定："夫妻可以约定婚姻关系存续期间所得的财产以及婚前财产归各自所有、共同所有或部分各自所有、部分共同所有。约定应当采用书面形式。夫妻对婚姻关系存续期间所得的财产约定归各自所有的，夫或妻一方对外所负的债务，第三人知道该约定的，以夫或妻一方所有的财产清偿。"可见，约定财产制的内容主要包括：

（1）约定的时间。夫妻作出财产约定的时间，可以在结婚登记前，可以在结婚登记时，也可以在婚后。但婚前作出的约定，自缔结婚姻时才生效，如果签订协议后没有结婚，则不具有法律效力。

（2）约定的对象。夫妻约定财产制的对象，既可以是婚姻关系存续期间所得的财产，也可以是夫或妻一方的婚前个人财产，至于具体包括哪些内容，由双方自行确定。

（3）约定的内容。夫妻对约定财产制的选择有三种：

第一种是约定实行分别财产制。即婚姻关系存续期间所得财产和婚前财产归各自所有。双方对上述财产享有完全独立的占有、使用、收益和处分权，他方不得加以干涉。

第二种是约定实行一般共同制。即婚姻关系存续期间所得财产以及婚前财产均归双方共同所有。双方享有平等的权利，除个人特有财产外，不再保留个人财产份额。

第三种是约定实行混合财产制。即婚姻关系存续期间所得财产以及婚前财产部分各自所有，部分共同所有。如可以将不动产约定为共同所有，将动产约定为各自所有；可以将婚后所得固定收入约定为共同所有，其他收入约定为各人所有等。

(4) 约定的形式。约定应当采用书面形式。即当事人双方应当制作书面的财产约定协议，并由本人签字。夫妻双方口头约定或一方的口头承诺不发生法律效力。虽然要求约定的形式是书面的，但是并不表明口头的约定全部无效。如果约定是口头的，那必须具备双方没有异议的条件；如果一方有异议，则该约定无效，如果约定被确定为无效，则只能适用夫妻财产共同制。

(5) 约定的效力。约定的效力分为对内效力和对外效力两方面。对内效力即对夫妻双方而言。夫妻对婚姻关系存续期间所得的财产以及婚前财产的约定，对双方具有约束力。

对外效力即对第三人而言。夫妻之间对婚姻关系存续期间所得的财产归各自所有的约定，是否具有对外效力，应视具体情况而定。第三人事先知道相对人订有夫妻分产制的约定，该约定具有对抗第三人的效力，夫或妻一方仅以其个人财产对第三人承担民事责任。第三人不知道夫妻之间的财产分产约定的，该约定对第三人不发生法律效力，夫或妻不得以其订有夫妻分产制的约定对抗第三人。第三人是否知道夫妻间订有分产制的约定，由提出这一主张的夫或妻负举证责任，不能证明第三人知道该约定的，应以夫妻双方的财产对第三人清偿债务，清偿后，夫妻中不负债的一方可以向另一方行使追偿权。

需要注意的是，夫妻双方以规避法律义务或逃避对第三人偿还债务为目的而订立的夫妻约定财产制协议，因其内容违法或损害第三人合法权益，应认定其无效。比如，不得通过夫妻财产约定逃避养老育幼、清偿第三人合法债务等法律责任，否则无效。此外，夫妻因故分居期间或离婚法律文件生效前所得财产，仍为夫妻共同财产，法律有例外规定或当事人有约定的除外。

※生活实例※工商登记中载明的夫妻投资比例不应该认定为夫妻对财产归属的约定[①]

许先生和张女士结婚后，商量注册成立一家有限责任公司。在公司章程中，记载了双方的出资情况：许先生100万元，张女士50万元。但在工商登记时，双方没有提交财产分割的书面证明或出资属各自所有的书面约定。此后，两人经常因家庭琐事和公司经营争吵不休，甚至大打出手。在孩子1岁多的时候，许先生以与张女士感情确已破裂为由向法院提起了离婚诉讼。诉讼中，双方对女儿的抚养问题达成一致意见：孩子由张女士抚养，许先生每月支付抚养费500元至孩子独立生活时止。但双方对财产分割以及公司的股份分配问题却争执不下，许先生认为这两部分都应按工商登记时的出资比例，自己享有2/3，张女士享有1/3；张女士则认为应各占一半。本案中，双方争议的焦点在于他们对公司的投资比例是否等同于夫妻的财产约定。

法院认为，在婚姻关系存续期间，无论是用一方婚前的个人财产还是用夫妻共同财产投资设立“夫妻公司”，公司经营所产生的收益均应当属于夫妻共同财产。夫妻投资比例不等于财产约定。遂判决，张女士与许先生的女儿由张女士抚养，许先生每月支付抚养费500元至孩子独立生活时止；公司股份为许先生、张女士的夫妻共同财产，双方各享有50%。

※分析解答※国家工商行政管理总局颁布的《公司登记管理若干问题的规定》第23条规定，家庭成员共同出资设立有限责任公司，必须以各自拥有的财产作为注册资本，并各自承担相应的责任，登记时需提交财产分割的书面证明或者协议。此条严格规定了家庭成员共同出资设立有限责任公司的形式要件。工商登记时，张女士、许先生没有提交财产分割的书面证明，也没有提交出资归各自所有的书面约定，在此情况下，尽管工商登记机关将二人出资设

① 李汝银：《夫妻投资比例不等于财产约定》，载北京法院网，http：//bjgy. chinacourt. org/public/detail. php? id = 3220。

立的公司登记为有限责任公司，但它不符合有限责任公司设立的法定形式要件，所以，此公司不能认定为有限责任公司。《公司法》第33条规定，股东按照出资比例分取红利。因张女士、许先生设立的公司不是有限责任公司，所以，不适用此规定，其工商登记不能作为他们财产所有权份额的依据。

即使张女士、许先生设立的公司是有限责任公司，其工商登记能作为他们在公司中财产所有权份额的依据，也不能成为夫妻对财产的书面约定。因为工商登记不符合夫妻财产归属约定的法定要件。尽管我国法律规定，夫妻可以通过协议方式，对婚前、婚后的财产归属、占有、使用、管理、收益、处分进行约定，但这种约定财产制的成立必须同时具备实质要件和形式要件，否则，属于无效。其形式要件之一就是约定必须采用书面形式，而许先生、张女士没有书面约定。公司章程中记载的出资数额适用于工商登记，并不一定适用于日后的财产分割。所以，公司工商登记的出资比例不等于夫妻对财产的书面约定。

实践中，具体处理“夫妻公司”的财产分割时，可以考虑以下方案：第一，夫妻双方都有经营能力，并且也愿意继续共同经营的，可以根据《婚姻法》的有关处理夫妻财产的规定，直接分割双方的股权比例；第二，夫妻双方都要求解散公司进行清算，则可在清算后对公司剩余财产根据《婚姻法》的规定进行分割；第三，夫妻一方要求保留公司，另一方要求退出公司并请求获得相应补偿的，可以考虑通过将股权部分转让给第三人的方法来解决，既能使退出的一方的补偿获得实现，又能使公司继续存续下去。但如果没有第三人愿意受让部分股权的，则不能支持另一方退出公司并获得补偿的请求，这是因为，另一方当事人的退出将直接影响公司存续的合法性，还涉及在法律上具有人格的公司的利益，而且根据《公司法》的规定，在公司存续期间，股东只能转让出资，而不得抽回出资。另一方要求退出公司无异于抽回投资。对此人民法院只能确认夫妻双方在公司中的股权比例，至于股权的实现或者转让，应另行处理。

69. 夫妻财产公证如何操作?

婚前财产公证是指公证机关依法对将要结婚或者已婚的男女双方就各自婚前财产和债务的范围及权利的归属问题所达成的协议的真实性、合法性给予证明的活动。婚前财产公证有两种形式：一种是未婚夫妻在结婚登记前达成协议，办理公证；另一种是夫妻双方在婚姻关系存续期间达成协议，办理公证。当前社会中因为婚前财产引起的纠纷越来越多。在婚前进行财产公证是防止双方将来在离婚时因婚前财产问题发生纠纷的一个重要手段。结婚前或结婚后，男女双方可以依法到公证机关对各自的财产、债务的范围、权利归属问题进行公证，经过公证的财产约定将会得到法律认可，是解决婚姻、财产纠纷的可靠的法律依据。对于稳定家庭关系和财产关系，预防婚姻纠纷，保护夫妻双方的合法权益很有益处。当然，财产是否要公证还是要看夫妻或恋人的态度，只能自愿，法律上没有强迫之意。

※生活实例※一纸“财产约定”，挽救一个婚姻①

李福荣与张大牛在婚后自己投资办了一个小加工厂，在夫妇俩的共同努力下，日子也越过越红火，家里有存款十几万。但张大牛逐渐养成了酗酒的恶习。李福荣不能劝，一劝就挨打，李福荣多次被打得头破血流。张大牛的暴力行为多次受到区妇联和街道民政科的批评，但仍无济于事。一次吵架后，张大牛不但动手打了妻子，还把家里的存折全都拿走了。李福荣经再三考虑决定与张大牛离婚。当李福荣找到律师事务所请律师代理时，才发现拿走全部存折的丈夫可能是为了转移财产，这样她就什么都没有了。在律师的建议下，李福荣向当地人民法院申请诉前财产保全，人民法院裁定支持，第二天承办法官到银行冻结了李、张的存款，随后李福荣向法

---

① 巩沙、郝惠珍主编：《以案说法——婚姻家庭法篇》，中国人民大学出版社2005年版，第139页。

院提起了离婚诉讼。

法庭审理时，张大牛辩解说，他只是在喝酒后发脾气，只因为这几年生意不好，精神压力大才经常喝酒的，这些他以后会注意。他把存折拿走，只是因为刚刚吵完架一赌气，并没有把钱全拿走的意思，并愿意向妻子道歉。李福荣听了之后心软了，想给丈夫一次机会。李福荣的代理律师也尊重她的意见，希望这次离婚诉讼能让张大牛省悟，督促他改正错误、用法律约束自己的行为。在法院的调解下夫妻双方作出财产约定："现有存款二人平分，若双方再离婚时各自名下的存款不作为夫妻共同财产来分割。"双方还对财产约定作了夫妻财产公证。

❈**分析解答**❈家庭暴力是引发夫妻离婚的一个重要因素，但是离婚并不是解决家庭暴力的唯一出路和办法。在因家庭暴力引发的离婚案件中，我们在维护妇女人身权益的同时，应兼顾维护其财产权益。在存在家庭暴力的家庭中，丈夫不会尊重妻子的意见，所以妻子已经丧失了在家庭中与丈夫的平等地位，一般也丧失了对财产的处分权。在这种情况下，提倡夫妻约定财产制，可以克服妻子对共有财产的失控状态，保护她们在婚姻家庭中应有的财产权。同时，由于妻子有了独立的财产地位和生活地位，她的生活也会更加独立，从而对施暴的丈夫起一定的约束作用，促进家庭和谐。案例中的李福荣就是通过约定夫妻财产分别所有的方式来保护自己的权益的。

70. 夫妻约定分别财产制的，一方对外所负的债务如何清偿？

我国《婚姻法》第19条第3款明确规定："夫妻对婚姻关系存续期间按所得的财产约定归各自所有的，夫或妻一方对外所负的债务，第三人知道该约定的，以夫或妻一方所有的财产清偿。"根据该规定，有"婚后财产归各自所有"约定的夫妻，夫或妻一方对外所负的债务，在第三人知道夫妻上述财产约定的情况下，夫妻间的财产约定才产生对外法律效力，由夫或妻一方清偿；否则，另一方负有连带清偿责任。至于如何证明第三人知情，最高人民法院《婚姻法司法解释（一）》第18条指出，举证责任在夫妻一方。之所以规定举证责任在夫妻一方，主要是考虑到夫妻的财产约定属于内部契约，在没有有效的公示之前第三人很难知晓。而且第三人知道该约定，是属于夫妻一方的主张，而不是第三人的主张，也符合我国诉讼法规定的“谁主张，谁举证”原则。如果债权人事先不知道债务人实行约定财产制，鉴于日常生活中夫妻间家事代理行为的普遍性，第三人为保护自己的合法权益可以向夫妻双方主张权益，即夫妻间的财产约定只对夫妻双方有约束力，而不能产生对第三人的约束力。我国《婚姻法司法解释（二）》第25条规定：“当事人的离婚协议或者人民法院的判决书、裁定书、调解书已经对夫妻财产分割问题作出处理的，债权人仍有权就夫妻共同债务向男女双方主张权利。一方就共同债务承担连带清偿责任后，基于离婚协议或者人民法院的法律文书向另一方主张追偿的，人民法院应当支持。”

❈生活实例❈夫妻财产内部约定不能对抗不知情第三人[①]

1997年，李军和王平结婚。1998年1月，双方对财产作出约定，明确约定双方婚前、婚后财产均归各自所有。2000年6月，李军辞去工作，拿出自己的积蓄6万元，以个人名义向好友国林借了4万元，声明用于音像店的投资。之后，李军以个人名义投资10万元开办了一家音像店。当时，王平在某大型企业工作，企业效益不错，她不想放弃这份工作，也不想参与丈夫音像店的经营，于是在2000年7月，两人就针对音像店的归属等问题作出一个书面约定，约定中明确了音像店归李军个人所有，盈亏与王平无关。音像店开张之后，生意一直不太景气，之后，李军开始效仿有的同

① 巩沙、郝惠珍主编：《以案说法——婚姻家庭法篇》，中国人民大学出版社2005年版，第143页。

行的做法，销售盗版光盘，后音像店因销售侵权复制品被有关部门查封，李军受到了行政处罚，音像店不得不关门，李军不但没赚到钱，还亏了3万多元。2001年6月，国林找到李军与王平，要求二人还钱，但多次交涉无果，只好起诉到当地法院。

法庭审理过程中，李军表示，自己目前生意失败，一无所有，确实无力偿还债款。王平则表示，我和李军在婚后对各自收入和音像店盈亏均有过财产约定，根据财产约定，音像店归李军个人所有，由李军个人经营，盈亏由李军自负，和自己没有关系，而且李军音像店的收入从来没有用于家庭生活，加之两人目前关系紧张，正准备离婚，自己无论在法律上还是在道义上都没有替李军偿还这笔借款的义务。国林指出，李军从未告诉自己他们有夫妻财产约定，他根本不知道李军、王平之间的约定，该约定对他没有法律效力。既然李军和王平目前是夫妻关系，在李军支付不起的情况下，王平应当对这笔债务负有清偿责任。

一审法院以“李军、王平不能提供国林知道两人之间的财产约定的证据，国林对夫妻财产约定不知情”为由，认为该约定不能对抗债权人国林，判决4万元由李军、王平两人共同偿还。王平不服，提起上诉。二审法院审理后认为，一审法院认定事实清楚，适用法律正确，遂维持一审判决。

※分析解答※本案中，虽然李军、王平约定婚姻关系存续期间所得的财产归各自所有，李军所负债务应认定为个人债务，但李军夫妻双方由于举不出第三人国林知道李军夫妻上述财产约定的证据，理应承担败诉的结果。因此，第三人即债权人国林有权要求王平与李军共同承担李军所欠的债务。当然，王平在清偿完李军所欠债务后，有权依双方财产约定要求李军偿还自己代为清偿的债务。

71. 夫妻间可以为“忠诚义务”约定违约责任吗？

虽然我国婚姻法规定了夫妻之间有忠诚的义务，离婚时一方有与他人同居等过错行为的，另一方可以获得赔偿，但是这样的赔偿总不如约定来得准确、直接。只要双方在自愿的情况下签订类似的惩罚出轨一方的协议，法律是会予以承认的，这样的协议也会在离婚的时候最大化地保护受害者的利益。当然，对于这个问题，不同的法官可能会有不同的看法。

※生活实例1※违反“忠诚协议”，丈夫赔偿妻子[①]

于力与王婉萍1999年通过征婚相识。由于两人都是再婚，婚后初期，为慎重起见，他们于2000年6月2日共同签署了一份协议书，对婚前婚后财产的归属权作了约定。同时，两人还约定在共同生活期间互敬互爱，对家庭、配偶、子女有道德观和责任感，并特别在协议第三项“违约责任”第二条中规定：“若一方在婚期内由于道德品质上的问题，出现背叛另一方不道德的行为（婚外情），并要以事实为依据，将受到法律制裁和经济赔偿，作为一方对另一方名誉损失及精神损失等赔偿，双方商定赔偿金额为30万元人民币。”

其后不久，王婉萍就发现，于力与前妻有不正当关系。后又发现于力与其他女性一起进入于力在常州的家，至次日凌晨1时仍未离开。夫妻俩矛盾不断加剧。于力遂向法院提出离婚。法院判决他们离婚后，王婉萍以于力违反“忠诚协议”为由提出反诉，要其支付30万元违约金。

虽然于力方面坚持“该协议条款是无效的”，但法院认为，该条款是夫妻双方对抽象的“夫妻忠实责任”的具体化，并未违反婚姻法的原则和具体规定。法院认为，王婉萍和于力在自愿基础上订立的协议有效，且王婉萍提供的证据证实了于力与其他女性的一些行为，依常理推断，可以认为他已经违背了夫妻间关于彼此忠实的约定。故判决于力支付王婉萍30万元，同时承担7000余元的案件受理费。

---

① 何文庆、陈越骏：《丈夫违反“忠诚协议”　被判赔偿妻子30万》，载中国法院网，http：//www. chinacourt. org/public/detail. php？id＝7965。

❖**分析解答**❖《婚姻法》第 4 条规定，夫妻应当互相忠实，互相尊重。最高人民法院《关于适用〈中华人民共和国婚姻法〉若干问题的解释（一）》第 3 条规定，“当事人仅以《婚姻法》第 4 条为依据提起诉讼的，人民法院不予受理；已经受理的，裁定驳回起诉”。但当事人以《婚姻法》第 4 条为基础而订立的协议为起诉依据，向法院起诉的，人民法院应当受理。忠诚协议对于维系婚姻稳定有一定的积极作用。既然婚姻法没有明确禁止夫妻就忠诚问题进行约定，当事人又没有主张协议的订立过程存在欺诈、胁迫等违背双方的真实意愿的情形，法律不应当对此协议加以否定。

❖**生活实例 2**❖**协议约定精神损害赔偿有效**①

1993 年，巫女士与关先生登记结婚。婚后感情尚好，并生有一女。从 1999 年起，关先生开始与方某来往，两人开始同居。2004 年 4 月，巫女士发现了关先生的不轨行为，关先生也承认其与第三者非法同居的过错，于是夫妻二人于 7 月 3 日签订了《婚内财产约定》，约定如关先生再与方某来往，就在离婚时将住房、室内全部物品及轿车全部归巫女士所有，并向巫女士支付精神损害赔偿金 101 万元。当时，关先生表示愿意痛改前非，否则相关财产即按约定执行。但之后关先生一直未中断与方某的来往，仍与其同居。巫女士一气之下诉至法院，请示判决与关先生离婚，并要求女儿由自己抚养，并按约定将住房、室内全部物品及轿车归自己所有，并向自己支付精神损害赔偿金 101 万元。

在法庭审理中，关先生则说，自己与巫女士结婚多年，婚后感情平淡，由于双方性格及处理事情的方式相差甚远，加之巫女士对其过多的干预导致双方感情日趋冷淡，感情完全破裂，同意离婚。但是关先生对巫女士所述他与方某有不正当关系，没有事实依据。自己的住房及室内物品、汽车及在巫女士处的存款可归巫女士所有，但不同意给付巫女士精神损害赔偿金。

---

① 郝蓬、秦芳芳：《一起离婚案判赔女方精神损害百万》，载北京法院网，http：//bjgy. chinacourt. org/public/detail. php? id = 36487。

经审理后法院认为，双方签订的《婚内财产约定》，虽涉及财产分配、孩子抚养、精神损害赔偿等多项内容，但该约定系双方当事人真实意思表示，应为有效，并对双方均有约束力。因关先生在婚姻生活中确与他人同居，导致夫妻感情破裂，系过错方，巫女士有权请求关先生给予精神损害赔偿，应按照约定数额给付。于是法院判决巫女士与关先生离婚，女儿由巫女士抚养，关先生每月给付抚养费5000元至孩子满18周岁时止；夫妻二人的住房、室内全部物品及轿车归巫女士所有，男方赔偿女方精神损害赔偿金101万元。

❈分析解答❈在中国，很少有人实行夫妻财产约定制，即使有也不被大多数人理解，甚至被人们耻笑，认为夫妻之间还分得这么清楚，他们的感情也早晚得出问题。但是事实上，能够进行财产约定可以促进夫妻双方创造财富的积极性，在某些情况下也使一方可以通过约定保护自己的合法权利。在本案中，巫女士与丈夫进行财产约定本是想制约丈夫的出轨行为，虽然没有起到遏制的作用，这项约定却在离婚的时候起了很大的作用，巫女士也最大化地得到了赔偿。

第十章 抚养纠纷

抚养是指父母对未成年子女日常起居和学习生活等方面进行养育和照料，保证其健康成长。抚养既包括喂养、照顾子女，也包括提供子女生活费用等。[①] 抚养纠纷主要包括夫妻双方离婚后的子女抚养费纠纷和变更抚养关系纠纷。

72. 什么是亲子（父母子女）关系？

父母子女关系又称为亲子关系，是指父母和子女之间法律上的权利义务关系。根据我国婚姻法的规定，父母子女关系可分为两大类：

(1) 自然血亲的父母子女关系。这是基于子女出生的法律事实而发生的，其中包括生父母和婚生子女的关系、生父母和非婚生子女的关系。其特点为：自然血亲的父母子女关系，只能因依法送养子女或父母子女一方死亡的原因而终止。在通常情况下，他们之间的相互关系是不允许解除的。

婚生子女是指在婚姻存续期间受胎或出生的子女。在婚姻存续期间，妻子受胎所生的子女，推定为婚生子女。婚前受胎而在婚姻关系存续期间出生的子女，视为婚生子女。

非婚生子女是指没有婚姻关系的男女所生的子女。《婚姻法》

---

① 万鄂湘、张军主编：《民事法律文件解读》，人民法院出版社 2008 年版，第 40 页。

第 25 条规定，“非婚生子女享有与婚生子女同等的权利，任何人不得加以危害和歧视。不直接抚养非婚生子女的生父或生母，应当负担子女的生活费和教育费，直至子女能独立生活为止。”

（2）拟制血亲的父母子女关系。这是基于收养或再婚的法律行为以及事实上抚养关系的形成，由法律认可而人为设定的。包括养父母和养子女的关系，继父母和受其抚养教育的继子女的关系。其特点为：拟制血亲的父母子女关系，可因收养的解除或继父（母）与生母（父）离婚及相互抚养关系的变化而终止。

养父母和养子女间的权利和义务因合法的收养关系而形成。养父母和养子女间适用婚姻法对父母子女关系的有关规定。继子女是指夫与前妻或妻与前夫所生的子女，继父母是指父之后妻或母之后夫。继父或继母和受其抚养教育的继子女间的权利和义务，适用婚姻法对父母子女关系的有关规定。

我国《婚姻法》对父母子女关系作了以下明确的规定：

（1）父母对子女有抚养教育的义务

《婚姻法》第 21 条规定：“父母对子女有抚养教育的义务；父母不履行抚养义务时，未成年的或不能独立生活的子女，有要求父母付给抚养费的权利。”这一法规说明，抚养教育子女既是父母应尽的义务，又是子女应享的权利。

抚养是指父母在经济上对子女的供养和在生活上对子女的照料，包括负担子女的生活费、教育费、医疗费等。父母对子女的抚养义务是无条件的。离婚后的父母，不论子女由哪方抚养，另一方都不因此免除其对子女的抚养义务。在一般情况下，父母的抚养义务到子女成年即年满 18 周岁为止。但如果成年子女不能独立生活的，父母也应当抚养。不能独立生活的子女是指尚在校接受高中及其以下学历教育，或者丧失或未完全丧失劳动能力等非因主观原因而无法维持正常生活的成年子女。

教育是指父母在思想品德、学业上对子女的关怀和培养。《义务教育法》规定，适龄儿童、少年的父母或者其他法定监护人应当依法保证其按时入学接受并完成义务教育。适龄儿童、少年的父母或者其他法定监护人无正当理由未依照本法规定送适龄儿童、少年入学接受义务教育的，由当地乡镇人民政府或者县级人民政府教育行政部门给予批评教育，责令限期改正。

（2）父母对未成年子女有保护和教育的权利义务

《婚姻法》第23条规定："父母有保护和教育未成年子女的权利和义务。在未成年子女对国家、集体或他人造成损害时，父母有承担民事责任的义务。"

保护是指父母应保护未成年子女的人身安全和合法权益不受侵害。教育在这里是指管教，指父母按照法律和道德规范的要求，采用适当的方法对未成年子女进行管理和教育。父母是未成年子女的法定监护人和法定代理人，当未成年子女的合法权益受他人侵害时，父母应以法定代理人的身份维护子女的合法权益。在未成年子女对他人造成损害时，父母有承担民事责任的义务。无民事行为能力人、限制民事行为能力人造成他人损害的，由监护人承担民事责任。监护人尽了监护责任的，可以适当减轻他的民事责任。夫妻离婚后，未成年子女侵害他人权益的，同该子女共同生活的一方应当承担民事责任；如果独立承担民事责任确有困难的，可以责令未与该子女共同生活的一方共同承担民事责任。

（3）子女对父母有赡养扶助的义务

《婚姻法》第21条规定："子女对父母有赡养扶助的义务。子女不履行赡养义务时，无劳动能力的或生活困难的父母，有要求子女付给赡养费的权利。"这一条款说明，父母子女间的权利义务是对等的。父母抚养了子女，对社会和家庭尽到了责任。当父母年老体衰时，子女也应尽赡养扶助父母的义务。

赡养扶助主要是指子女在经济上为父母提供必需的生活用品和费用，在日常生活上给予照顾，在精神上予以关怀，在父母不能自理或患病时予以看护。子女对父母物质上的供养扶助是有条件的。首先，父母必须是无劳动能力或生活困难者。有足以维持自己生活的可靠收入的父母不需要子女供养。其次，子女必须成年且有赡养能力。

(4) 父母子女有相互继承遗产的权利

《婚姻法》第24条规定："父母和子女有相互继承遗产的权利。"这一权利是基于双方的特定身份而产生的。依照我国继承法，子女和父母互为第一顺序的法定继承人。父母死亡时，子女有继承他们遗产的权利；子女死亡时，父母有继承他们遗产的权利。父母子女均为独立的继承主体。子女，包括婚生子女、非婚生子女、养子女和有抚养关系的继子女；父母，包括生父母、养父母和有抚养关系的继父母。形成抚养关系的继子女和继父母，为拟制直系血亲，继子女继承了继父母遗产的，仍可以继承生父母的遗产。但是，继子女如果已依收养法被继父或继母收养，则不得继承不与其共同生活的生父或生母的遗产了。在具体分配遗产时，遵循继承法的遗产分配原则、方法，使父母或子女的继承权得以实现。如果子女先于父母死亡的，分割父母遗产时，先死亡子女的晚辈直系血亲享有代位继承权。被继承人死亡时尚未出生的胎儿，依法应为其保留继承份额。

73. 离婚后，子女应该由哪一方抚养？

离婚时，对于子女归谁抚养问题，往往容易发生争执。根据《婚姻法》和最高人民法院《关于人民法院审理离婚案件处理子女抚养问题的若干具体意见》的规定，应当从有利于子女的身心健康、保障子女的合法权益出发，结合父母双方的抚养能力和抚养条件等具体情况，对子女抚养的归属问题，采用下列几种原则来予以确定：

(1) 哺乳期内的子女抚养

根据《女职工劳动保护规定》第9条，哺乳期是指婴儿从出生到满1周岁这一期间。女职工哺乳婴儿满周岁后，一般不再延长哺乳期。如果婴儿身体特别虚弱，经医务部门证明，可将哺乳期酌情延长。如果哺乳期时正值夏季，也可延长1~2个月。

值得注意的是，新《婚姻法》将一般宜由母亲抚养的时间界限规定为哺乳期，改变了最高人民法院《关于人民法院审理离婚案件处理子女抚养问题的若干具体意见》确定的2周岁的界限。

离婚后，哺乳期内的子女，一般以随哺乳的母亲抚养为原则。哺乳期内的子女，由于年龄因素，其对母亲生理上的需求、心理上的依赖，是父亲所不能替代的。加之女性与生俱来的温柔、耐心、细致等性格上的优势，无疑较父亲更能胜任抚养婴幼儿的职责。对男方而言，其应认识到虽然离婚，子女仍然是双方的子女，但哺乳期的子女随母亲生活对子女的健康成长更为有利，所以，应努力配合女方抚养好子女。

但是如果母亲患有久治不愈的传染性疾病或严重疾病，子女不宜与其共同生活的，或女方有抚养条件不尽抚养义务，或者有其他原因，子女确实无法随母亲生活的，可随父亲生活。如果父母双方协议两周岁以下子女随父方生活，并对子女健康成长无不利影响的，也可予准许。

（2）哺乳期后的子女抚养

两周岁以下的子女，一般随母亲生活。母方有下列情形之一的，可随父方生活：患有久治不愈的传染性疾病或其他严重疾病，子女不宜与其共同生活的；有抚养条件不尽抚养义务的，而父方要求子女随其生活的；因其他原因，子女确无法随母方生活的。

两周岁以上未成年的子女的抚养，首先由父母双方协商安排，在有利于保护子女利益的前提下既可以随父方生活，也可以随母方生活，还可以由双方协议轮流抚养子女。如果父母协商不成，由法院综合考虑父母双方的抚养能力和抚养条件，包括父母双方的个人素质、对子女的责任感、家庭环境、经济能力、与子女的感情等因素，根据有利于保护子女健康成长的原则进行裁决。

父方和母方均要求随其生活，一方有下列情形之一的，可予优先考虑：①已做绝育手术或因其他原因丧失生育能力的；②子女随其生活时间较长，改变生活环境对子女健康成长明显不利的；③无其他子女，而另一方有其他子女的；④子女随其生活，对子女成长有利，而另一方患有久治不愈的传染性疾病或其他严重疾病，或者有其他不利于子女身心健康的情形，不宜与子女共同生活的。

※生活实例1※子女的抚养安排应有利于子女成长[①]

原告杨某、被告吉某于1989年4月登记结婚，1991年11月生育一子。婚后为琐事常有争吵。2000年4月，原告要求与被告协议离婚未成，便携子住回娘家与被告分居，并诉至法院，要求离婚。由于被告要求夫妻和好，表示愿意付清拖欠的抚养费，法院未支持原告的离婚请求。之后，原、被告之间的关系未有改善，被告亦未给付子女抚养费。

法院经审理认为：2000年法院判决不准离婚后，被告未能履行当庭的承诺，致夫妻感情彻底破裂，原告要求与被告离婚之诉应予准许；双方所生之子长期以来多数时间由原告照顾，所以，离婚后子女随原告共同生活有利，被告应按其收入比例支付抚养费并补付拖欠的抚养费。

※分析解答※本案中，双方所生之子多数时间由原告照顾，离婚后子女随原告共同生活有利，所以，法院判决子女随杨某共同生活。

此外，父母双方对10周岁以上的未成年子女随父或随母生活发生争执的，应考虑该子女的意见。

※生活实例2※子女意见并非判定监护权的唯一根据[②]

姜女士与李先生经法院调解离婚，协议儿子小强由姜女士抚养，李先生每月负担抚养费50元。小强从8岁起跟随姜女士共同生活至今，现已17岁。姜女士与李先生均已再婚。姜女士再婚后生有一子，现年5岁。姜女士的第二任丈夫三年前因犯罪被判刑，姜女士与其离婚后，双方之子小壮也由姜女士自己抚养。李先生再婚后生有一女，现年3岁。姜女士为美发店个体经营者，李先生为

---

① 吕国强：《婚姻家庭案例精选》，上海人民出版社2006年版，第94页。

② 韩晓飞：《子女意见并非判定监护权的唯一根据》，载北京法院网，http：//bjgy. chinacourt. org/public/detail. php？id = 70130。

某公司职工，月收入1038元。

现姜女士以其经济困难，无力抚养两个孩子，且小强愿意跟随其父生活为由，要求变更小强的抚养关系。李先生以其已重新组建家庭，经济状况不好，上班时间不固定为由，坚决拒绝变更抚养关系。

在庭审过程中，法官征求了小强的意见，其表示愿意随父亲生活，但当法官详细询问他与父亲的关系时，他说他父亲从不来看望他，也不给他抚养费，当问及他为什么愿意跟随父亲生活时，他说母亲经济困难，无力抚养他。

最终，法院判决驳回姜女士变更抚养关系的诉讼请求。

❈分析解答❈10周岁以上的未成年人，已具备了一定的辨识能力，属于限制民事行为能力人，可以进行与其年龄、智力相适应的民事行为，并能预见相应的行为后果。在与父母共同生活中，子女已熟悉父母的脾气性格、经济能力、与自己感情的亲疏远近、对家庭所负责任的强弱等。在父母感情发生变故、家庭关系处于动荡时期，10周岁以上的子女已有能力对父母离婚后，谁能给自己带来相对稳定的生活和教育环境，谁能给予自己更多的亲情与关爱作出相应的判定。但是，未成年人毕竟是限制行为能力人，认识判断能力毕竟有限，有时看到的是事物的外表，如果有确切证据证明其选择明显不利于其健康成长的，法院应当从保障未成年子女合法权益的原则出发作出有利于子女健康成长的裁判。

虽然法律规定变更抚养关系要征求10周岁以上未成年子女的意见，但孩子的意见并不是判案的唯一依据。本案中，李先生平时既不探望小强，也不主动给其抚养费，对小强的生活不够关心，现在又坚决拒绝接纳小强，显然，小强跟随其父生活难以得到应有的父爱和家庭的温暖。同时，李先生已重新组建家庭，且又生一女，如果变更抚养关系，极有可能引起家庭矛盾，对小强的身心造成巨大伤害。姜女士自己经营一家美发店，有较稳定的收入来源，且自其第二任丈夫入狱以来，一直独立抚养两个子女，说明具有抚养能力，即使其经济确实困难，也可以通过要求李先生增加抚养费等途径解决。小强随母亲共同生活已经9年，与母亲的感情较深，显然由母亲继续抚养对小强的身心健康更为有利。虽然小强表示愿意跟随其父生活，但其理由并非出于感情上的因素，而仅仅是从经济上考虑。对于变更抚养关系的后果，小强并没有充分考虑到。因此，不能仅仅根据孩子的意见判定监护权的归属。综合考虑以上因素，为了小强能够健康成长，其仍由姜女士继续抚养为宜。

父方与母方抚养子女的条件基本相同，双方均要求子女与其共同生活，但子女单独随祖父母或外祖父母共同生活多年，且祖父母或外祖父母要求并且有能力帮助子女照顾孙子女或外孙子女的，可作为子女随父或随母生活的优先条件予以考虑。

❉生活实例3❉孩子长时间随外祖父母生活，对法院判决抚养权归属有影响吗[①]

原告丁某与被告袁某因双方感情破裂决定离婚。但是对于孩子的抚养没有达成一致意见。袁某主张孩子应由自己抚养，丁某每月支付抚养费500元。丁某则认为孩子应由自己抚养，理由是孩子出生后一直是自己的父母在照顾，并且孩子的学校距自己父母家也比较近，孩子现在都适应了这一切，如果由被告抚养，会对孩子的生活学习环境造成很大变化，对孩子成长不利。

袁某则认为，假如孩子由原告抚养，实际上是其父母在带，由于原告父母思想方面比较守旧，对孩子已经造成不利影响，因此法院不宜将孩子的抚养权判给原告。

法院经审理后认为，由于孩子与外祖父母生活的时间较长，并且学校距外祖父母家较近，如果判由袁某抚养，势必造成孩子上学的不便，这对孩子的生活、学习环境造成了很大的改变，不利于孩子的成长。被告袁某称原告的父母对孩子的成长造成不利影响，但是没有提供相关证据，法院不予以支持。法院最终判决：孩子由原告丁某抚养，被告每月支付600元抚养费。

---

① 贾明军、王常栋：《现代婚姻家庭经典案例》，上海交通大学出版社2008年版，第208页。

※**分析解答**※父母双方离婚，在抚养条件基本相同的情况下争夺子女的抚养权，如果祖父母或外祖父母对孩子照顾较多，会成为法院判决抚养权归属的一个有利条件。在本案中，原告与被告抚养子女的条件基本相同，双方均要求子女与其共同生活，但是由于孩子与外祖父母生活的时间较长，并且学校距外祖父母家较近，孩子接受外祖父母的照顾较多，因而如果由丁某抚养孩子，更有利于孩子的成长。相比之下，如果由袁某抚养孩子，势必造成孩子上学的不便，这对孩子的生活、学习环境造成了很大的改变，不利于孩子的成长。因此，法院判决孩子由原告抚养。

（3）抚养关系的变更

如果子女随父或母一方共同生活一段时间后，父母的抚养条件发生重大变化或者子女要求变更抚养关系，可以通过父母协商变更；如果协商不成，可以向法院起诉。根据最高人民法院《关于人民法院审理离婚案件处理子女抚养问题的若干具体意见》第16条的规定，有下列情形之一的，法院予以变更抚养关系：

①与子女共同生活的一方，因患严重疾病或因伤残无力继续抚养子女的；

②与子女共同生活的一方不尽抚养义务或有虐待子女行为，或其与子女共同生活对子女身心健康有不利影响的；

③10周岁以上未成年子女，愿随另一方生活的，该方又有抚养能力的；

④有其他正当理由需要变更的。

※**生活实例4**※**离婚后，一方在什么情况下可以要求变更抚养权**[①]

原告刘某与被告毛某原系夫妻关系，2002年经法院判决离婚。离婚时，刘某很希望孩子能随自己共同生活，但是因为自己无力抚养孩子，所以没有主张孩子的抚养权，法院遂判决孩子由毛某抚

---

① 贾明军、王常栋：《现代婚姻家庭经典案例》，上海交通大学出版社2008年版，第217页。

养，刘某每月支付孩子抚养费300元。

离婚后，双方约定：刘某每月第三个周六去看望孩子。但是每次刘某前去探望总会和毛某有些不愉快。

2005年刘某经济条件得到了很大的改善。于是刘某向法院提起变更孩子抚养权之诉。刘某提出支持自己诉请的理由是现在自己的经济条件有了很大改善，有能力抚养孩子。而且孩子也表示在毛某的新家庭里生活得不好，不愿继续与毛某生活。毛某辩称：孩子现在才6岁，孩子的意见可能是受原告的不正当影响，所以认为孩子的意见不能作为变更抚养权的理由。

法院审理后认为，原告称孩子与毛某生活得不好，但是并未提供证据证明，法院不予采纳。关于孩子的意见，因为孩子尚未满10周岁，所以法院不予采信。原告探望孩子问题，双方已提供协商途径解决，原告以自己经济条件改善为由要求变更孩子抚养权，于法无据，法院不予支持。最终法院判决驳回原告刘某的诉讼请求。

※分析解答※根据有关法律的规定，夫妻双方离婚后，孩子的抚养权归一方所有时，并不是固定不变的，可能发生变更。双方当事人可以先行协商子女的抚养权问题，如果协商不成，要求变更的一方有权向人民法院提起诉讼请求变更抚养权。

本案中原告刘某并没能举证证明被告毛某存在不利于孩子健康成长的情形，而提出的另外一点：孩子表示不愿意与毛某继续生活，也不能成为变更抚养关系的理由。因为6周岁的孩子还属于无民事行为能力人，不能作出自己的选择。根据上述意见中的有关规定，只有10周岁以上能准确表达自己意思的孩子作出的变更抚养权的表示才可能被法院采纳。所以法院最终驳回了刘某的诉讼请求。

74. 人工授精子女由谁抚养？

根据《人类辅助生殖技术管理办法》第24条的规定，人工授精一般情况下可分为两种情况：一种是由丈夫提供的精子，这样所生育的子女与正常受孕所生育的子女法律地位完全相同；另一种是由丈夫以外的男性提供的精子，所生子女仅与妻子有血缘关系，而与丈夫无血缘关系。

最高人民法院《关于夫妻离婚后人工授精所生子女的法律地位如何确定的复函》指出，在夫妻关系存续期间，双方一致同意进行人工授精，所生子女应视为夫妻双方的婚生子女，父母子女之间的权利义务关系适用《婚姻法》的有关规定。据此，事先未经丈夫同意进行人工授精所生的子女则不能取得婚生子女的法律地位。

※生活实例※婚内夫妻双方协商人工授精子女视同婚生子女①

原告张某与被告李某于 1988 年 9 月结婚，婚后多年不孕，经医院检查，是李某无生育能力。1995 年年初，二人通过熟人关系到医院为张某实施人工授精手术。不久，张某怀孕，并于 1996 年 1 月生育一子。之后，夫妻双方感情破裂。原告诉至法院，要求与被告离婚，自己抚养儿子，被告支付抚养费。

人民法院经审理认为，原告张某与被告李某感情已破裂，应当准予离婚。婚姻关系存续期间所生一子是夫妻双方在未办理书面同意手术的情况下，采用人工授精方法所生。实施人工授精时，李某在现场并未提出反对或者不同的意见；孩子出生后的 7 年中，李某一直视同亲生子女抚养，即使在夫妻发生矛盾后分居不来往时，李某仍寄去抚养费。根据婚姻法的立法精神和最高人民法院的复函规定，张某和李某婚姻关系存续期间所生的孩子，应当视为夫妻双方的婚生子女。李某现在否认当初同意张某做人工授精手术，并借此拒绝负担对孩子的抚养义务，其理由不能成立。经征求孩子本人意见，孩子表示愿意随母亲生活，应予同意。据此，法院判决：准予原告张某、被告李某离婚；孩子由原告张某抚养教育，被告李某自 2003 年 7 月起每月支付孩子抚养费 300 元，

---

① 朱和庆：《婚姻家庭法案例与评析》，中山大学出版社 2005 年版，第 114 页。

至其独立生活为止。

※**分析解答**※本案中夫妻双方商定由医院采用他人的精液对张某实施人工授精，使其怀孕。因为都是通过关系找人进行的，故没有办理书面的同意文件。李某在离婚时否认张某进行人工授精经其同意，因此不愿意承担孩子的抚养费。虽然张某受孕分娩的男孩系父方以外的精子与女方卵子结合受孕而生，但并非与李某没有关系。当初实施人工授精时，李某在现场，并未提出反对或者不同的意见；孩子出生后的7年中，李某一直视同亲生子女抚养，即使在夫妻发生矛盾不来往时，李某仍寄去抚养费。所以法院认定当初李某同意张某进行人工授精。因此，张某与李某婚姻关系存续期间所生的儿子，应当视为夫妻双方的婚生子女，其与李某、张某之间的权利义务关系与亲生父母子女之间的权利义务关系一样得到承认和保护。

依据我国《婚姻法》的规定，无论子女随哪一方生活，父母对子女都有抚养教育的义务。因此，在本案中，张某和李某都有抚养教育子女的义务。本案中的孩子未满10周岁，因此他的意见暂不考虑。因为张某坚决要求抚养儿子，且无明显不利于其健康成长的事实和行为，所以法院判决由张某负责抚养小孩，由李某承担抚养费，直至孩子独立生活时止。

75. 年满18周岁的成年子女可以要求父母抚养、资助吗?

法律规定了在两种情况下，成年子女可以要求父母支付抚养费：一是虽已成年但是尚在接受高中及其以下阶段的学历教育；二是非因主观原因导致确实不能独立生活的，如患有精神病、残疾等确实无法凭自己实力独立生活的。除此之外，对成年子女，父母不再负有抚养义务，无须支付抚养费。

※生活实例1※父母离婚后，仍对上大学的成年子女有抚助的义务[①]

张先生与李女士离婚后，双方所生之子张某被判归李女士抚养，张先生每月给付抚养费300元至张某18周岁。后张先生再婚。2007年，张某19岁，并于同年9月考上大学，但李女士支付不起高额的学费，要求张先生抚养孩子，张先生碍于现在的妻子不同意。现张某起诉至平谷法院，要求张先生履行抚养义务。

日前，平谷法院经审理，判定张先生对张某承担抚养抚助义务，在张某上大学期间，张先生每学期给付张某3000元，至张某大学毕业。

※分析解答※子女年满18周岁仍不能独立生活，确需父母给付必要的生活费、教育费的，应另行起诉。人民法院可视具体情况作出合理判决。正在上大学的成年子女，可以认为是因为非主观原因无法维持正常生活的情况，父母有义务进行资助。在校就读的成年子女，其父母确无给付能力，本人又能通过申请助学贷款等方式维持正常生活和学习的，其父母可以不再承担其生活费、教育费。

成年子女有独立生活能力和条件，没有特殊情况而要求父母给付生活费的，人民法院可不予支持。

※生活实例2※成年患病子女能否要求父母支付抚养费[②]

原告刘甲是被告刘某的亲生女儿。1999年刘某与原告的母亲郑某离婚，法院判决原告随母亲郑某生活。刘甲成年后，因精神受到刺激，患上了精神病。患病后一直由母亲照料。2005年郑某下岗，只有靠领社保金维持生活，但是这不足以维持母女两人的正常生活和刘甲的治疗。同年10月，郑某作为刘甲的监护人以刘甲的名义向法院提起诉讼，要求刘某支付刘甲的生活和治疗费用。但刘

---

① 张翠萍：《父母离婚后，仍对上大学的成年子女有抚助的义务》，载北京法院网，http：//bjgy. chinacourt. org/public/detail. php？id＝60850。

② 贾明军、王常栋：《现代婚姻家庭经典案例》，上海交通大学出版社2008年版，第229页。

某却以刘甲现在已经成年，自己没有抚养义务为由拒绝支付抚养费。

法院经审理后认为：不能独立生活的成年子女，有要求父母支付抚养费的权利。刘甲虽已成年，但是患有精神病，生活不能自理，刘某作为刘甲的父亲理应支付抚养费。法院判决：刘某每月支付抚养费600元。

❋**分析解答**❋通常情况下，父母对成年子女无抚养义务，但并不是绝对的。如果成年子女因患有精神病、残疾等客观原因确实无法独立生活的，父母也要支付抚养费，履行抚养义务。本案原告患有精神类疾病无法正常工作生活，没有经济来源，符合“不能独立生活”的条件，因此被告应支付原告一定的抚养费。

76. 如何确定子女抚养费数额?

我国《婚姻法》规定，无论由哪方直接抚养子女，双方均有抚养、教育子女的权利和义务。子女随其生活的一方对子女的生活、学习负有直接的抚养教育义务；另一方的抚养教育的义务一般体现在给付抚养费、教育费上。至于抚养费负担数额的多少和期限的长短，则应在不损害子女合法权益的基础上，首先由双方当事人协商解决；如果协议不成，人民法院再就子女抚养费依法予以判决。

最高人民法院《关于人民法院审理离婚案件处理子女抚养问题的若干具体意见》及《关于适用〈婚姻法〉若干问题的解释(一)》等司法解释中对抚养费的标准和范围作出了具体的规定：子女抚育费的数额，可根据子女的实际需要、父母双方的负担能力和当地的实际生活水平确定。有固定收入的，抚育费一般可按其月总收入的20%至30%的比例给付。负担两个以上子女抚育费的，比例可适当提高，但一般不得超过月总收入的50%。无固定收入的，抚育费的数额可以据当年总收入或同行业平均收入，参照上述比例确定。有特殊情况的可适当提高或降低上述比例，比如，如果夫妻离婚后，一方或双方下岗、待业等，收入偏低，按其月总收入20% ~30%比例付给抚育费不能满足子女实际需要的，人民法院可以依据子女生活和教育的实际需要，酌情确定抚育费的数额。上述“抚养费”，包括子女生活费、教育费、医疗费等费用。

抚养费应定期给付，有条件的可一次性给付。不管是何种给付方式，都应有利于充分保证子女能够及时得到抚养费。

抚养费的给付期限，通常是到子女能够独立生活时止，一般至子女18周岁为止。16周岁以上不满18周岁，以其劳动收入为主要生活来源，并能维持当地一般生活水平的，父母可停止给付抚养费。

❈生活实例❈子女抚养费确定须考虑父母负担能力和当地实际生活水平①

周某与罗某离婚时约定，女儿小婷由周某自行抚养。现小婷在一所私立学校上高中，每年学费、住宿费、伙食费等固定花销12000多元，故起诉要求罗某每月给付抚养费500元。罗某以其无业，无抚养能力为由，拒绝给付抚养费。法院最终判决罗某每月给付抚养费180元。

❈分析解答❈子女生活水平及受教育的条件，应以满足子女的实际需要并符合双方的现有经济条件为限。小婷就读于私立学校，致使其学习和生活费用大幅度增加，超过了罗某和周某的负担能力。被告罗某系一名下岗职工，暂时没有工作，每月靠领取失业救济金生活，如果再让其支付过高的抚养费，必定会对罗某的正常生活造成严重影响，此时就不必拘泥于法律上关于抚养费支付比例的原则性规定，而可以适当降低抚养费的支付比例。至于法院判决被告罗某按月给付子女生活费180元，是在综合衡量父母的负担能力和当地的生活水平，以及子女的实际生活需要的基础上作出的。

---

① 韩晓飞：《子女抚养费确定须考虑父母负担能力和当地实际生活水平》，载北京法院网，http：//bjgy. chinacourt. org/public/detail. php? id =75190。

77. 离婚后，一方不支付抚养费怎么办?

离婚诉讼中，夫妻一方以另一方长期拒付抚养费为由请求另一方支付起诉前的抚养费的，人民法院不予支持，但有证据证明夫妻确实已经分居的除外。

当事人在离婚诉讼中未提出抚养费请求，离婚判决书也未明确抚养费负担，离婚判决生效后，直接抚养方以子女名义起诉请求另一方负担离婚判决后至其起诉前的抚养费的，人民法院不予支持。

当事人在离婚协议中仅约定子女由一方抚养，未约定另一方负担抚养费，一方在协议离婚后以子女名义起诉请求另一方负担协议离婚后至其起诉前的抚养费的，人民法院不予支持。

当事人在离婚协议中已经约定抚养费数额，不直接抚养子女的一方未履行给付义务，另一方以子女名义起诉请求该方负担抚养费的，人民法院应予支持；但协议应经明确约定抚养费给付期限，当事人超过诉讼时效的主张，人民法院不予支持。

78. 父母离婚后，子女可以要求变更抚养费吗?

父母离婚时关于子女抚养费的协议或判决，不妨碍子女在必要时向父母任何一方提出超过协议或判决原定数额的合理要求。随着社会经济的不断发展，消费水平日益提高，子女年龄增长，生活、教育、医疗等方面所需要的费用逐渐增加。离婚时根据当时子女的实际需要、父母双方的负担能力以及当地的实际生活水平确定的子女抚养费数额有可能已无法满足子女的需要，为了保证子女的正常生活，有下列情形之一的，子女可以要求变更抚养费，父或母有给付能力的应予支持：（1）原定抚育费数额不足以维持当地实际生活水平的；（2）因子女患病、上学，实际需要已超过原定数额的；（3）有其他正当理由应当增加的，如物价上涨、生活地域发生变化、有给付义务的父母一方的经济条件明显好转或者经济收入明显增加等。

在下列情况下，关于子女的抚养费也可以依据实际情形的变化，依法予以减少或者免除：一是抚养子女的一方再婚，其再婚的配偶愿意负担该继子女的抚养费的一部分或者全部的，另一方的抚养费的负担可以减少或者免除。但应当注意，在这种情况下，这种减少或者免除，是以继父或者继母自愿负担为前提的，如情况发生变化，继父或者继母不愿意负担或者无力负担该项费用的，有给付能力的生父或者生母仍应当按照原定数额给付。二是负有给付义务的一方因出现某种新的情况，确实有实际困难而没有能力实际给付的，可以通过协议或者判决，酌情减少或者免除其原定数额的给付。但这种情况也是有条件的，一旦给付方有能力给付，经济情况好转时，仍然应当继续负担其抚养费的给付义务。

变更抚养费的纠纷中，权利主体是子女，而不是与子女共同生活的父或母一方。但子女一般为无民事行为能力人或限制民事行为能力人，所以，在程序上，离婚后子女要求增加抚养费的案件，以要求增加抚养费的子女为原告，以直接抚养的父或母为法定代表人，以另一方为被告。如果子女已经年满 18 周岁的，则可以自行提起相应的诉讼。夫妻离婚时确定给付子女抚育费用的一方，因经济发生变化，要求减少给付子女抚育费的，可以子女及另一方为被告提起诉讼。

※生活实例 1※变更抚养费须具备法定条件①

凌晓文与华某于 1998 年 11 月经法院调解离婚。离婚后，双方婚生女华欣随华某共同生活。1999 年 7 月华欣以生活和学习费用增加为由，诉至法院，要求凌晓文给付抚育费 200 元。审理中，凌晓文辩称：1998 年 11 月在法院离婚诉讼中，华某曾明确表示婚生子女华欣随其共同生活，不要求自己给付抚育费，并就此达成了调

① 中国法律检索系统之中国法院裁决文书库，上海市第一中级人民法院（1999）沪一中民终字第 2713 号民事判决书。

解协议，该调解书已经具有法律效力，目前双方收入状况及华欣生活并未发生较大变化，因此不同意支付华欣抚育费。

法院经审理认为，人民法院出具的民事调解书一经签收，即具有法律效力，双方应严格遵守调解所达成的内容。现双方经济收入、生活状况以及华欣本人生活、学习费用并无较大变化，华欣要求凌晓文给付抚育费，理由不够充分。据此，判决驳回华欣的诉讼请求。

※分析解答※随着时间的推移，父母双方的收入情况及子女生活费和教育费的需求数额往往会有变化，使得以离婚时的情况为依据所作出的关于子女生活费和教育费的协议或判决不尽合理。不加以变更，就无法保证子女正常的生活和教育的需要。因此，法律规定了如果出现原定抚育费数额不足以维持当地实际生活水平或因患病、上学，实际需要已超过原定数额或有物价上涨、生活地域发生变化、有给付义务的父母一方的经济条件明显好转等情形时，子女可以要求增加抚育费。

但是在本案中，从1998年11月华某与凌晓文离婚，到1999年7月华欣要求凌晓文给付抚养费，仅有短短几个月的时间，市场的物价并没有发生实质性的变化，原告也没有举出证据证明自己的生活和学习费用有大幅增加。因此，在华某与凌晓文的经济收入、生活状况及华欣的生活、学习费用均无较大变化的情况下，华欣提出增加给付抚养费的请求，不能得到支持。

※生活实例2※一般情况下，给付抚养费无须再单独支付医疗教育费①

吴某与冯某离婚时约定双方之女小丽由吴某抚养，冯某每月给付抚养费200元。三年后，因小丽升入高中，生活和教育费用增加，且小丽身体较差，经常生病。为此，小丽起诉要求冯某每月给付生活费300元，并按票据给付教育费和医疗费的一半。

① 韩晓飞：《一般情况下，给付抚养费无须再单独支付医疗教育费》，载北京法院网，http：//bjgy. chinacourt. org/public/detail. php？id＝75231。

法院最终判决冯某每月给付抚养费500元，驳回了原告的其他诉讼请求。

❈**分析解答**❈婚姻法所称“抚养费”，包括子女生活费、教育费、医疗费等费用。即按照现行法律规定，不再区分生活费、教育费和医疗费，而是综合确定一个抚养费数额。当然，如果孩子发生了大额医疗费用，平时给付的抚养费远远不够支付医疗费的时候，还是可以另行起诉，要求对方负担医疗费的一半。

79. 离婚后抚养孩子的一方有没有权利变更孩子的姓名？

我国《婚姻法》第22条规定：“子女可以随父姓，也可以随母姓。”这是我国法律对子女姓氏问题作出的专门规定，充分体现了我国婚姻法男女平等、夫妻平等的原则。

一般认为，确定子女的姓名，是父母对子女行使监护权的一项内容，系基于亲权而产生。子女出生后，父母经协商共同给子女确定的姓名，父母任何一方不得未经对方同意而擅自更改。未成年人在变更姓名时，必须得到监护人的同意。父母都是未成年子女的监护人，在子女姓名的问题上享有平等的权利。否则就是把父母双方享有的子女随其姓的权利变更为自己一人独有，这既违反了婚姻法规定的平等原则，也侵害了对方对子女的监护权和随其姓的权利。所以，任何一方变更子女姓名时，都要征得对方的同意。也就是说，只有孩子的亲生父母均同意，方可变更其姓氏。这样看来，未经另一方的同意擅自给未成年的孩子改变姓氏，另一方是可以主张孩子恢复以前的姓氏的。

司法实践中，有地方法院区分变更的姓是谁的姓而有所区别对待。夫妻离婚后，一方因对方擅自将子女原来的姓改为对方的姓而提起诉讼的，人民法院不予受理；对于一方擅自将子女的姓氏改为继父（母）或他人的姓而提起诉讼的人民法院应予以受理。[1]

如果没有改变子女的姓氏，而是改变了名字，也侵犯了另一方的监护权，但是否需要恢复原名，由法官自由裁量。

需要特别指出的是，父母不得因子女变更姓氏而拒付子女抚育费。

※生活实例1※擅改儿子姓氏，侵犯前妻权利[2]

1991年冬，何建莉与陈鲁民经过3年的恋爱结为连理。1992年10月，他们的儿子出生了。出于对妻子的爱，陈鲁民与妻子约定儿子随母亲姓何，给儿子取名何健。随着儿子一天天长大，陈鲁民与何建莉的感情逐渐出现了裂痕。虽然双方都作出了一些努力，想挽救他们的婚姻，但收效并不明显。1999年9月，何建莉与陈鲁民维系了近9年的婚姻终于走到了尽头，双方协议离婚，儿子何健随陈鲁民生活，何建莉每月给付儿子抚养费和教育费360元。2001年8月，陈鲁民在未征求何建莉意见的情况下，就将儿子何健的姓氏由随母亲姓何改为随父亲姓陈，并办理了户籍变更登记手续。但在户籍中仍然保留了儿子的别名“小健”。2002年3月，小健在学校中开始使用新姓名陈健。9月，何建莉带儿子欲赴青岛旅游购买机票时，发现陈鲁民已擅自将儿子的姓名改为陈健。她多次要求陈鲁民恢复儿子的原姓，但都没有结果。2003年3月，何建莉诉讼到法院，要求判决陈鲁民赔礼道歉，恢复儿子的原姓，并保证今后不再擅自更改儿子的姓名。庭审时，孩子向法官表示，愿意随父姓，使用现在的姓名。

法院认为，被告陈鲁民给儿子改姓时，其儿子尚未满9周岁，系无民事行为能力人，虽然原、被告已经离婚，被告为儿子的直接监护人，但被告为儿子变更姓名，仍要坚持平等、协商的原则与原

① 参见《上海市高级人民法院关于审理抚育费、赡养费等案件若干问题的研究纪要》。

② 李汝银：《擅改儿子姓氏　侵犯前妻权利》，载北京法院网，http://bjgy.chinacourt.org/public/detail.php?id=4458。

告协商；被告的行为已侵害了儿子随原告姓氏的权利，所以被告应向原告赔礼道歉；但是何建莉起诉时，儿子已年满10周岁，属限制行为能力人，根据其智力水平已具备选择随父姓还是随母姓的能力，现在他表示愿随父姓，对此法院予以尊重。法院判决，被告陈鲁民未征得原告何建莉同意为儿子改姓的行为侵犯了原告享有的子女随其姓的权利；被告陈鲁民向原告何建莉赔礼道歉；驳回原告何建莉的其他诉讼请求。

※分析解答※最高人民法院《关于人民法院审理离婚案件处理子女抚养问题的若干具体意见》第19条规定："父母不得因子女变更姓氏而拒付子女抚育费。父或母一方擅自将子女姓氏改为继母或继父姓氏而引起纠纷的，应责令恢复原姓氏。"本案就是离婚一方在未经另一方同意的情况下擅自改变孩子姓氏的例子。从法院的判决可以看出，虽然因为离婚一方成了孩子的直接监护人，但是若为孩子变更姓氏，还是应当与另一方协商的。但是本案中，由于孩子已满10周岁，根据我国法律的规定，满10周岁即是限制民事行为能力人，限制行为能力人虽然不具备成年人的行为能力，但是对于选择跟父姓还是跟母姓这一问题上是有判断能力的，所以法院判决不再改变孩子的姓氏。

※生活实例2※前妻再婚为儿子更名，生父起诉恢复被驳[①]

1999年，张先生与齐女士经法院调解离婚，儿子由齐女士负责抚育。

2008年，因儿子在妻子再婚后改随继父姓，张先生将前妻诉至法院。张先生起诉称，2002年齐女士擅自将儿子姓名更改，他曾多次提出反对，但都没有效果。故诉至法院要求恢复儿子原来的姓名。

法庭上，齐女士辩称，由于不愿意因为与继父姓氏不同对孩子生活造成影响，故在2002年将儿子的姓名改随其继父姓氏。张先

① 刘妍：《前妻再婚儿子更名　生父起诉恢复被驳》，载北京法院网，http：//bjgy. chinacourt. org/public/detail. php? id = 76326。

生除了在当时表示过反对之外，没有再提出过不同意，齐女士认为张先生已经默认了孩子的姓名。现在儿子从 9 岁到 15 岁，改名会对其生活造成负面的影响。

由于张先生与齐女士的孩子即将年满 16 周岁，在案件审理过程，法庭征求了孩子对更名的意见。孩子并未到庭，而是通过书面形式表达了自己的意见，孩子表示“在姓名问题上，我不发表任何意见，结果听从法院判决”。

法院经审理认为，相关法律规定，父母一方擅自将子女姓氏改为继父母姓氏而引起的纠纷，应责令恢复原姓氏。但本案中，张先生没有证据证明自 2002 年孩子改为继父姓氏后，在长达 6 年时间内其曾采取过合法有效的措施要求纠正。因此，可以认为张先生对孩子进行的更名行为予以了默认。此外，孩子从 2002 年至今使用该姓名的期间为其从懵懂无知到独立人格形成的期间，其心智逐渐成熟，并逐步融入社会，姓名在其社会生活中的作用较为突出，如果随意改变将造成一定社会评价上的变化，对未成年人成长有害无益，因此，责令恢复为此前姓名没有明显可取之处。最终法院判决驳回了张先生的诉讼请求。

本案主审法官指出，夫妻离婚中未成年子女往往是最大的受害者，因此，法院应全面贯彻保护未成年人合法权益的原则，子女姓氏的变更，不仅涉及离婚一方（父或母）的权利，更主要的涉及子女的权益。法院在处理此类纠纷时，重点应该审查父或母一方更改子女姓氏的行为是否有利于子女的身心健康，正确理解“擅自”变更的内涵，而不应简单地认为将子女姓氏改为继父或继母姓氏是不利的，而强行责令恢复原姓氏。

※分析解答※本案中法院的判决充分体现了在处理未成年子女姓氏问题上应当遵从的有利于未成年子女健康成长、切实保护未成年人合法权益的原则。子女的姓名更改后已经使用了多年的，再作改变往往会产生新的矛盾，影响子女与父母另一方的亲情，对孩子的心理健康发育带来不好的影响，原则上应当保护稳定。

80. 能否强制一方进行亲子鉴定?

近几年，随着我国市场经济的发展和人民生活水平的提高，婚姻家庭中父母子女之间的关系发生了一系列变化，造成确认子女与父母之间血缘关系的案件有所上升。由于父母与子女之间的血亲关系仅靠法官的知识和经验是很难判断的，因此，涉及亲子关系的案件多数需要通过亲子鉴定加以解决，但亲子鉴定因涉及身份关系，使用时必须稳妥慎重，原则上应以双方自愿为原则。

婚生子女原则上应推定亲子关系成立，但另一方有相反证据足以推翻亲子关系的除外。如果非婚生子女以及与其共同生活的父母一方有相当充分的证据证明未与非婚生子女共同生活的父或母为非婚生子女的生父或者生母，且非婚生子女尚未成年，急需抚养和教育的，如果未与非婚生子女共同生活的父或母不能提供足以推翻亲子关系的证据，又拒绝做亲子鉴定的，应当推定其亲子关系成立。

81. 父母可否协商轮流抚养子女?

协议轮流抚养子女方式是离婚后父母抚养子女的一种新方式。最高人民法院《关于人民法院审理离婚案件处理子女抚养问题的若干具体意见》第 6 条规定，在有利于保护子女利益的前提下，父母双方协议轮流抚养子女的，可行准许。这为轮流抚养子女的方式提供了法律保障。

轮流抚养方式，要求父母都有抚养子女的能力和条件，且只能由双方自愿约定。父母自愿达成的轮流抚养协议，必须经法院依法确认。由于轮流抚养协议是父母双方基于自愿达成的，执行中也要靠双方的自愿主动履行，而不能靠强制履行。

如果对方的抚养行为侵害到子女的利益时，当事人一方可向法院起诉变更，或者申请法院裁定中止轮流抚养协议的履行。

第十一章　扶养纠纷

扶养，是指夫妻之间在经济上相互扶助和供养的责任。扶养纠纷分为扶养费纠纷和变更扶养关系纠纷。

82. 什么是夫妻间的扶养义务？何种情况下一方可以要求另一方负扶养义务？

夫妻间的扶养，专指夫妻之间互相扶助、互相供养的义务。按照《婚姻法》第20条规定："夫妻有互相扶助的义务。一方不履行扶养义务时，需要扶养的一方，有要求给付扶养费的权利。"扶养发生在夫妻之间，它特指夫妻双方之间在物质和生活上的互相扶助、供养，精神上相互慰藉的一种法律上的权益。夫妻之间的相互扶养义务是婚姻立法以来一直坚持的原则。

现实中，主要有两种扶养方式：直接扶养和间接扶养。直接扶养就是夫妻共同生活。即使在夫妻双方存在财产约定的情况下，一方生病、丧失劳动能力的，对方也必须帮助医治和维持其生活。间接扶养就是夫妻不居一处，扶养义务人定期或不定期支付扶养费或给付实物，定期不定期帮助体力劳动和给予精神上的慰藉。需要指出的是，夫妻间履行扶养义务是有条件的。在下列两个条件同时具备的情况下，一方对另一方有扶养请求权：一是一方需要扶养。需要扶养是指不能维持生活又无谋生能力。二是另一方有扶养能力。在上述条件具备时，需要扶养方既可以直接向配偶提出，也可以向人民法院提出追索扶养费的诉讼。扶养费的数额根据有扶养能力一方的能力和需要扶养一方的需要，参考当地的生活水平合理确定。同时，扶养义务具有法律强制性。当一方需要对方扶养时，需要扶养方就可以行使法律赋予的权利，要求对方履行扶养义务。如对方不履行义务，权利人就可以向法院提出给付扶养费的诉讼。

※生活实例1※怀孕妻子无生活来源，丈夫有扶养义务[①]

张女与李男相识之后建立起恋爱关系。2000年10月，张女发现自己怀孕后，辞去了饭店工作。2001年2月，两人登记结婚。由于双方缺乏深入的了解，婚后，两人常因家庭琐事发生争吵。2001年5月1日晚，两人又大吵一架后，李男愤然离家出走，至今没再回过家，并拒绝与张女见面。张女已怀有8个月的身孕，既没有工作，又无其他生活来源。万般无奈之下，她向法院起诉李男，要求李男给付扶养费1000元，生育子女的医疗费、保姆费等共计2万元。

法院经审理认为，我国《婚姻法》第20条规定：夫妻有互相扶养的义务。一方不履行扶养义务时，需要扶养的一方，有要求对方付给扶养费的权利。李男在张女身怀有孕，没有工作，又无其他收入来源的情况下，理应对张女进行照顾并支付相应的扶养费用。法院判决支持张女要求李男给付扶养费1000元的诉讼请求。但对于她要求李男给付医疗费的请求，法院认为因医疗费用尚未发生，无法确定其数额，故依法予以驳回。

※分析解答※夫妻之间的相互扶养既是一种权利，也是一种义务。这种权利义务的产生是基于婚姻存在的事实，丈夫应当扶养妻子，有些情况下丈夫也有权利要求妻子扶养，尤其是在一方处于弱势、没有固定收入、没有生活来源、生病期间和丧失劳动能力时，这种权利义务就显得尤为重要和必要。夫妻扶养义务的履行是以婚姻存在为前提，而不是以是否共同生活和共同生活时间的长短为前提，如果婚姻关系解除了也就不存在夫妻之间的义务。本案中，张

---

① 魏亚南：《怀孕妻子向丈夫索要扶养费》，载北京法院网，http：//bjgy. chinacourt. org/public/detail. php？id＝134。

女正处于怀孕期间，又没有生活来源，丈夫李男当然有义务扶养妻子，但是，对于没有发生的医药费，由于其数额不确定，而且李男是否不支付其医疗费尚不确定，故法院暂未支持。张女可以在费用产生后向法院主张，或者即将产生时向法院起诉并申请先予执行。

※生活实例2※离婚后，夫妻间无法定扶养义务

甲某与王某因性格不合，于2006年协议离婚，并对夫妻共有财产进行了分割。离婚后，因王某染上赌博恶习，将离婚时分得的财产很快输掉，每月工资也被赌个精光，生活陷入困境。甲某则依靠养殖生猪生意兴隆，收入颇丰。念及往日夫妻情分，甲某给过王某一些帮助，后来见王某赌博恶习不改，就不再对其进行经济帮助。2007年以来，王某多次到甲某的养殖场闹事，并称甲某对其有帮助的法律义务。离婚后，甲某有义务对前夫进行经济上的帮助吗？

※分析解答※离婚后，夫妻婚姻关系解除，夫妻间相互扶养义务消灭，任何一方都没有给付对方扶养费的义务。但当婚姻关系终结时，若一方生活困难，另一方则应当承担从住房等个人财产中给予适当帮助的法律义务。法律对生活困难这一方的帮助规定了严格的条件，该条件包括一方生活困难是离婚时已经存在的困难，而不是离婚后发生的；提供帮助的一方必须有负担能力，帮助的程度是其力所能及的；提供帮助的一方应当从其住房等个人财产中给予帮助。甲某与王某已经离婚并已经分割财产，婚姻关系不复存在，夫妻身份关系随着婚姻关系的终止而解除，夫妻间相互扶养的义务也同时解除。对王某出现的困难尽管甲某有能力负担，但没有必须帮助的法定义务。

※生活实例3※为治“麻迷”妻，丈夫断妻子生活来源违法①

陈女士与黎先生结婚后，一直在家操持家务，黎先生在外挣钱养家。日子虽然过得并不宽裕，但一家人倒也其乐融融。一眨眼二

① 斯庆：《为治“麻迷”妻　丈夫断其生活来源违法》，载北京法院网，http://bjgy.chinacourt.org/public/detail.php?id=134。

十几年过去了，孩子长大了，有了自己的工作，经常不在家。陈女士待在家里闲着无事，迷上了麻将。天天吆喝街坊邻居在家“搓麻”，不理家务。黎先生开始还理解妻子的处境，可时间一长，便开始埋怨妻子，两人常为此斗气。黎先生见妻子不听劝，一气之下，从2002年6月起，一人住到单位，也不往家里拿生活费。陈女士失去了经济来源，她多次找黎先生索要生活费，都被拒绝。无奈之下，她只得和自己的亲戚朋友借钱生活，后听别人讲，可以向法院起诉要扶养费，于是她将黎先生起诉至法院，要求其每月给付生活费900元。在法庭上，黎先生承认自己从2002年6月以来一直没有给陈女士生活费，但他认为陈女士每天迷恋麻将，对家务毫不关心，自己只是为了阻止陈女士玩麻将，不得已采用这样的手段。

法院经审理认为，夫妻有互相扶养的义务。一方不履行扶养义务时，需要扶养的一方，有要求对方付给扶养费的权利。陈女士虽没有丧失劳动能力，但确实没有职业和经济来源。陈女士与黎先生是合法夫妻，黎先生有扶养妻子的义务，他以阻止陈女士玩麻将为由，不给付陈女士必要的生活费，其行为是违法的。于是，法院根据当地生活水平和黎先生的实际收入情况，判决黎先生每月给付陈女士生活费300元。

❈**分析解答**❈夫妻相互扶养是权利和义务的统一体，同时在夫妻之间又是相互对等的，即丈夫有扶养妻子的义务，也有要求妻子扶养的权利；妻子有扶养丈夫的义务，也有要求丈夫扶养的权利。这种权利义务关系是基于婚姻的效力而产生的，不受感情好坏的影响。只要夫妻关系还存在，一方生活困难，另一方就必须履行扶养义务。也就是说，夫妻间相互扶养的义务是具有法律的强制性的。黎先生不给妻子生活费的初衷只是为了抑制妻子打麻将，但是抑制也应当有必要的限度，当这种抑制变成了使妻子完全没有生活来源时，黎先生的做法就是违法的了，所以法院判决黎先生每月给付陈女士生活费300元。

83. 子女有赡养能力可以免除另一方的夫妻扶养义务吗?

夫妻相互扶养是在婚姻关系存续期间的法定义务，其目的在于保障夫妻间共同生活的维持，是婚姻关系的必然要求。婚姻关系存续期间，即使分居，如一方生活困难，也有要求另一方给予扶养费的权利。而且夫妻互相扶养的义务，也不因对方的过错而免除。夫妻互相扶养是法定的义务，无论夫妻就财产的问题作出何种约定，都不能免除法定的扶养义务。夫妻间相互扶养应优先于子女对父母的赡养，另一方不得以应由子女赡养为由而拒绝，夫妻之间确实无力相互扶养，才能由子女来尽赡养的义务。

❈生活实例1❈子女有赡养能力不是丈夫拒付扶养费的借口①

1966年，张文与杨平结为夫妻，先后生育了3个子女。1996年7月，两人发生争执，张文一怒之下离家分居生活至今。9年来，双方一直处于冷战状态，互不来往。2005年年初，体弱多病又无其他生活来源的杨平生活陷入窘境，无奈之下将张文告上法庭，要求从2005年4月起每月给付扶养费406.5元。

法院经审理认为，夫妻双方有法定的扶养义务，现杨平无生活来源且体弱多病，而张文有固定的退休工资，有相应的负担能力，应从每月退休金中支付一定扶养费给杨平。但杨平要求过高，遂判决张文每月给付300元。

一审判决后，张文以3个孩子有赡养能力、杨平有土地耕种等理由上诉，请求法院改判。二审法院经审理认为，张文与杨平是合法夫妻，杨平需要扶养，张文有义务扶养。子女有赡养能力，并不能否定夫妻之间的法定扶养义务。遂依法作出驳回上诉、维持原判的二审判决。

① 区鸿雁:《9年“冷战”岂能推了扶养义务 曲靖法院判决丈夫支付扶养费》，载中国法院网，http://www.chinacourt.org/public/detail.php?id=178324。

※**分析解答**※通常，夫妻间的相互扶养应优先于子女对父母的赡养。子女有赡养能力不是夫或妻拒付扶养费的借口。只有当子女有赡养能力并且切实履行了赡养义务时，才可以免除夫或妻的扶养费给付义务，但不能免除有生活能力一方对另一方的生活扶助义务。

※**生活实例2**※**夫妻间的相互扶养优先于子女对父母的赡养**

甲某是个农村妇女，1961年5月与李某结婚，婚后夫妻感情一般，先后生育两男一女，现均已成家立业。1994年7月，甲某与李某分居至今。甲某在农村靠耕田种地过日子，而李某在其单位居住。2000年7月，李某退休，每月退休金1100余元。甲某因年老多病，无力再耕田种地，生活困难，遂找到李某，要求每月给付生活费用360元。李某分文不给，却鼓动甲某去向儿女们索要赡养费用。请问，儿女们成年后，甲某还有权向李某索要扶养费吗？

※**分析解答**※甲某完全有权向李某索要扶养费。两人虽然分居生活，但婚姻关系并未解除，根据上述法律规定，夫妻之间仍然负有经济上互相扶助、生活中互相照顾和互相帮助的权利义务。现在甲某因年老多病，又无生活来源，而其丈夫每月都有1100多元的退休金收入，具有一定的支付能力，因此李某依法应当给付甲某相应的扶养费用。至于李某把责任推向儿女，这也是解决甲某生活困难的一个渠道，但它属于另一种法律关系。要求甲某丈夫给付生活费用，是一种夫妻间的扶养扶助义务，而要求子女们给付生活费用，则是子女对父母的赡养义务，两者不能混为一谈。夫妻间的扶养义务不能因成年子女尽了赡养义务而免除，反过来，子女对父母的赡养义务也不能因父母夫妻间尽了扶养义务而缩减。换句话说，在李某给付了扶养费后，如果甲某的生活仍然低于当地生活水平，还可向儿女们索要赡养费用。当然，如果李某给了扶养费后或因其他正当原因而导致他的生活低于当地水平，李某也可向儿女们索要赡养费用，以维持他的基本生活需要。如果儿女已经给了甲某相对充足的赡养费，那甲某则不宜再向李某主张扶养费。

84. 扶养关系可以请求变更吗？

扶养关系的变更主要是扶养方式的变更。当原先确定扶养方式的具体情形发生变化后，扶养方式也相应地发生变化。例如，作为扶养人的丈夫要到外地工作，就可以将共同生活方式变更为按期给养的方式。扶养关系变更最常见的是扶养费数额的变更。扶养费的多少受义务人的经济状况和权利人实际需要的影响。

权利人的扶养需要有可能发生变化。在权利人的扶养需要减少时，义务人可以申请减少对权利人的扶养费，但如果权利人的扶养需要增加，权利人可以向法院申请要求义务人增加扶养费。

在权利人与义务人协议确定扶养费或者经判决确定扶养费后，义务人的经济能力也有可能降低。根据各国扶养法的一般规定，因扶养义务人经济能力降低，不足以给付扶养权利人的全部扶养需要的，义务人可以请求减少扶养费，降低扶养程度。夫妻间扶养需要受义务人扶养能力的限制，同时还受权利人必须受扶养的限制。当扶养义务人不能维持自身的相应生活水平时，就得根据其余力决定扶养能力的大小。确属自身也丧失了劳动能力和收入时，同样就丧失了扶养义务，只能依靠国家救助解决。扶养权利人应以为了生存和发展而必需的、正当的要求为限，当扶养权利人过高地要求扶养义务人尽义务，即使扶养义务人有能力，也是不合理的。

在某些情况下，义务人一方还可以向法院请求免除自己的扶养义务，能引起夫妻间扶养义务免除的情形有 3 种：当扶养权利人自身有了谋生能力和生活来源，从而不需要扶养时；当扶养权利人子女已成年，开始对其尽赡养义务，并足以达到生活需求时；城市或农村的夫妻双方无劳动能力、无生活来源、无赡养人和扶养人的，或者其赡养人和扶养人确无能力赡养或扶养的，前者由当地人民政府给予救济，后者由农村集体经济组织负担保吃、保穿、保住、保医、保葬的五保供养。这 3 种免除情形只是物质扶养的免除，精神扶养不能免除。

※生活实例※情势变更，可要求增加扶养费[①]

李芳和王强是包办婚姻。李芳在10多岁的时候，就以“童养媳”身份进入了王家，当时王强也只有12岁。相处了近60年，生育的两个孩子也已经成家了，两个人的争执反倒多了起来，王强退休后一个人住在乡下，李芳则一个人住在城里。2000年，李芳起诉要求王强给一定的扶养费。经过法院调解，王强同意每个月给她140元的扶养费。但是随着近几年物价的飞涨，李芳向王强要求追加扶养费，王强又不同意，李芳只好再次把王强告上了法庭，要求王强把扶养费追加到500元。

法庭上，王强说，父母包办他的婚姻时，他才12岁，没有达到法定结婚年龄。而且两人在一起这么多年，一直未办结婚证，因而婚姻是无效的。王强认为，以前，他每月给李芳140元的扶养费，已经尽到了扶养义务。现在李芳要求每月增加到500元，他不会同意。因为他每月虽然有1200多元退休金，但自己年老多病，加上生活花费，能余下的并不多。

法院经审理后认为，李芳与王强虽然没有办理结婚证，但属于事实婚姻。现在李芳因物价上涨生活比较艰难，作为老伴，王强应予以扶助，将扶养费由每月140元调整至每月340元。同时，王强还应像以前一样，帮李芳承担所居宿舍的水电气费。

※分析解答※本案中，王强与李芳虽然是包办婚姻，而且未办理结婚登记，但是，这段婚姻的缔结发生在解放之前，而且婚后两人一直共同生活，已经构成了《婚姻法》所承认的事实婚姻，所以王强主张他们的婚姻不成立而不应支付扶养费是无效的。在法院判决夫妻一方向另一方承担抚养费后，情况发生变化是很正常的事，比如受扶养方患病或者物价上涨都可能造成所需扶养费的增长，在这种情况下，只要理由事实充分，受扶养人向法院起诉要求

---

① 李晓波：《丈夫不认包办婚姻 成都七旬童养媳上诉索扶养费》，载中国法院网，http://www.chinacourt.org/public/detail.php?id=261604。

增加扶养费的一般也会得到法院的支持，但是，法院也会考虑到扶养人的能力，不会只顾及受扶养方的利益。当然，如果本案中的王强发生了新的情况，比如说自己患病或者收入尚不足自己生活，也可以向法院申请减免扶养费的支出。

85. 丈夫没有尽到职责致使妻子死亡的，妻子家属能否请求赔偿?

夫妻间互相扶助义务的含义不只包括互相照顾，还表现为危急时刻的救助义务，如果夫妻一方有生命危险，而另一方看在眼里却不出手相救而任其死亡，是要承担刑事责任的。如果由于对于重病的妻子丈夫没有尽到应有的必要的义务而造成妻子死亡的，对于妻子的家属，丈夫也是负有赔偿责任的。

❈生活实例❈夫妻吵架后妻子坠楼身亡，丈母娘诉女婿赔偿获支持[①]

徐女士患有轻度抑郁症。2007 年 9 月的一天，因为丈夫王先生提出离婚，徐女士与其发生了激烈的争吵，情绪激动地走到阳台就想跳楼，王先生只得报警求助。民警迅速赶来，到达后及时制止了徐女士的跳楼行为，并进一步向王先生了解情况后，建议王先生先不要再提离婚，应立即带徐女士住院治疗。王先生则称徐女士的情绪已经比较稳定了，暂时不去医院，等过一阵子再说。民警离开约 30 分钟后，趁着王先生带子女出门的时间，徐女士跳楼身亡。徐女士的母亲谷老太不能接受女儿自杀的噩耗，她认为既然已经知道妻子要跳楼了，王先生还离开家，这是没有尽到丈夫的职责，于是谷老太把王先生告上法庭，要求赔偿。

法院认为，王先生与徐女士因琐事发生纠纷，在民警处理现场时，徐女士已有因情绪激动的跳楼行为，此后王先生未让民警进入

---

① 蒋凯宇、郑红艳：《吵架后女儿坠楼亡　诉女婿赔偿获支持》，载北京法院网，http：//bjgy. chinacourt. org/public/detail. php? id = 74397。

室内处理情况，未及时送其至医院治疗，也未尽心看护，在民警离开后还与其讨论敏感话题。徐女士坠楼死亡虽与王先生的上述行为无直接因果关系，但王先生在处理上述问题时明显欠妥。最后，法院判令被告王先生赔偿原告谷老太精神抚慰金人民币 6 万元。

◈**分析解答**◈本案中的丈夫不顾及妻子已经患有抑郁症并有跳楼行为的情况，继续与妻子讨论敏感话题，并在妻子情绪还未稳定的情况下离开家，致使妻子跳楼身亡，对于妻子的死，王先生是应当负一定责任的，而且由于他的不负责任造成妻子的死亡，给他妻子的家人造成了精神损失，所以法院判决王先生赔偿谷老太一定的精神抚慰金。

第十二章 监护权纠纷

监护是指为保护无民事行为能力和限制民事行为能力人的人身、财产和其他合法权益，而由特定的公民、组织对其人身、财产和其他合法权益进行监督、管理和保护的制度。其中，履行监督、管理和保护职责的人称为监护人，被监督、管理和保护的人称为被监护人。

86. 父亲死亡，孩子应该由谁监护？

监护人是对无民事行为能力和限制民事行为能力的人的人身、财产和其他合法权益负有监督和保护责任的人。我国《民法通则》规定的监护人有以下三种情况：

（1）被监护人的近亲属，包括父母、成年子女、配偶、兄弟姐妹、祖父母、外祖父母、孙子女、外孙子女。

（2）关系密切的其他亲属和朋友。这些人虽然与近亲属不同，没有必须担任监护人的法定义务，但是，有些是自愿承担监护责任的，经所在单位或者居委会、村委会同意，可以担任监护人。

（3）如果没有上述监护人，则由社会和国家负责，由所在单位或者居委会、村委会或者民政部门担任监护人。

监护人有三项职责：（1）保护被监护人的人身、财产及其他合法权益；（2）作为被监护人的法定代理人，代理各项法律活动；（3）教育、管好被监护人。

我国法律对未成年人的监护人的确定是有一定顺序的。

（1）根据《民法通则》的有关规定，未成年人的父母是未成年人的第一顺位的法定监护人。父母对未成年子女的法定监护人的资格，不因父母双方的离婚而丧失。父母离婚后，子女无论是同父方或是同母方生活，仍是父母双方的子女，父亲和母亲仍是未成年子女的法定监护人。夫妻离婚后，与子女共同生活的一方无权取消对方对该子女的监护权；但是，未与该子女共同生活的一方，对该子女有犯罪行为、虐待行为或者对该子女明显不利的，人民法院认为可以取消的除外。

（2）未成年人的父母之外的其他自然人，是第二顺位的法定监护人。根据《婚姻法》第28条、第29条的规定，“有负担能力的祖父母、外祖父母，对于父母已经死亡或父母无力抚养的未成年的孙子女、外孙子女，有抚养的义务。”“有负担能力的兄、姐，对于父母已经死亡或父母无力抚养的未成年的弟、妹，有扶养的义务。”可见，祖父母、外祖父母要担任未成年人的法定监护人，必须符合法定条件：第一，未成年人的父母已经死亡，或者没有监护能力；第二，第二顺位的法定监护人（未成年人的祖父母、外祖父母、兄、姐和关系密切又愿意担任监护人的其他亲属、朋友）在客观上具有监护能力。

在这些第二顺位的监护人之中，如果就谁担任监护人产生争议的，则需从中进行选定，从而法定监护转变为指定监护。监护人的指定由未成年人父母的所在单位或者未成年人住所所在地的居民委员会、村民委员会或人民法院在近亲属中指定。对指定不服提起诉讼的，由人民法院裁决。

※生活实例1※前夫死亡，女方能否要回孩子监护权[①]

原告江某与前夫赵某于1998年12月经法院调解离婚，双方协商，婚生子赵A由赵某抚养。2000年2月24日，赵某因公死亡，当时居委会以及赵某的亲属均不知江某在何处，遂要求指定孩子的其他亲属（主要是赵A的祖父赵甲和姑姑赵乙）作为监护人，然而祖父赵甲和姑姑赵乙对担任赵A的监护人有争议，在这种情况

---

① 贾明军、王常栋：《现代婚姻家庭经典案例》，上海交通大学出版社2008年版，第221页。

下，居委会指定赵A由祖父赵甲抚养，赵甲是赵A的监护人。

2005年4月，江某才得知前夫已死亡，孩子随祖父生活。江某想领回孩子，让其随自己生活。但是江某到赵甲处表明自己的要求时，遭到赵甲的拒绝。村委会领导也表示坚持原决定不变。无奈，江某向法院提起诉讼，江某诉称：自己是孩子的母亲，在孩子父亲死亡后，自己才是孩子的法定监护人，并且自己在经济上有能力抚养孩子，因此请求人民法院判决孩子由自己抚养。

赵甲称：现在赵A的生父已死亡，赵A由自己抚养达5年之久，现在江某又来要孩子不合情理。况且孩子已经多年没有见江某，对江某已经很陌生了，双方之间的感情也不复存在，现在如果法院判决孩子由原告江某抚养会对孩子的健康成长不利，因此不同意原告的诉讼请求，请求法院依法驳回原告诉讼请求。

法院经审理后认为：江某与前夫赵某协议离婚时，约定婚生子赵A由赵某抚养。现赵某已经死亡，江某作为孩子的亲生母亲有权要求获得抚养权。被告赵甲作为赵A的祖父，在赵A的母亲有能力并坚持要求抚养的情况下，赵甲再要求抚养孩子的请求于法无据，法院不予以支持。法院最终判决：赵A由江某抚养。

❈分析解答❈在本案中，赵某作为赵A的法定监护人死亡后，江某又不知在何处，此时，赵A的祖父和姑姑都具备了成为赵A监护人的资格。因为居委会指定了赵A由祖父赵甲抚养，因此赵甲成为赵A的监护人。但是，第二顺位的监护人的监护是建立在未成年人的父母已经死亡或没有监护能力的前提下的。现在作为赵A第一顺位监护人的母亲江某既没有死亡也没有丧失监护能力，因此，自然应该由江某来做赵A的监护人。

❈生活实例2❈无论儿媳是否改嫁，公爹无权剥夺其继承权、监护权[①]

4年前，阿燕与小张结婚，一年后生下一子小宝。2001年年

---

① 李汝银：《无论儿媳是否改嫁　公爹无权剥夺其继承权、监护权》，载北京法院网，http：//bjgy．chinacourt．org/public/detail．php？id＝130。

底，小张在工厂维修线路时意外遭电击身亡。工厂一次性支付小张家属抚恤金9.6万元。小张的父亲以儿媳早晚要改嫁为由，将抚恤金据为己有，并将两岁多的小宝带回家中自己抚养。此后，阿燕多次找公爹要求分得部分抚恤金并自行抚养小宝，都被公爹拒绝。阿燕起诉至昌平法院，要求分得抚恤金4.8万元并由自己抚养小宝。

庭审中，阿燕的公爹认为，小张是由父母抚育长大的，抚恤金自然归父母；阿燕今后一定改嫁，孙子由她抚育不利于孩子今后的生活学习，所以，不同意阿燕的诉讼请求。

法院经审理认为，抚恤金视为死者的遗产，遗产的第一顺序继承人应为他的妻子阿燕、父母以及他的儿子小宝。9.6万元抚恤金应由4人均分，每人2.4万元。小宝在小张遗产中分得的份额应由阿燕代为管理、保护。法院判决，阿燕公爹将9.6万元抚恤金中的4.8万元付给阿燕，并将小宝交由阿燕抚养。

❈分析解答❈父母是未成年人的监护人。只有在未成年人的父母已经死亡或者没有监护能力的情况下，才由他人担任监护人。阿燕是小宝的母亲，是他的当然监护人。至于阿燕在丈夫去世后是否再婚，是阿燕的自由，任何人都不得干涉他人婚姻。阿燕公爹无权以阿燕今后会改嫁为由拒绝支付阿燕及小宝应分得的抚恤金，无权拒绝将小宝交由阿燕抚养。

87. 离婚后，未成年子女致人损害的责任谁来承担?

父母对未成年子女的监护，是集保护、教育、抚养于一体的监护。父母比其他监护人享有更多的权利，也承担着更多的义务和责任。我国《婚姻法》规定，父母是未成年子女的监护人，在保护子女的合法权益不受他人侵犯的同时也要防止未成年子女对国家、集体或他人造成损害。当未成年子女对他人造成损害之时，父母有承担民事责任的义务。

对此，《民法通则》第133条也作出了规定："无民事行为能力人、限制民事行为能力人造成他人损害的，由监护人承担民事责任。监护人尽了监护责任的，可以适当减轻他的民事责任。有财产的无民事行为能力人、限制民事行为能力人造成他人损害的，从本人财产中支付赔偿费用。不足部分，由监护人适当赔偿，但单位担任监护人的除外。”

最高人民法院《关于贯彻执行〈民法通则〉若干问题的意见(试行)》第158条至第160条作了进一步说明：夫妻离婚后，未成年子女侵害他人权益的，同该子女共同生活的一方应当承担民事责任；如果独立承担民事责任确有困难的，可以责令未与该子女共同生活的一方共同承担民事责任。被监护人造成他人损害的，有明确的监护人时，由监护人承担民事责任；监护人不明确的，由顺序在前的有监护能力的人承担民事责任。

❈生活实例❈离婚后父母对未成年子女给他人造成的损害仍应承担责任[①]

12岁女孩小利的父母3年前离婚，小利由母亲抚养。上周，小利和同学在学校玩耍时，把同学小华撞倒，致使小华右臂骨折，花去医疗费5000元。小华的父母要求小利的母亲承担医疗费。小利的母亲刚刚下岗，没有支付能力，于是找到小利的父亲，要求他来承担。小利的父亲认为孩子不与自己共同生活，所以，不应承担此费用。小华的父母起诉至法院，要求小利的父母共同赔偿小华的损失。

法院认为，《婚姻法》第23条规定，父母有保护和教育未成年子女的权利和义务。在未成年子女对国家、集体或他人造成损害时，父母有承担民事责任的义务。小利是未成年人，她的父母应当保护和教育她。在她撞伤小华后，她的父母应承担对小华的民事赔偿责任。最高人民法院《关于贯彻执行〈民法通则〉若干问题的意见》第158条规定，夫妻离婚后，未成年子女侵害他人权益的，同该子女

---

① 林力军：《离婚后父母对未成年子女给他人造成的损害仍应承担责任》，载北京法院网，http://bjgy.chinacourt.org/public/detail.php?id=936。

共同生活的一方应当承担民事责任；如果独立承担民事责任确有困难的，可以责令未与该子女共同生活的一方共同承担民事责任。本案中，小利的父母离了婚，她一直随母亲生活，所以，小利的母亲应当赔偿小华的损失。但小利的母亲刚刚下岗，难以独立承担赔偿责任，在这种情况下，没有与子女共同生活的一方也应共同承担民事责任。因此，小利的父亲虽不与小利共同生活，但仍应承担赔偿责任。最终，法院判决，小利的父亲、母亲共同赔偿小华5000元。

❈**分析解答**❈根据《婚姻法》的规定：父母与子女间的关系，不因父母离婚而消除。离婚后，子女无论由哪一方直接抚养，父母双方都是未成年子女的监护人，对于子女都有抚养和教育的权利和义务。在未成年子女对国家、集体或他人造成损害时，父母双方都有承担民事责任的义务。

所以本案中小利父亲主张自己没有赔偿责任的理由不成立，在小利的母亲无力承担赔偿费用时，他应该向小华给付这笔医疗费。

需要注意的是，在未成年人侵权案件中，同该子女共同生活的一方应当首先承担民事责任，而未与该子女共同生活的一方只是承担补充的赔偿责任，在与子女共同生活的一方无能力赔偿时才承担赔偿责任。但这种责任的差异是未成年人的父母之间的责任差别，对于被侵权人来说，可以不考虑这种差异而直接将未成年人的父母作为共同被告追究民事赔偿责任。

此外，最高人民法院《关于审理人身损害赔偿案件适用法律若干问题的解释》第7条规定，“对未成年人依法负有教育、管理、保护义务的学校、幼儿园或者其他教育机构，未尽职责范围内的相关义务致使未成年人遭受人身损害，或者未成年人致他人人身损害的，应当承担与其过错相应的赔偿责任。”但是，学校是否应当承担责任，应当看其对伤害事故的发生有没有过错。而是否追究学校的民事赔偿责任，权利在于小华，而不是小利的父母，由于本案中小华的父母并没有起诉学校，那么学校是否应当承担责任就是另一个法律关系，小利的父母可以在承担责任之后再去追究学校应当承担的责任份额，但在本案中，小利的父亲的抗辩不能得到支持。

第十三章　探望权纠纷

探望权是指夫妻离婚后，不与未成年子女共同生活的一方，享有按照约定的时间、地点和方式探望、关心未成年子女或与其短时间共同生活的权利。据报道，探望权纠纷主要存在以下五种类型：①

一是借机报复型。孩子父母积怨较深，矛盾从离婚前延续至离婚后，直接抚养一方把拒绝对方探望当成报复、惩罚的武器。

二是自我保护型。直接抚养孩子一方担心对方探望会影响其与孩子之间的感情，或影响其重新组建的家庭，对孩子造成不良影响。

三是担心失去型。直接抚养孩子一方担心对方借探望之机把孩子抢走，因此拒绝对方进行探望。

四是误导疏远型。直接抚养一方对孩子进行错误的教育和引导，使孩子对不直接抚养的父或母感情淡漠，导致孩子拒绝接受对方探望。

五是条件要挟型。直接抚养一方把探望权和抚养费问题捆绑对待，把允许对方探望作为向其主张抚养费的手段，如果对方暂时无力给付抚养费，就阻挠对方进行探望。

---

① 韩晓飞：《五类探望权纠纷折射当代离婚后遗问题》，载北京法院网，http://bjgy.chinacourt.org/public/detail.php?id=59611。

88. 什么是探望权？

探望权是指夫妻离婚后，不与未成年子女共同生活的一方，享有按照约定的时间、地点和方式探望、关心未成年子女或与其短时间共同生活的权利。最高人民法院《关于适用〈婚姻法〉若干问题的解释（一）》第24条规定：“人民法院作出的生效的离婚判决中未涉及探望权，当事人就探望权问题单独提起诉讼的，人民法院应予受理。”在当前探望权纠纷的解决上，除了起诉至法院以外，当事人暂时没有更多的选择。

《婚姻法》第38条规定，离婚后，不直接抚养子女的父或母，有探望子女的权利，另一方有协助的义务。从立法的这一表述来看，探望权是未共同生活的父或母的一项权利，而不是一项义务。探望权人可以探望也可以不探望子女，任何人不得限制或干涉，即使是子女本人，也不能强行要求父或母来探望自己。

探望权的主体是离婚后不直接抚养子女的父或母，包括生父母、养父母、有抚养关系的继父母。享有探望权不以负担抚养费为前提，因某种原因没有支付抚养费或者离婚时协议或判决由一方负担子女全部抚养费的，另一方仍享有探望权。享有探望权也不以离婚双方没有再婚为前提，即使父或母又结婚，也仍享有探望权。

探望权的内容包括探望方式和探望时间。探望方式指以什么方式来行使探望权，对此法律没有作出明确规定，当事人可根据实际情况决定。实践中，主要有以下两种方式：一是见面，以见面时间的长短为标准可分为短期探望和长期探望两种。短期探望又称暂时性探望，指不直接抚养子女方到对方家中或指定的地点，定期看望子女，这种探望时间较短；长期探望又称逗留性探望，指享有探望权的父母将子女带走，与自己共同生活一段时间，并按时送回。二是交往，指享有探望权的一方有权以电话、书信等方式与子女进行交流、保持联络。行使探望权的时间指在什么时间见面，见面持续时间的长短。探望的方式和探望时间，先由双方当事人协议，协议不成时由法院判决。[1] 行使探视权的方式、时间由当事人协商，协商不成的，由人民法院判决。

对于探视时间和方式，有法官建议，对不同年龄段的孩子，应该采取不同的探望方法：[2]

(1) 学龄前避免频繁探望

一方面，学龄前的孩子年龄小，安排在家里探望，可以避免意外发生；另一方面，如果父母频繁探望孩子，容易造成他们心理上的不稳定。所以，探望时间不宜安排得过密，可设定为每月一次，每次的时间可相对宽松。

(2) 6岁到10岁寒暑假同住

这个阶段的孩子，学习任务重，可以安排一个相对间隔长一些的固定时间进行探望，如几个月。同时，确定不直接抚养子女的一方在子女生日或寒暑假期间进行探望，甚至与子女同住，将探望集中在几天内。完全共处的生活，可以给父母与子女留下足够的时间与空间进行交流与沟通。

(3) 10岁到18岁征询意见

这个阶段的子女，思想趋于成熟，相对独立，应征询他们的意见，选择适当的探望方式。

89. 离婚后父母怎样行使探望孩子的权利?

我国《婚姻法》第38条规定："离婚后，不直接抚养子女的父或母，有探望子女的权利，另一方有协助的义务。行使探望权的方式、时间由当事人协议；协议不成时，由人民法院判决。父或母

---

① 参考李颖：《探望权的法律规定》，载北京法院网，http：//bjgy. chinacourt. org/public/detail. php? id = 8174。

② 参考宣轩：《夫妻离婚"找后账""追子"纠纷比例逐年涨》，载北京法院网，http：//bjgy. chinacourt. org/public/detail. php? id = 27387。

探望子女，不利于子女身心健康的，由人民法院依法中止探望的权利。”所以，法律规定了离婚后不直接抚养子女的父或母行使探望权的方式、时间是可以由离婚当事人协议的。如果离婚时不抚养孩子的一方想行使探望孩子的权利，可以在离婚协议中写明探望孩子的时间、方式，如果自己的探望权受到另一方的限制，是可以向法院申请强制执行的。

有协助义务的一方故意设置障碍或者教唆子女拒绝探望的行为均是违法的，应承担相应的法律责任。同时，婚姻法还规定，对拒不执行有关探望子女的判决和裁定的，由法院依法强制执行，有关个人和单位应协助执行。法院对拒不执行有关探望子女的判决进行强制执行，可以采用对拒不履行协助另一方行使探望权的有关个人和单位拘留、罚款等强制措施。

❈生活实例1❈离婚后，直接抚养孩子的一方有义务协助另一方行使探望权①

于静和朱峰于2007年12月经法院调解离婚，双方约定，儿子随父亲朱峰共同生活，母亲于静每月给付生活费300元；教育费和医疗费双方各半负担。双方又口头协议，于静每个周末探望儿子一次。但是，离婚才一个多月，朱峰就拒绝于静探望儿子。2008年春节后，于静向法院起诉，要求每星期探望儿子一次，每次不少于24小时，并且在寒暑假及法定假期间，儿子在身边连续居住2～15天。

法院认为，父母离婚后，不直接抚养子女的一方依法享有对未与之共同生活的子女进行探望、看望、交往的权利，另一方不但负有不妨碍对方行使探望权的消极不作为义务，而且还负有协助的义务。于是法院判决：原告每月探望儿子2次，每次19小时，被告朱峰负有协助义务。

❈分析解答❈离婚时夫妻双方交恶的并不在少数，抚养孩子的

---

① 胡卫国：《前妻告前夫不履行探望协议获法院支持》，载中国法院网，http://www.chinacourt.org/public/detail.php?id=296139。

一方往往因此阻止另一方探望孩子，本案就是一个例子。离婚的父母应当明白，只要另一方没有伤害孩子的意图，探视对孩子来说是非常重要和必要的，父爱和母爱对孩子来说同样重要，这两种爱既不可互相替代，又缺一不可，通过探视可以使子女获得在平时单亲抚养下所缺少的另一方关爱，阻止探视只会造成恶果，对孩子的成长更为不利。

※生活实例2※为了子女的健康成长需要可以变更探视方式[①]

乔先生诉称，婚后不久儿子便降临人世，一家三口其乐融融。可不久夫妻双方因种种原因，于2006年协议离婚。离婚时，双方商定5岁的儿子随乔先生共同生活，妻子陈女士每月给付抚育费500元，并可以在每月第一、第三周的周五16时至次周的周一早上8时探望儿子。看着儿子一天天地长大，双方也相安无事，可自从儿子进入小学读书后矛盾出现了。乔先生认为如果继续按照这样探视，肯定会影响儿子的正常学习生活秩序。为此，乔先生与前妻协商多次，可陈女士一直不肯答应。为保障儿子学习不受影响，考虑再三的乔先生只得将前妻告上法院，请求将前妻探望儿子的时间变更为每月第一个周六的8时至周日18时。

陈女士则辩称，探视儿子的时间是生效法律文书确定的，且每月两次的探视不会影响孩子的学习，所以不同意原告的诉讼请求。

法院经审理后认为，我国《婚姻法》规定，不直接抚养子女的父或母，享有探望子女的权利，另一方有协助的义务。陈女士作为孩子的母亲，有权依法行使探望权，每月两次的探视时间并无不当。但由于孩子已经进入小学读书，陈女士每次探视结束后于周一上午将其直接送至学校读书，可能会影响孩子正常的学习秩序，不利于其健康成长，应酌情予以变更。据此，法院依法判决孩子的母亲每月探望儿子两次，探望时间为每月单周的周六8时至周日18时，由其负责接送。

① 潘文婕：《为让儿子安心学习　父亲起诉要求变更探望时间》，载中国法院网，http：//www. chinacourt. org/public/detail. php? id＝285600。

※**分析解答**※探视属于一种人身权利，是父母行使亲权的具体内容，当具体情况发生了变化，父母可以对离婚协议书中对子女探视方式的约定进行协商变更；协商不成的，也可以通过向法院起诉的方式要求变更。

90. 离婚时，双方可否协议一方放弃探望权？

探望权是抚养权的补充，婚姻关系存在时，父母都与孩子一起生存，但是一旦离婚，对于不与孩子共同生活的一方来说，抚养权的实现除了给付抚养费，就只有通过探望权来实现。而且，离婚后，父母对子女的抚育既是一种权利，更是一种义务，是父母对子女的法定权利、义务，而不是一般权利、义务，这两者的区别也就在于，法定权利、义务是不能任意处置的，也就是说，父母双方不能以协议的形式放弃探望权。

根据《婚姻法》的规定，探望权只能在出现法定情形时由人民法院依据法定程序和事由裁定中止，不存在可以由法院剥夺或由离婚双方协议放弃的可能。

※**生活实例**※**探望权是法定权利，约定取消无效**[1]

张某与冯某因性格不合，于2000年10月去婚姻登记机关办理了协议离婚手续。离婚协议约定：婚生女儿冯格格，1岁，由母亲张某抚养；父亲冯某每月支付抚养费500元；每两周父亲可以看望孩子一次。

离婚后，最初冯某还按规定看望孩子，按月送抚养费，半年后就以工作忙为借口，先是隔两三个月，后来隔半年才来看望一次孩子；抚养费也是不要不给，后来干脆半年支付一次。2002年11月，冯某再婚以后就一直没来看过女儿，并推说工资低，要求减少抚养费。张某一生气与冯某又签订了一份协议，内容为“即日起，

---

① 巩沙、郝惠珍主编：《以案说法——婚姻家庭法篇》，中国人民大学出版社2005年版，第181页。

冯某不再承担支付冯格格抚养费的义务，同时也不再享有探望孩子的权利”。

但随着年龄的增长，父亲冯某总是放心不下女儿，多次要求探望女儿，都被张某以双方之间存在协议为由拒绝。无奈冯某将张某告上法庭，要求确认“协议无效”，并要求依法行使探望权。张某辩称：当初双方的约定是冯某主动提出的，是冯某不尽义务导致的，不予看望孩子和不支付抚养费是权利义务对等的体现，探望女儿的权利是他自愿放弃的，故坚决不同意冯某行使探望权，并提出冯某行使探望权的前提是承担抚养义务。

法院经审理认为，父母之间的血缘关系不因父母的离婚而消除。父母离婚后对子女仍有抚养教育的权利、义务，双方婚生子女随一方生活时，另一方享有探望子女的权利。冯某、张某二人离婚后，虽然双方自愿订立协议并明确父亲冯某不再支付抚养费，也不再享有探望女儿的权利，但协议中涉及探望权问题的内容，违反了法律的规定，应视为无效民事行为。现在冯某要求探视女儿，其行为符合法律的规定，依法应予支持。据此判决父亲冯某每月可探望女儿两次，每次24小时，张某应为其提供方便。

◈分析解答◈探望权是法律明确赋予的一项权利，中止行使探望权必须依法定程序进行，而不能由离婚双方随便协议放弃。所以虽然冯某与张某达成了以“免付抚养费”换取对方“放弃探望权”的协议，但是该项协议是无效的，法院也依法确认了冯某探望子女的权利。有的读者可能要问，那冯某没有付抚养费的问题法院为什么不判呢？这是因为，我国法院遵循的是“不告不理”的原则，案例中法院要审理的是冯某是否具有探望权的问题，而对于其未付抚养费的问题法院是不管的。而且，当事人之间达成的协议就抚养费给付问题的协议内容是有效的。张女士放弃了冯先生给付抚养费的义务，这部分没有违反法律规定，法院也不会干预。但是，我国法律规定直接抚养子女的一方当事人在抚养有困难时还可以向人民法院提出，要求变更抚养人或要求增加抚养数额，如果张女士要想向冯某追讨抚养费，应当另案起诉，只要在诉讼时效之内，应该得到支持。

91. 一方可以因对方不让看孩子就不付抚养费吗?

其实这个问题和上一个问题的本质是一致的，就是不能把抚养费和探望权挂钩。对于离婚案件中抚养费的给付问题，在我国婚姻法中有明确规定，父母与子女间的关系，不因父母离婚而消除。离婚后，一方抚养的子女，另一方应负担必要的生活费和教育费的部分或全部，负担费用的多少和期限的长短，由双方协议，协议不成时，由法院判决。依照上述法律规定，给付抚养费是不抚养孩子一方的法定义务。对于探望权，我国《婚姻法》第38条规定，离婚后，不直接抚养子女的父或母，有探望子女的权利，另一方有协助的义务。行使探望权利的方式、时间由当事人协议；协议不成时，由法院判决。父或母探望子女，不利于子女身心健康的，由法院依法中止探望的权利；中止的事由消失后，应当恢复探望的权利。第48条规定，对拒不执行有关扶养费、抚养费、赡养费、财产分割、遗产继承、探望子女等判决或裁定的，由法院依法强制执行。有关个人和单位应负协助执行的责任。所以，抚养孩子的一方如果不让另一方探望孩子，另一方应当向法院申请强制执行，而不能通过不给抚养费的方式“以错治错”，同样的道理，如果未抚养孩子的一方不付抚养费，另一方也应当向法院起诉主张抚养费，也不能通过不让其探望孩子的方式来报复。这两种方式都不能化解矛盾，任其发展只会对孩子造成更大的伤害。

※生活实例※不让看孩子就不给抚养费，法律不支持[①]

徐先生与陈女士在法院主持下，双方达成了离婚调解协议：双方离婚，儿子由陈女士抚养，徐先生每月给付抚养费100元，但其中没有涉及徐先生探望儿子的时间。

---

① 韩立成《不让看孩子就不给抚养费　两码事岂能瞎掺和》，载北京法院网，http://bjgy. chinacourt. org/public/detail. php? id = 50。

后来，由于徐先生没有按离婚调解书确定的内容履行给付抚养费的义务，陈女士向法院申请执行，要求徐先生给付拖欠孩子的抚养费。法院在执行时，徐先生明确表示与陈女士离婚后，陈女士一直不让他看孩子，所以，除非他能见到孩子，否则，就不给抚养费。陈女士承认徐先生一直没有见到孩子，主要是自己怕对孩子的身心健康不利，有碍其成长。

给付抚养费是不抚养孩子一方的法定义务。本案中，徐先生没有给付抚养费，违反了法律规定，法院有权对其强制执行。同样，徐先生有权探望自己的儿子，但行使探望孩子的权利与他承担孩子抚养费的义务不能混为一谈，法院有权依照陈女士的执行申请对徐先生强制执行，要求其承担给付抚养费的义务。但在本案执行中，执行法官考虑到徐先生给付孩子抚养费是他的义务，可在要求其履行义务的同时，考虑他有探望子女的权利。如果能保障他的这项权利，不但对他及孩子的将来有益处，而且也有利于法院及时执结此案。为此，执行法官对陈女士进行了规劝，并告诉她不让徐先生看望孩子的做法将承担的法律后果；同时告知徐先生，给付抚养费是他的义务，不能不支付。对于执行法官的规劝，陈女士和徐先生都表示了接受。此后不久，徐先生在法院见到了孩子，也心情愉快地给付了应当承担的抚养费，案件得以顺利执行。

※**分析解答**※实践中，执行抚养费案件时，常常出现不直接抚养孩子的一方当事人以能够探望孩子为条件，才给付抚养费的情况，这于法无据，但并不意味着不直接抚养孩子的一方当事人就丧失了探望孩子的权利。法院出具的判决书或调解书中，确定的孩子随同哪一方生活，只是出于有利于孩子健康成长的考虑，并不表明孩子归属于一方，另一方就只有给付抚养费的义务而没有相应的探望权。

当然，把抚养费和探视挂钩的另一种做法也是不允许的，即以“免付抚养费”换取“放弃探望权”，即使父母双方达成了这样的协议，也因为侵害了子女的利益而无效。

92. 什么情况下可以中止另一方对孩子的探望权?

法律在规定探望权的同时，也对探望权的行使作出了限制，即父或母探望子女，不利于子女身心健康的，由法院依法中止探望权。“不利于子女身心健康” 指探望会给子女的人身安全带来损害或者影响子女的健康成长的情形，主要是指不直接抚养子女的一方有下列情形：

(1) 患有严重精神病或尚未治愈的烈性传染性疾病的；

(2) 对子女实施家庭暴力或虐待子女的；

(3) 其他不利于子女身心健康的情形。

除了这些情况以外，如果子女已经具备了一定的民事行为能力，也可以拒绝父母的探望。

中止探望权必须经过人民法院判决。只有在行使探望权不利于孩子身心健康的情况下，抚养一方才有权向法院提出中止探望权的请求，由法院裁定。法院作出中止探望权的裁定后，不与孩子共同生活的一方就不得违反裁定探望子女。探望权人改正其不良行为或身体、精神恢复健康等中止探望的事由消失后，可以向法院提起恢复探望权的申请。法院认真审查探望权人的情况，在确定其不存在不利于子女身心健康的情形后，可通知其恢复探望权的行使。

※生活实例※子女可申请中止父母的探望权[①]

周某与孟某系夫妻关系，于 1999 年 9 月经法院判决离婚，两个人的女儿小怡由孟某抚养。后双方因探望权纠纷再次诉至法院，法院判决周某每月最后一个周日探望一次，时间为两个小时，地点在被探望人住地附近。因双方当事人在探望问题上不能协商一致，周某每月探望权都是通过法院执行实现的，他已先后 17 次向法院申请执行。2003 年，被探望人小怡一再表示不愿接受其父的探望，

① 闫肃：《女儿申请中止父亲探望权》，载北京法院网，http：//bjgy. chinacourt. org/public/detail. php？ id = 3378。

并提出中止执行其父探望权的申请。监护人孟某亦认为周某每次探望之后，对小怡的学习、生活都造成不良影响，提出中止执行的申请。

法院认为，被探望人小怡已满10周岁，她明确表示不愿接受其父周某的探望，若再继续强制执行，无益于小怡的身心健康。为此，法院决定，案件中止执行。

❖**分析解答**❖虽然探望权是一种基于血缘亲子关系而产生的权利，但这种权利的行使不受任何限制显然是不可能的。探望权不仅与权利人的人身权利密切相关，同样与被探望子女的人身也是密切相关的，甚至其相关程度超过了权利人，不仅关系着被探望子女的身心健康，往往还关乎被探望子女的成长与发展，而且子女几乎都处于弱者的地位，法律应给予更多的关注和保护。在执行过程中如果被探望子女不愿被探望，除非有证据证明他受到他人威胁、利诱，否则就应尊重子女的意愿。

93. 爷爷奶奶对孙子有没有探望权?

夫妻离婚后，祖父母或外祖父母对孙子女或外孙子女是否享有探望权，现行的《婚姻法》、《民法通则》及其他相关法律法规都没有明确规定。从社会公德、伦理道德角度来说，祖父母、外祖父母探望孙子女、外孙子女也是人之常情，只要探望未成年子女不影响他们的健康成长，不妨碍直接抚养子女一方对子女的抚养、教育，一般也是不予禁止的。但是，由于祖父母或外祖父母对孙子女和外孙子女行使探望权于法无据，所以在发生纠纷时是不受法律保护的。老人探望孩子，一般情况下只要好好协商应该是没有问题的，但是如果抚养孩子一方认为探望行为已经影响到孩子，或者影响到自己正常的生活，对探望行为坚决反对而起诉到法院要求排除妨害，法院是会支持的。

※生活实例※祖父母没有法定的探视权①

2002年龚女士与前夫协议离婚，约定孩子由龚女士抚养，男方有权在每月探视孩子两次，节日父母各自陪伴孩子的时间各占50%。

离婚后，龚女士将孩子从爷爷奶奶处接回，并将他送到寄宿制幼儿园，孩子的爷爷奶奶则经常到龚女士的住处和幼儿园看望孩子。龚女士可以理解，每次都给予接待。2003年，龚女士与日本来华工作人员山田先生结婚。两个人决定不再生育，视强强为亲生骨肉，并改名为龚田。此后，爷爷奶奶还是照旧来看孩子，但是山田感到很不愉快，为了避免孩子的爷爷奶奶因为看孩子而干扰新生活，龚女士向爷爷奶奶提出：我已再婚，今后未经我允许请不要再登门看望孙子，也不要擅自去幼儿园探望孙子。但是爷爷奶奶认为，孙子一直由他们抚养，一时分开接受不了，孙子与他们有血缘关系，他们探望孙子是合情、合理、合法的，如果不让去家里的话，可以到别的地方。因此，他们改到幼儿园探望，每次都给孩子带食品。幼儿园也常向龚女士反映：小孩不定时地吃零食，影响孩子食欲，对健康也没好处；而且不定时地探望孩子使孩子的情绪波动，也会影响孩子有规律的生活。在多次劝阻无效的情况下，龚女士以“排除妨碍”为由将爷爷奶奶告到了法院。要求爷爷奶奶未经允许不得擅自探望孙子。

法院经审理认为，龚田的爷爷奶奶探望孙子在正常的家庭是无可非议的。但在离异家庭则不然，只有再婚夫妻双方没有异议，并选择了适当的场所、时间，有节制地探望孩子才可以。爷爷奶奶在龚女士已经提出异议的情况下，仍然坚持探望孙子就侵犯了母亲的监护权，违反了婚姻法的规定。法院依据《婚姻法》第38条判决如下：龚田的爷爷奶奶今后未经原告龚女士的许可，不得擅自探望孙子龚田。

---

① 巩沙、郝惠珍主编：《以案说法——婚姻家庭法篇》，中国人民大学出版社2005年版，第237页。

※**分析解答**※即使是法定探视权的行使也应当遵循一定的方式、方法和时间，以保护子女的正常的学习和生活，更何况爷爷奶奶并没有法定的探视权，其没有规律的探望可能会使孩子受到干扰。因此，这种探视应当受到限制。

第十四章 赡养纠纷

赡养是指子女在经济上为父母提供必需的生活用品和费用的行为，即承担一定的经济责任，提供必要的经济帮助，给予物质上的帮助。《宪法》第49条规定，成年子女有赡养扶助父母的义务。《婚姻法》第21条规定，子女对父母有赡养扶助的义务。子女不履行赡养义务时，无劳动能力的或生活困难的父母，有要求子女付给赡养费的权利。因此，子女赡养父母是法定的义务，不赡养父母是违法行为。

94. 子女必须要赡养父母吗?

特定的家庭成员之间履行赡养扶助的义务，是对家庭和社会应尽的责任，也是中华民族的传统美德，是社会主义道德的必然要求。赡养在特定的家庭成员之间既是一种应当遵守的道德准则，同时也是一项法定的应当履行的义务。我国《宪法》、《婚姻法》及《老年人权益保障法》都对子女对父母的赡养扶助的义务作了详尽的规定。

子女对父母的赡养扶助，其主要内容是指在现有经济和社会条件下，子女在经济上应为父母提供必要的生活用品和费用，在生活上、精神上、感情上对父母应尊敬、关心和照顾，在父母不能自理或患病时予以看护。有经济负担能力的成年子女，不分男女、已婚未婚，在父母需要赡养时，都应依法尽力履行这一义务直至父母死亡。成年子女对父母的赡养是没有期限的，从父母有需要时起至其死亡为止。而支付赡养费的方式可以根据具体情况，采取按期或者定期支付现金，如果支付现金有困难时还可以采取给予实物的方式。若是子女确实在经济方面有困难，也可以以行动来代替赡养费用的给付，如照料父母的日常起居等。子女对父母的赡养义务，不仅发生在婚生子女与父母之间，而且也发生在非婚生子女与生父母之间，养子女与养父母之间和继子女与履行了扶养教育义务的继父母之间。父母有两个以上的子女的，可以根据各自的经济能力和工作居住情况合理分摊赡养责任。

为保障受赡养人的合法权益，《婚姻法》规定：子女不履行赡养义务时，无劳动能力的或生活困难的父母，有要求子女付给赡养费的权利。对拒不履行者，可以通过诉讼解决，情节恶劣构成犯罪者，依法追究其刑事责任。

❈生活实例1❈子女是否必须无条件向父母支付赡养费[①]

原告岳某是被告岳甲、岳乙、岳丙的父亲。1999年，岳某退休，每月领取固定的退休金。因为消费不多再加上有些积蓄，因此岳某便拿出部分钱与人合伙做生意，并先后向当地两家银行贷款近8万元，约定还款期限2年。临到还款日期时，岳某无法拿出这么多钱来偿还贷款。面临银行的步步紧逼，情急之下，岳某想到了一个办法，让自己几个子女一人出一点就可以解决目前面临的问题，并且这些钱可以“赡养费”的名义让子女给自己。于是岳某便跟几个子女（即三位被告）商量，但是三位被告都不愿为岳某出钱还贷。2005年9月，岳某向法院起诉，要求法院判令三位被告一次性给付赡养费6万元。

三位被告称，原告当初不听家人劝告，执意与他人合伙开办企业，结果导致亏损。虽原告现在面临来自银行方面的债务压力，但是原告完全有能力支付，再加上每月数千元的退休金，原告的生活并未受到影响，因此坚决不同意支付赡养费。

① 贾明军、王常栋：《现代婚姻家庭经典案例》，上海交通大学出版社2008年版，第282页。

法院经审理后认为，原告岳某有经济来源，有独立的生活能力，因此三被告无须支付原告赡养费。法院判决：驳回原告岳某的诉讼请求。

※分析解答※人们通常认为，赡养父母是子女的法定义务，父母要求子女支付赡养费是一件天经地义的事情。诚然，父母子女之间的权利义务关系是法定的基本权利义务关系，父母对于未成年子女负有抚养的义务，成年子女对丧失劳动能力、生活困难的父母有赡养扶助的义务，但是这种权利义务是有前提条件的。根据法律规定，子女赡养老人有两个条件：(1) 子女有履行赡养义务的能力；(2) 父母丧失或者部分丧失劳动能力，没有经济来源。因此，对于像本案这样有经济来源的父母，子女可以拒绝支付赡养费。本案原告向子女要求支付赡养费实质上是要用赡养费来偿还债务，这当然更得不到子女的认同。所以，法院判决三位被告无须支付赡养费。

司法实践中，老年人有固定的经济收入能满足基本生活需要，且子女的经济尚不富裕，而要求子女等再承担给付赡养费的，人民法院不予支持。但老年人因医疗费、护理费等费用不能报销，要求子女及其他赡养人共同负担的，人民法院应予支持。

※生活实例2※探望父母是精神赡养[①]

张某现年90岁，因子女年事均高，无法照顾自己，自愿入敬老院生活，但为抚养费的负担与子女产生矛盾，故诉至法院。受理此案后，法官详细了解了当事人的家庭情况，并多次前往敬老院调查。经了解，张某共有二女二子，均家庭状况良好。张某年迈体衰，生活不能自理，以前曾住在子女家中，但因子女年岁亦大，故老人自愿到老年公寓生活，托老费每月700元。对此，张某的长女与次女并无异议，但长子与次子持反对意见。法院最后判决，四个子女平摊每月700元的托老费；自2003年11月起，每人每月探望

---

① 陈实：《判决精神赡养　体现人文精神》，载北京法院网，http：//bjgy. chinacourt. org/public/detail. php？ id =9280。

原告一次。

※**分析解答**※赡养包括精神与物质两个层面，精神赡养是指在家庭生活中，赡养人对被赡养人在感情、心理等方面给予关心和帮助，使被赡养人从家庭中得到更多的温暖，享受家庭特有的天伦之乐。这一判决对于精神赡养的支持是值得肯定的。

95. 子女对再婚的父母仍需要履行赡养义务吗？

再婚也是婚姻自由原则的具体体现。法律对父母再婚权利的保护包括三个方面：一是子女不得干涉父母的再婚；二是子女不得干涉父母再婚后的生活；三是子女对再婚父母仍应履行赡养义务。这种赡养义务的履行，并不因父母婚姻状态发生变化而终止。即使再婚后父母的生活条件得到了改善，子女也应该履行对父母的赡养义务。如果子女以父母再婚为由，拒绝履行其对父母应该承担的法律义务，就违反了《婚姻法》、《老年人权益保障法》等有关法律对父母子女关系的规定。

※**生活实例**※**子女不因父母再婚而免除赡养义务**①

原告沈某系于某等三位被告的父亲，沈某与妻子于1990年离婚。离婚后，沈某与三个儿女达成协议，将自己名下的房屋出租，所得的租金作为生活费交给三个儿女，自己轮流居住在三位被告家各半年。此后，原、被告均按协议实际履行。1999年，原告与张某再婚后收回了出租的房屋自行租住。因原告沈某并无生活来源，张某虽然有退休金，也难以维持两个人的生活，而三被告因不赞成原告再婚，对原告既未付赡养费也不照顾，使原告生活失去依靠。为此，原告起诉至某某区法院要求三被告支付赡养费。三位被告则以曾经订立过赡养协议，是原告自己不履行协议，不存在不赡养原告的事实为由，要求驳回原告的诉讼请求。

① 马原：《新婚姻法诠释与评析》，法律出版社2001年版，第149页。

审理中三被告坚持认为现其父再婚，继母张某也有退休金，虽然不多尚能维持双方的生活，如果还不够维持生活，二位老人还可以搬回张某的原住处，将沈某的住房出租，以租金作为生活费，所以不愿履行赡养义务。法院经过审理，依法判决三被告应每月给付原告赡养费500元，其中第一被告与第三被告各负担150元，第二被告负担200元。

※分析解答※根据《婚姻法》的有关规定，赡养父母作为一种法定义务是不能随意被免除的。赡养义务的履行，并不因父母婚姻状态发生变化而终止。子女不能因父母再婚而对父母不闻不问，相互推诿，不尽赡养义务。

本案中，沈某不仅有再婚的权利，而且有要求子女承担赡养义务的权利。因沈某再婚时，其与张某的子女均已成年，不可能与继子女产生任何权利义务关系，所以还是应该由各自的子女承担赡养义务。虽然法律规定夫妻间有相互扶养的义务，但是并不能免除子女对再婚父母的赡养义务。因此，被告不能以原告的配偶有退休金来拒绝赡养原告。

96. 养子女要赡养生父母吗?

收养，是将他人的子女作为自己的子女，使收养人和被收养人之间建立起拟制亲子关系的一种民事法律行为。根据我国《收养法》的相关规定，收养关系成立后，养父母与养子女之间的权利义务关系，适用法律关于父母子女关系的规定，被收养人与生父母之间的权利、义务消失；当收养关系依法解除后，养子女与养父母之间的权利义务关系自行消除，与生父母之间的权利义务关系自行恢复；成年养子女与生父母之间的权利义务关系是否恢复，可以协商确定。如果解除收养关系时，子女已经成年，基于之前形成的抚养教育关系，养子女还是需要对养父母承担一定的赡养义务的，但对于其生父母则不必然恢复赡养的义务。

※生活实例※亲生父母能否要求已经被他人收养的子女赡养[①]

1980年，王某和苏某正式收养了苏小妹，在苏小妹上高中时，苏小妹的亲生父母罗某和谭某找到苏家向苏小妹告知了她的身世。但见苏小妹和养父养母的感情深厚，也不好提出将女儿领回的要求。之后，两家互有往来，相处融洽直至苏小妹成年。2001年，罗某因意外事故而去世，谭某没有了经济来源，几年后生活陷入困境。这时谭某找到已经工作的苏小妹，要求她尽到对亲生母亲的赡养义务。苏小妹则认为自己没有赡养谭某的义务，二人诉至法庭。

法院经审理认为，苏某夫妇与苏小妹之间形成了合法的收养关系，与此同时，苏小妹与其亲生父母之间的权利义务解除，所以，苏小妹对其亲生母亲谭某没有法律上的赡养义务。

※分析解答※根据《收养法》和《婚姻法》的相关规定，收养关系成立后，养父母便需要承担对养子女的抚养教育义务，而成年的养子女对生活困难的养父母应该承担赡养义务；被收养人与生父母之间原有的权利、义务也随即消失。生父母不再承担抚养子女的义务，子女也不再有赡养义务。

本案中，苏某和王某为收养苏小妹办理了合法的手续，并将其抚养成人，尽到了抚养教育的义务，他们之间的关系应当适用父母子女的关系。而谭某和罗某虽然与苏小妹具有血缘上的关系，但是他们之间的关系已经自收养关系成立之日起解除，苏小妹对他们不再承担赡养义务。

97. 继子女是否要赡养继父母?

继子女是指妻与前夫或者夫与前妻所生的子女；而继父母是指父或母的再婚配偶。继父母和继子女之间，与子女与和亲生父母的关系不完全一样，并不能当然地产生父母子女关系，只有形成一定

① 巫昌祯：《婚姻执行状况调查》，中央文献出版社2004年版，第311页。

的抚养关系，才能产生父母子女间的权利和义务。如果继父母实际上与继子女形成抚养教育的关系，即使在继子女成年后继父母与继子女的生父母离婚，继子女还是应当承担必要的赡养义务。但是，没有形成抚养关系的继父母子女之间则不产生任何权利义务关系，相互之间存在的只是身份上的亲属关系，一旦作为这种身份基础的姻亲关系解除，这种身份关系也自然不复存在，当然更不存在赡养义务。

※生活实例※继父与生母离婚后，继子女是否要赡养继父[1]

30年前，郭老汉与带着两个分别8岁、6岁女儿的刘老太登记结婚，婚后无子女。共同生活9年后，双方因感情不和经法院调解离婚，后无甚来往。21年后，孤身一人的郭老汉生活不能完全自理，需要雇人照看，且要赡养年逾80岁的老母，每月退休费不足以维持生活开销，想到曾抚养了张家姐妹9年，故郭老汉将其诉至法院，要求二人每月给付赡养费300元。

张家姐妹现已成家立业，但各自生活并不宽裕。她们认为自己与郭老汉之间的关系已随其母离婚后消失，无义务亦无能力对郭老汉进行赡养。

法院认为，郭老汉与刘老太婚姻存续期间，张家姐妹年龄尚小，应视为郭老汉对二姐妹在一定程度上履行了抚养教育义务，故郭老汉要求二姐妹给付赡养费之请求合理合法，理由正当。考虑到郭老汉每月有退休金，二姐妹生活并不宽裕，在法庭主持下，双方达成调解协议，由姐妹分别一次性给付郭老汉1500元。

※分析解答※根据我国《婚姻法》的规定，如果继父母实际上与继子女形成抚养教育的关系，就享有与自然血亲的父母相同的权利。继父母对继子女履行了抚养教育的义务，依照权利义务相一致的原则，在父母年老体弱，丧失劳动能力又无生活来源时，继子女应当承担赡养义务，而且该义务不因继父母与生父母的离婚而

---

① 王艳菊：《离婚21载后诉继女赡养获支持》，载北京法院网，http：//bjgy. chinacourt. org/public/detail. php? id =71463。

解除。

本案中，张家姐妹与郭老汉共同生活长达9年，双方已经形成事实抚养关系。根据我国法律规定，他们之间的权利义务关系适用婚姻法关于父母子女的权利义务规定。虽然郭老汉和刘老太两人现在已经离婚，但是张家姐妹仍然应当承担赡养义务。

98. 弟妹是否有义务扶养成年兄姐？

在一般的情况下，赡养扶助主要发生在父母与子女之间，但是也有特殊的情况，如由兄姐抚养长大的有负担能力的弟、妹，对于缺乏劳动能力又缺乏生活来源的兄姐有扶养的义务。因兄姐并无抚养弟妹的法定义务，其抚养弟、妹长大成长是出于亲情，此时的兄姐已经部分甚至全部替代了父母养育的角色，替父母履行了抚养的义务，为了体现利益的平衡，也是为了鼓励这种行为，法律规定抚养弟、妹长大的兄姐在缺乏劳动能力又缺乏生活来源时可以要求有负担能力的弟、妹扶养。因为兄姐与父母还是有所不同，所以法律对此种扶养义务作了相应的限制，以免过分加大扶养人的义务：一是兄姐只有在其年老体迈或因患疾病缺乏劳动能力又缺乏生活来源时才能要求弟、妹扶养；二是此时的弟、妹必须有负担能力。

❖生活实例❖弟、妹有义务扶助曾经抚养自己的兄姐①

15岁时父亲去世，因母亲是弱智，不能照管孩子，长子陈某某挑起了家庭的重担，不仅将两个妹妹都抚养成人，还把最小的弟弟培养成了大学生，而自己一直没有机会成家。现在陈某某患有多种疾病，难以自己生活。于是希望三个弟妹能帮助自己，但是由于对每月支付多少钱款有争议，协商不成。陈某某一气之下便诉至法院，要求三被告给予经济帮助。

经法院调解后，双方达成协议，由两个妹妹每月各支付陈某某

① 马原：《新婚姻法诠释与评析》，法制出版社2001年版，第145页。

60 元生活费，在城里工作的弟弟每月支付陈某某 130 元的生活费。

❈**分析解答**❈虽然在现实生活中，大多数弟、妹在兄姐生活发生困难时能伸出援助之手，即使不是由兄姐抚养长大，也能做到这一点，体现了手足之情。但是有一些弟、妹在由兄姐抚养长大后，却没有回报意识。本案中的原告陈某某在其父去世，其母又没有抚养能力的情况下，挑起了家庭生活的重担，为抚养弟、妹付出了很大的代价，甚至牺牲了自己的幸福，将未成年弟、妹抚养长大。在弟、妹长大成人后，自己已经丧失劳动能力，又缺乏必要的生活来源时，被其抚养长大的弟、妹理应承担起对兄长的扶养义务。

99. 孙子女（外孙子女）是否应赡养祖父母（外祖父母）？

祖父母（外祖父母）与孙子女（外孙子女）是直系血亲，是除了父母子女之外，最为亲近的血亲关系。赡养父母，首先应该是子女的义务。而孙子女、外孙子女对祖父母、外祖父母的赡养则是父母子女之间赡养义务的补充，只有具备以下三个条件时才承担赡养义务：第一，有赡养义务的当事人已经死亡或无力履行赡养义务。第二，承担补充赡养义务的人，有负担能力。即孙子女（外孙子女）对祖父母（外祖父母）有给付赡养费的经济能力。第三，被赡养人是没有独立生活能力的人。即祖父母（外祖父母）丧失劳动能力、没有经济来源、生活困难。但是，孙子女（外孙子女）与祖父母（外祖父母）之间的赡养义务的履行，并不以共同生活和曾经尽过抚养义务为限，即使祖孙并不共同生活，在符合法定条件的情况下，他们也要履行赡养义务。在父母死亡或无力赡养的情况下，孙子女（外孙子女）不能以祖父母（外祖父母）没有尽过抚养义务为由拒绝履行赡养义务。

※生活实例※孙子女赡养祖父母有条件[①]

张老太与丈夫共生有五个子女，丈夫于1998年4月死亡，长子王甲于2000年8月9日死亡，小王系王甲之子。2007年6月1日，张老太住进敬老院，每月交纳饭费、床位费、服务费共计800元。为了维持正常生活，张老太诉至法院，求四子女和孙儿小王五人平均负担敬老院的费用及住院费用，并每人每月给付生活用品费各50元。

※分析解答※根据《婚姻法》第28条的规定，孙子女、外孙子女只有在祖父母、外祖父母的第一顺序赡养义务人已经死亡或者无力赡养且祖父母（外祖父母）没有固定收入和其他生活来源或生活无法自理的情况下才承担赡养义务。本案中，由于张老太的四个子女仍然健在，且有赡养老人的能力，所以应当由他们承担赡养张老太的义务，而不能把小王列为被告要求其也承担赡养义务。

100. 父母未尽抚养义务，子女可以不履行赡养义务吗?

赡养父母是成年子女的一项法定义务，子女不能以任何理由予以拒绝履行这样的义务。当子女不履行赡养义务时，无劳动能力的或生活困难的父母，有权利要求子女给付赡养费。如果父母因为客观原因未尽抚养的义务或者在抚养过程中有一般的过错，子女的赡养义务不应当予以免除，当然，此处的客观原因并不包括因为经济能力无法尽负担抚育子女责任而遗弃或者送养子女的情形。而且子女尽赡养义务并不以父母尽抚养义务为前提。除非父母有严重伤害子女感情和身心的行为，如父母杀害、虐待、遗弃等严重侵犯子女权益的行为，此时由于父母负有重大过错，维系父母与子女之间的感情和伦理纽带已经完全被割裂，已经足以认定父母丧失其要求子

① 张倩:《父去世，孙儿对祖母不当然负有赡养义务》，载北京法院网，http://bjgy.chinacourt.org/public/detail.php?id=64415。

女赡养的权利。

※生活实例※子女尽赡养义务并不以父母尽抚养义务为前提[1]

刘某某1972年被判刑后，前妻李某与之离婚，后携带着两个孩子改嫁钱某，孩子也改姓钱。刘某某刑满释放后以打工为生。近年来，因年老体弱，无人雇请而失去生活来源。迫于无奈，刘某某曾多次要求两个孩子负担赡养费，但两个孩子辩称：他们自小是由别人养大的，刘某某未尽抚养义务。因此，不同意给付刘某某赡养费。

法院审理后认为：法律规定，子女对父母有赡养扶助的义务。遂判决，两子女应给付刘某某赡养费每月100元至其生命终结时止。

※分析解答※在现实生活中，由于客观方面的原因，有时父母无法对子女尽到抚养教育的义务。这些子女在成年后，往往以此为由拒不赡养老人，这种做法是错误的。我国《婚姻法》规定了父母子女之间互相扶养的对等的权利义务，但并不是说这两个权利之间必须是相互对应的，子女也绝不能以父母是否对自己履行抚养教育义务而作为其履行赡养父母义务的前提。当父母年老、无生活能力且生活困难，需要赡养时，子女不能以任何理由和借口推诿而拒不履行。赡养父母作为法律明文规定的一项义务，具有法律上的强制性。

本案中，虽然刘某某对其子女未尽抚养的义务，但毕竟是因为客观原因（服刑）所导致，并不属于严重的侵犯子女权益的行为，因此两个孩子认为刘某某未尽抚养义务导致他们年幼时生活困难而不同意赡养的抗辩理由不能成立。尽管两子女是由生母和继父抚育成人，但父母与子女的权利义务关系并不因父母离婚而终止，刘某某与其的父子女关系并未改变，所以刘某某的子女还是要履行赡养的义务。法院在综合考虑本案的案情和刘某某子女的实际负担能力后，确定两子女共负担每月100元的赡养费是恰当的。

---

① 中国法律检索系统广东省佛山市三水区人民法院（2003）三法民三初字第96号民事判决书。

101. 子女放弃继承权就可以不赡养父母吗?

赡养父母是为人子女应尽的法定义务，除了法律规定的特殊情形之外，成年子女对父母的赡养义务是无条件的。现实中子女有时以分家或者继承相关遗产为条件对父母尽赡养义务，有时以放弃继承权作为条件不履行赡养义务，这些都是不受法律保护的，因为子女的赡养义务是不能附条件或者协议免除的。如果签订相关的协议，属于违反社会的公序良俗，应当认定为无效。我国《老年人权益保障法》第15条第1款对此作出了明确规定："赡养人不得以放弃继承权或者其他理由，拒绝履行赡养义务。"继承权作为一项民事权利与履行赡养义务之间没有必然的联系。显然，在父母健在的情况下，不能以放弃继承权来免除赡养义务。

※生活实例※赡养母亲附加条件，纵有协议也无效[①]

2006年12月，张某的爱人去世，在本村三位见证人在场的情况下，由张某的弟弟张某某组织，张某的三个儿子、两个闺女签订了赡养协议。其中第三条就规定了因儿子田某开出租并在镇里定居，其自愿放弃张某在村里的房产，其也不负责张某的生前赡养和死后安葬等一切费用。2007年11月初，张某诉至法庭，以自己年老无生活来源为由，请求判令儿子田某按月给付自己300元，并承担自己医疗费用的五分之一。

审理过程中，田某也声称自己是迫于无奈，为安宁才签了此赡养协议，自己已放弃房产继承份额，做了很大的牺牲，要承担赡养协议必须重新立分家单，重新分割家产。张某某也出庭证明此赡养协议是当事人真实意思的表示。另查，张某出资购买了农村合作医疗保险。

法庭审理后认为，虽然该赡养协议是双方当事人真实意思的表

① 邢金梅、沈波：《赡养母亲附加条件 有悖法律不被支持》，载北京法院网，http://bjgy.chinacourt.org/public/detail.php?id=60970。

示，但其中的一些条款与现行法律规定相抵触，应属无效；双方当事人涉及分割财产问题系另一法律关系，应另案解决。最后，法院判决被告田某按月给付原告张某200元，并承担原告张某医疗费用自费部分的五分之一。

※分析解答※赡养父母、关心和尊敬父母是中华民族的传统美德，也同样是为人子女应尽的法定义务。除了法律规定的特殊情形之外，成年子女对父母的赡养义务是无条件的。田某以放弃继承权为由不承担赡养义务的做法显然是错误的。赡养协议中的这一条款也是因为违法而无效的。

102. 订立赡养协议后就可以拒绝赡养老人吗？

在司法实践中，在被赡养人的子女不止一个的情况下，法律允许这些赡养人之间就赡养父母签订协议，合理分摊各自的权利义务。《老年人权益保障法》第17条特别规定："赡养人之间可以就履行赡养义务签订协议，并征得老年人同意。居民委员会、村民委员会或者赡养人所在组织监督协议的履行。"这主要是为了使各个赡养人根据自己的实际情况来妥善安排老人的赡养，以分清责任、减少纠纷的发生。

赡养协议签订后，一般情况下应当按照协议履行，不得随意变更，但如果当时协议的适用条件发生重大改变，如负责赡养父母的一方无力继续赡养，或者父母患病或者生活不能自理，无须赡养或者只需支付赡养费的子女都不得以事前存在协议作为抗辩的理由不同意赡养，法院可以根据实际情况重新分配赡养责任。

※生活实例※订立不赡养协议，子女赡养义务不免除①

由于儿女较多，经济条件不好，在二儿子结婚时，我没有给他任何财产，我觉得愧对于他，当时便书面订立协议，表明二儿子可

① 张静：《订立不赡养协议　子女赡养义务不免》，载北京法院网，http：//bjgy.chinacourt. org/public/detail. php? id=46881。

以不赡养我。但我今年已经76岁了，行动不便，疾病缠身。几个子女中，二儿子的条件好一些，我想要求其赡养我。请问，我的要求合理吗？

❈**分析解答**❈正如上述分析，这样的“赡养协议”是无效的，赡养父母是儿子的法定义务。您可以向二儿子要求赡养费。

第十五章 收养关系纠纷

收养是指自然人依照法律规定，领养他人的子女为自己的子女，在本无自然血亲关系的收养人与被收养人之间形成拟制血亲的父母子女关系的民事法律行为。收养关系纠纷包括确认收养关系纠纷和解除收养关系纠纷。确认收养关系即通过司法程序确认事实上的收养行为合法有效。解除收养关系是指对拟制的父母子女关系通过一定程序解除父母子女间权利义务关系的行为。

103. 收养子女应当符合哪些条件?

我国《收养法》对被收养人、送养人和收养人都作了明确规定，首先要符合这些条件：

(1) 被收养人的条件

《收养法》第4条规定，下列不满14周岁的未成年人可以被收养：

①丧失父母的孤儿。孤儿是指父母死亡或人民法院宣告其父母死亡的不满14周岁的未成年人。

②查找不到生父母的弃婴和儿童。指被父母遗弃的初生儿和其他未满14周岁的未成年人。作为被收养人的弃婴和儿童，应以其生父母查找不到为必要条件。

③生父母有特殊困难无力抚养的子女。一般说来，父母身患严重疾病，无劳动能力等原因，以至于无法或不宜抚育子女的，可以视为有特殊困难，无力抚养。

※生活实例1※不符合法定条件的收养无效[①]

刘某、林某夫妇曾生有一子，但其于1998年去世。经人介绍，刘某、林某于1999年“收养”一子王某（当时19周岁）与之共同生活，但并未到相关部门办理收养登记。2001年，刘某、林某将王某户口迁入原告处。双方共同生活期间，刘某、林某按当地婚礼习俗为王某筹办了典礼仪式。2006年3月，刘某、林某与王某关系恶化后双方不再共同生活，王某离家出走至今。后刘某、林某起诉至法院，要求法院确认其与王某收养关系无效，并要求王某给予补偿款2万元。

法院经审理后，判决收养关系无效，并判决王某适当给付刘某、林某补偿款1万元。

※分析解答※根据我国《收养法》的规定，收养的目的之一就是保护未成年人的抚养、成长，只有未成年人才能成为被收养人，成年人不能成为被抚养人，所以本案中的收养因不符合法律规定而无效。

（2）送养人的条件

《收养法》第5条规定，下列公民、组织可以作为送养人：

①孤儿的监护人。一般来说，孤儿以其具有监护能力的祖父母、外祖父母、兄、姐或其他关系密切的亲属和朋友为监护人。没有以上监护人的，也可以有关组织担任监护人。监护人的确定应依法定程序进行。监护人送养未成年孤儿的，须征得有抚养义务的人同意。有抚养义务的人不同意送养、监护人不愿意继续履行监护职责的，应当依照《民法通则》的规定变更监护人。有抚养义务的人是指具有监护能力的祖父母、外祖父母、兄、姐。

②社会福利机构。指各地民政部门主管的收容、养育孤儿和查找不到亲生父母的弃婴、儿童的社会福利院。

③有特殊困难无力抚养子女的生父母。生父母送养子女，须双

---

① 黄晓慧：《收养成年男子　收养关系应属无效》，载北京法院网，http：//bjgy.chinacourt.org/public/detail.php？id=61187。

方共同送养。生父母一方不明或者查找不到的，可以单方送养。配偶一方死亡，另一方送养未成年子女的，死亡一方的父母有优先抚养的权利。未成年人的父母均不具备完全民事行为能力的，该未成年人的监护人不得将其送养，但父母对该未成年人有严重危害可能的除外。但是，送养人不得以送养子女为理由违反计划生育的规定再生育子女。生父母为送养人的，必须与当地计生部门签订今后不再生育的协议，且必须保证夫妻双方都同意送养，其他有抚养义务的人也同意送养才行。

※生活实例2※单方送养孩子无效

王某与丈夫刘某因感情破裂离婚，2岁的女儿随其生活，刘某每月付给孩子150元抚养费。可刘某只付了3个月，就不再支付。依靠王某独自抚养孩子，生活过得比较困难，而邻居徐大姐因为不能生育，想收养一个孩子。因此，王某和徐大姐达成协议，准备将孩子送给他们。刘某知道后，坚决不同意。但王某认为，女儿随其生活，刘某已1年没有支付孩子抚养费，王某自己有权单方面送养孩子。她的想法正确吗？①

※分析解答※根据《收养法》的规定，生父母要送养子女时，双方必须共同商量并达成一致。法律如此规定，是因为父母同为子女的监护人，对子女有着同等的权利和义务，任何一方都无权擅自将子女送与他人收养。生父母中有一方不同意送养的，收养关系就不能成立。即便父母离婚，与子女之间的血缘关系并没有解除，不抚养孩子的一方在权利、义务上并没有改变，直接抚养人不经对方同意，单独将子女送养他人也是无效的。

（3）收养人的条件

①收养人无子女。收养人无论是已婚者还是无配偶者，必须没有子女。有配偶者收养子女，须夫妻共同收养。一般情况下，收养人只能收养1名子女，但是，收养孤儿、残疾儿童或者社会福利机

① 叶玉娟：《离婚后能单方送养子女吗》，载北京法院网，http：//bjgy. chinacourt. org/public/detail. php? id =52992。

构抚养的查找不到生父母的弃婴和儿童，可以不受收养人无子女和收养1名的限制。

②收养人有抚养教育被收养人的能力。收养人应当有完全民事行为能力，具备抚养被收养人的经济条件，有良好的道德品质，能够从物质生活和教育方面为被收养人提供良好的条件和环境，使得被收养人健康成长。

③收养人未患有在医学上认为不应当收养子女的疾病。这也是从被收养人的利益出发，以保证被收养人的健康成长。

④收养人夫妻双方必须年满30周岁，无配偶的男性收养女性的，收养人与被收养人的年龄应当相差40周岁。

收养人收养与送养人送养，须双方自愿。被收养人是10周岁以上不满14周岁的未成年人，还应当征得被收养人同意。

收养三代以内同辈旁系血亲的子女，可以不受《收养法》第4条第3项、第5条第3项、第9条和被收养人不满14周岁的限制。华侨收养三代以内同辈旁系血亲的子女，还可以不受收养人无子女的限制。

继父或者继母经继子女的生父母同意，可以收养继子女，原则上不受上述的限制。

外国人在华收养子女，不仅应当符合我国有关收养法律的规定，还应当符合收养人所在国有关收养法的规定，即应当经其所在国主管机关依照该国法律审查同意。

❈生活实例3❈外国人在华收养子女须履行法定手续[①]

美国籍教师，35岁，无配偶，两年前来到我国教书。“5·12”特大地震灾害后四川出现了许多不幸的孤儿。媒体报道了一名女孩儿，她勇敢地救出多名同学，自己却十分不幸地成了一名孤儿。他想收养这个坚强、勇敢的女孩儿。依照我国的法律，他是否具备收养条件？

---

① 张璐璐：《我可以收养中国地震孤儿吗?》，载北京法院网，http：//bjgy. chinacourt. org/public/detail. php? id = 72779。

※**分析解答**※依照我国《收养法》第21条，外国人依照本法可以在中国收养子女。本条第2款还讲明，外国人在中华人民共和国收养子女，应当经其所在国主管机关依照该国法律审查同意。也就是说，外国人在中国收养子女，需经其所在国主管机关依照该国法律审查同意，且须同时符合我国法律。我国《收养法》第9条规定，无配偶的男性收养女性的，收养人与被收养人的年龄应当相差40周岁以上。综上，他不具备收养中国女性孤儿的条件。

104. 怎样办理收养登记？

《收养法》第15条规定，收养应当向县级以上人民政府民政部门登记。收养关系自登记之日起成立。国内公民办理收养登记的，应当根据不同的类型提交下列证明材料：

第一，收养丧失父母的孤儿。

有子女的收养人可以收养未满14周岁丧失父母的孤儿，办理收养孤儿的登记手续，在被收养孤儿生父母或孤儿临时监护人常住户口所在地的民政局收养登记机关办理。

首先，收养人须提供：

（1）收养孤儿申请书。内容包括收养人的姓名、年龄、婚姻状况、子女情况、职业、经济状况、健康情况、抚养教育小孩的能力等；被收养小孩成为孤儿的情况背景；收养原因及保证被收养小孩健康成长等内容，该申请书由单位或居委会（村委会）盖章证明。

（2）户口簿、身份证。

（3）结婚证（或离婚证、丧偶证明、未婚证明）。

（4）单位或居委会（村委会）出具的本人婚姻状况、有无子女和抚养教育收养人的能力等情况的证明。

（5）常住地计划生育部门出具的收养人生育情况、子女情况的证明。

（6）指定的县以上医疗机构出具的身体健康检查证明。

其次，送养人须提供：

（1）户口簿、身份证。

（2）孤儿的出生证、户口簿。

（3）孤儿的成长报告。

（4）县以上医院出具的孤儿的身体检查证明。

（5）有抚养义务人的同意送养意见。

（6）监护人为送养人提交的承担监护责任的证明：

①监护人为孤儿的祖父母、外祖父母或孤儿的兄、姐的，该证明由监护人所在单位或监护人住所在地的居委会（村委会）出具；

②监护人为关系密切的其他亲属、朋友的，该证明由孤儿的父、母所在单位或孤儿住所地的居委会（村委会）出具；

③监护人为孤儿的父、母所在单位或孤儿住所地的居委会（村委会）或民政部门的，该证明由承担监护责任的组织出具；

④在指定监护的情况下，该证明由孤儿的父、母所在单位或孤儿住所的居委会（村委会）出具，或由人民法院出具。

（7）孤儿的父母死亡或宣告死亡的证明：

①自然死亡于医疗机构内的由该机构出具；

②凡死于家中的，由所在地公安部门出具；

③非正常死亡或不能确定的，须经当地县以上公安部门判定死亡性质并出具死亡证明；

④宣告死亡的证明由人民法院出具；

⑤被收养人生父母无完全民事行为能力并对被收养人有严重危害的证明，由人民法院出具。

第二，收养福利机构抚养的弃婴、儿童。

国内公民（不受收养人有子女的限制）收养福利机构抚养未满 14 周岁查找不到生父母的弃婴、儿童的，须到民政局的收养登记机关提出申请，凭《收养福利机构弃婴申请表》到福利机构申请办理试养小孩手续（3 个月试养期），试养期过后，办理弃婴公告（60 天公告期），公告期过后向收养登记机关提供有关办理收养登记的证明材料。

首先，收养人须提供：

（1）收养福利机构弃婴（童）申请表；

（2）户口簿、身份证；

（3）结婚证（或离婚证、丧偶证明、未婚证明）；

（4）单位或居委会（村委会）出具的本人婚姻状况、有无子女和抚养教育被收养人的能力等情况的证明；

（5）常住地计划生育部门出具的收养人生育情况、子女情况证明；

（6）指定的县以上医疗机构出具的身体健康检查证明。

其次，福利机构须提供：

（1）福利机构负责人的身份证件；

（2）同意送养书面意见；

（3）弃婴、儿童进入福利机构的原始记录，公安机关捡拾弃婴、儿童报案的证明；

（4）孤儿的生父母死亡或宣告死亡的证明；

（5）承担监护责任证明；

（6）被收养人的成长报告；

（7）被收养人的体检检查证明；

（8）被收养人是残疾弃婴、儿童的，应提交县以上医疗机构出具的残疾证明；

（9）被收养人的集体户口底册。

第三，收养非福利机构抚养的查找不到生父母的社会弃婴和儿童。

收养人必须无子女才能收养查找不到生父母的社会弃婴。收养在社会上捡拾的查找不到生父母的社会弃婴，在弃婴发现地的民政局的收养登记机关办理收养登记。在办理收养登记前，须提供公安派出所出具的《捡拾弃婴（儿童）报案证明》并办理弃婴公告（60天），公告期过后，向收养登记机关提供办理收养登记的有关证明材料。

办理收养登记收养人须提供：

（1）收养社会弃婴申请书；内容包括收养人的姓名、年龄、婚姻状况、子女情况、职业、经济状态、身体健康情况，抚养教育小孩的能力，捡拾弃婴的经过情况，保证小孩健康成长等内容。该申请书由单位或居委会（村委会）盖章证明；

（2）户口簿、身份证；

（3）结婚证（或离婚证、丧偶证明、未婚证明）；

（4）单位或居委会（村委会）出具的本人婚姻状况、有无子女和抚养教育被收养人的能力等情况的证明；

（5）常住地计划生育部门出具的收养人生育情况、子女情况证明；

（6）公安机关出具的捡拾弃婴、儿童报案的证明；

（7）指定的县以上医疗机构出具的身体健康检查证明；

（8）县以上医院出具的收养人不孕证明；

（9）被收养人是残疾弃婴、儿童的，还应提供指定的县以上医疗机构出具的残疾证明。

❈生活实例❈捡到弃婴不能私自收养

出门晨练时张某在医院门口捡到一个弃婴，与丈夫结婚多年没有孩子，她想收养这个弃婴是否还需要办理相关手续？

❈分析解答❈捡拾了弃婴，千万不能私自养起来，一定要到公安部门去报案，由公安部门先行寻找其亲生父母。一定先证实弃婴身份后才可进行收养。办理收养登记，必须要在弃婴捡拾地的县级民政部门。张某的情况符合收养法规定的收养人条件，可以收养，但要出具相关的证明材料。

105. 收养成立后产生什么法律效力？

自收养关系成立之日起，养父母与养子女间的权利义务关系，适用法律关于父母子女关系的规定；养子女与养父母的近亲属间的权利义务关系，适用法律关于子女与父母的近亲属关系的规定。养子女与生父母及其他近亲属间的权利义务关系，因收养关系的成立而消除。养子女可以随养父或者养母的姓，经当事人协商一致，也可以保留原姓。

收养关系成立后，公安部门应当依照国家有关规定为被收养人办理户口登记。

106. 事实收养是否为法律所认可?

事实收养也称私自收养，是指国内公民不符合《收养法》关于收养子女有关规定，私自收养子女的事实行为。

我国现行《收养法》是1991年12月29日通过、1992年4月1日施行的，1998年11月4日进行了修改，修改后的《收养法》自1999年4月1日起施行。

事实收养或者说私自收养经常发生，这是我国的一个现实。过去对私自收养的政策是，可以通过签订收养协议和收养公证来确立收养关系，但《收养法》修订以后，并没有确定这两种程序可以成立收养关系。因收养关系没有登记不能依法成立，私自收养现象的存在导致已经被抚养的未成年人在落户、入学、继承等方面的合法权益无法得到有效保障。为此，民政部、公安部、司法部、卫生部、人口计生委五部门2008年9月下发《关于解决国内公民私自收养子女有关问题的通知》，该通知对私自收养子女问题按不同时段区别对待：

（1）1999年4月1日《收养法》修改决定施行前国内公民私自收养子女的，依据司法部《关于办理收养法实施前建立的事实收养关系公证的通知》、《关于贯彻执行〈中华人民共和国收养法〉若干问题的意见》和公安部《关于国内公民收养弃婴等落户问题的通知》的有关规定办理。其中，依据司法部《关于贯彻执行〈中华人民共和国收养法〉若干问题的意见》的规定，对当事人之间抚养的事实已办理公证的，抚养人可持公证书、本人的合法有效身份证件及相关证明材料，向其常住户口所在地的户口登记机关提出落户申请，经县、市公安机关审批同意后，办理落户手续。

（2）对1999年4月1日至2009年4月1日前产生的私自收养问题，按照下列情况办理：

①收养人符合收养法规定的条件。私自收养非社会福利机构抚养的查找不到生父母的弃婴和儿童，捡拾证明不齐全的，由收养人提出申请，到弃婴和儿童发现地的县一级人民政府民政部门领取并填写《捡拾弃婴（儿童）情况证明》，经收养人常住户口所在地的村（居）民委员会确认，乡（镇）人民政府、街道办事处审核并出具《子女情况证明》，发现地公安部门对捡拾人进行询问并出具《捡拾弃婴（儿童）报案证明》，收养人持证明及其他证明材料到弃婴和儿童发现地的县一级政府民政部门办理收养登记。

②收养人具备抚养教育能力，身体健康，年满30周岁，先有子女，后又私自收养非社会福利机构抚养的查找不到生父母的弃婴和儿童，或者先私自收养非社会福利机构抚养的查找不到生父母的弃婴和儿童，后又生育子女的，由收养人提出申请，到弃婴和儿童发现地的县一级政府民政部门领取并填写《捡拾弃婴（儿童）情况证明》，发现地公安部门出具《捡拾弃婴（儿童）报案证明》。弃婴和儿童发现地的县一级政府民政部门应公告查找其生父母，并由发现地的社会福利机构办理入院登记手续，登记集体户口。

③收养人不满30周岁，但符合收养人的其他条件，私自收养非社会福利机构抚养的查找不到生父母的弃婴和儿童且愿意继续抚养的，可向弃婴和儿童发现地的县一级政府民政部门或社会福利机构提出助养申请，登记集体户口后签订义务助养协议，监护责任由民政部门或社会福利机构承担。待收养人年满30周岁后，仍符合收养人条件的，可以办理收养登记。

④单身男性私自收养非社会福利机构抚养的查找不到生父母的女性弃婴和儿童，年龄相差不到40周岁的，由当事人常住户口所在地的乡（镇）人民政府、街道办事处，动员其将弃婴和儿童送

交当地县（市）人民政府民政部门指定的社会福利机构抚养。

夫妻双方在婚姻关系存续期间私自收养女性弃婴和儿童，后因离婚或者丧偶，女婴由男方抚养，年龄相差不到40周岁，抚养事实满一年的，可凭公证机构出具的抚养事实公证书，以及人民法院离婚判决书、离婚调解书、离婚证或者其妻死亡证明等相关证明材料，到县（市）人民政府民政部门申请办理收养登记。

⑤私自收养生父母有特殊困难无力抚养的子女、由监护人送养的孤儿，或者私自收养三代以内同辈旁系血亲的子女，符合《收养法》规定条件的，应当依法办理登记手续；不符合条件的，应当将私自收养的子女交由生父母或者监护人抚养。

（3）私自收养发生后，收养人因经济状况、身体健康等原因不具备抚养能力，或者收养人一方死亡、离异，另一方不愿意继续抚养，或者养父母双亡的，可由收养人或其亲属将被收养人送交社会福利机构抚养（被收养人具备完全民事行为能力的除外）。其亲属符合收养人条件且愿意收养的，应当依法办理收养登记。

（4）对于不符合上述规定的国内公民私自收养，依据《收养法》及相关法律法规的规定，由当事人常住户口所在地的乡（镇）人民政府、街道办事处，动员其将弃婴或儿童送交社会福利机构抚养。

107. 收养关系可以解除吗?

根据《收养法》规定，养父母和成年子女关系恶化，无法共同生活的，可以协议解除收养关系。不能达成协议的，可以向人民法院起诉。收养人在被收养人成年以前，不得解除收养关系，但收养人与送养人协议解除的除外，养子女满10周岁以上的，应当征得本人同意。可见，一般情况下，解除收养关系的前提就是被收养人已经成年，因为已经成年就可以自己供养自己的生活，不必再依靠养父母。

当事人协议解除收养关系的，应当向民政部门办理解除收养关系的登记，领取解除收养关系的证明。

※生活实例1※解除收养应当办理登记手续①

李某与其丈夫有三个孩子，2003年李某的丈夫去世，家里经济条件一直不好。王某是李某丈夫的弟弟，妻子刘某无生育能力。王某为了实现做父亲的愿望，便与刘某商量收养一个孩子，起初刘某不同意，后经王某做工作才勉强同意。2003年5月20日，王某夫妇收养了李某13岁女儿小玉，并办理了收养登记手续。王某视小玉为掌上明珠，倍加珍爱，但刘某性格古怪，经常无故打骂李某的女儿，有时甚至以不给饭吃作为惩罚。李某知道后，决定解除收养关系，经与王某夫妇商量，小玉重新回到了李某的身边。因王某割舍不了对小玉的感情，一直没有办理解除收养关系的登记手续。2007年，王某因车祸去世，留下住宅一套，存款48万元，未留遗嘱。李某的女儿要求继承王某的遗产并起诉至法院。法院判决小玉可以依据养子女的身份来继承王某的遗产。

※分析解答※本案中，王某夫妇与小玉的父母就收养关系达成了书面协议，并征得了小玉的同意，符合法律规定的解除条件，但未依法办理收养关系解除登记手续，解除收养关系的行为无效。小玉与王某夫妇的养父母子女权利义务依然存在。在收养期间，养父去世，作为养女的小玉当然有权利继承王某的遗产。

※生活实例2※养子女未成年前不得解除收养关系

何某和前夫在婚姻关系存续期间收养了一名女婴。协议离婚时约定女孩随前夫生活，何某不承担抚养费用。不久男方再婚。几年后，男方以养女的名义向何某提出要抚养费。何某认为当时是他要收养孩子的，养女现在已经6岁，见了何某如同陌生人，养母女关系已名存实亡。何某可以与养女解除收养关系吗？

※分析解答※何某的养女才6岁，属于未成年人，不能解除与

① 张久松：《达成解除收养关系协议但未办理登记　养父去世养女有权继承遗产》，载北京法院网，http：//bjgy. chinacourt. org/public/detail. php？id＝65435。

她的收养关系，同时何某还必须承担养女的部分抚养费。她是在婚内夫妻共同收养的，自收养关系成立之日起，已与何某形成了养父母与养子女的权利义务关系，也就形成了我国《婚姻法》规定的父母与子女之间的权利与义务关系。《婚姻法》规定："关于子女生活费和教育费的协议或判决，不妨碍子女在必要时向父母一方提出超过协议或判决原定数额的合理要求。"何某应当按当地生活水平给付相应的抚养费，直至养女成年。如果何某坚持与养女解除收养关系，需再过几年，等其成人之后，在与送养人、养女本人不能协商一致的情况下可以诉至法院解决。

108. 解除收养关系后，养子女还要承担养父的赡养义务吗?

解除收养关系的直接后果是养父母与养子女关系的终止，双方不再具有父母子女间的权利义务关系，换言之，养子女与养父母之间不再具有相关的抚养、赡养和相互继承关系。但从权利、义务等原则出发，从保护老年人合法权益的实际需要考虑，从维护家庭及社会的稳定着眼，为了妥善地处理解除收养关系后的一些实际问题，《收养法》第 30 条规定："收养关系解除后，经养父母抚养的成年养子女，对缺乏劳动能力又缺乏生活来源的养父母，应当给付生活费。因养子女成年后虐待、遗弃养父母而解除收养关系的，养父母可以要求养子女补偿收养期间支出的生活费和教育费。"

收养关系解除后会产生两个方面的法律效力：一是人身方面。解除养子女与养父母及其他近亲属间权利义务关系；未成年的养子女与生父母及其他近亲属间的权利义务关系自动恢复，成年的养子女与生父母及其他近亲属间的权利义务关系是否恢复，协商确定。二是财产方面。收养关系解除后，经养父母抚养的成年养子女，仍然对原来的养父母有生活扶助的义务，在他们生活困难时，应当给付生活费。

※生活实例※养子女不尽赡养责任，可解除收养关系[①]

76岁的老汉周某早年没有生育子女，为老有所依，于40年前在当地收养了一双儿女。现今，养子女都已经长大，并分别建立了家庭有了自己的孩子。养子一家虽然都居住在周某的房子里，但却和周某分火吃饭。周某孤身一人，年事已高，且身患多种疾病，还要自己买菜做饭或出门买饭吃，晚年生活非常凄凉。近几年，周某因心脏病复发多次住院，刚开始，养子女还能到医院看望，后来则不管不问，周某深感心灵上受到了极大的伤害。为此，双方多次发生争吵，矛盾日益恶化。2008年4月，周某向法院起诉，坚决要求与养子女解除收养关系，同时要求养子女支付多年来的抚养费用。

法院审理后认为，已形成抚养关系的养子女对养父母同样负有法定的赡养义务。由于二被告不履行自己应尽的赡养义务，周某要求解除双方收养关系的理由正当、合理，法院应予以支持，人民法院依法判决解除周某和养子女的收养关系，养子女共同支付周某生活费3万元，养子及其家人搬离周某的住处。

※分析解答※我们认为，本案中周某辛辛苦苦拉扯两个孩子成人，孩子们却没有尽到赡养老人的义务，周某向法院提出解除收养关系，法院予以支持是正确的。而周某生病住院时养子女不管不问，构成对周某的遗弃，周某要求养子女支付自己多年来的抚养费用的诉讼请求是有法律依据的，人民法院应当支持。

同时，在解除收养关系后，如果周某生活上有困难，还可以向养子女要求支付生活费。尊老爱幼是中华民族的传统美德，体现在收养方面，老人把没有血缘关系的孩子抚养成人，付出的辛苦是巨大的，养子女在养父母年老时理应尽到赡养的义务，这是法律所规定的义务，是具有强制性的。

---

① 和忠、芦萍、武子：《养子女未尽赡养责任　伤心老汉诉解除收养关系获支持》，载中国法院网，http：//www. chinacourt. org/public/detail. php? id = 323212。

109. 送养后后悔，已被他人收养的子女还能要回来吗？

《收养法》第26条规定："收养人在被收养人成年以前，不得解除收养关系，但收养人、送养人双方协议解除的除外，养子女年满10周岁以上的，应当征得本人同意。收养人不履行抚养义务，有虐待、遗弃等侵害未成年养子女合法权益行为的，送养人有权要求解除养父母与养子女间的收养关系。送养人、收养人不能达成解除收养关系的，可以向人民法院起诉。"

据此，送养人若想要解除送养协议、接回被自己送养的孩子，有以下两种方式：一种是协议解除，即同收养人协商，达成解除送养关系的协议；二是法定解除，即协商不成的时候，看收养人是否有不履行抚养义务的行为，是否有虐待、遗弃等侵害未成年养子女合法权益的行为。如果存在这种符合法定解除收养关系的事实，送养人就有权要求解除养父母与养子女的收养关系。如果存在法定的解除收养的事实，而收养人又不同意解除，送养人可以向人民法院起诉，要求判决解除收养关系。

《收养法》第30条规定：生父母要求解除收养关系的，养父母可以要求生父母适当补偿收养期间支出的生活费和教育费，但因养父母虐待、遗弃养子女而解除收养关系的除外。

※生活实例※送养合法，协议不能轻易解除

李某与宋某婚后于1999年生了个女孩，2001年宋某因病去世。由于生活十分困难，李某把孩子送给江某养育，并签订有送养协议。现在李某很后悔自己当初的送养行为。能否要求与江某解除送养协议，要回孩子？

※分析解答※首先应当明确江某的收养行为是法律所保护的收养关系还是私自收养行为。由于收养行为发生在2001年，若仅仅是签订了收养协议而没有办理收养登记，属于私自收养。如果李某

后悔送养，江某应当将私自收养的子女交由李某抚养。

如果江某的收养依法办理了登记，那么就受到《收养法》的保护，若李某同收养人江某既协商不成，又不存在法定的解除收养的事实，那么协议就不能解除。如果存在法定的解除收养的事实，而江某又不同意解除，李某可以向人民法院起诉。另外，如果不是基于养父母虐待、遗弃养子女的原因而解除收养关系的，养父母有权要求生父母适当补偿收养期间支出的生活费和教育费。

第十六章　分家析产纠纷

分家析产即分割家庭共有财产。家庭共有财产是指家庭成员在家庭共同生活关系存续期间，共同创造、共同所得的财产。家庭共有财产不包括家庭成员各自所有的财产。

110. 分家析产分割的是哪部分财产?

根据《民法通则》第 78 条的规定，共有财产是指两人或两人以上对同一财产享有所有权。共有可分为按份共有和共同共有。按份共有是指两人或两人以上对同一财产按照各自的份额分享权利和分担义务。共同共有指两人或两人以上对同一财产不分份额地享有权利，承担义务。家庭共有就属于共同共有。根据《民法通则》第 75 条的规定，家庭共有财产包括家庭成员的收入、房屋、储蓄、生活用品、林木、牲畜、家禽、文物、图书、生产资料以及家庭合伙经营的财物、未分配的遗产等。属于个人所有的财产不是共有财产，如军人转业费、复员费、退伍费、伤残死的抚恤费以及赠送给个人的物品和家庭成员有约定属于个人的财物等。

分家析产是指家庭成员按血缘、姻缘关系另组建家庭并对原家庭的共有财产进行分割。具体来讲，分家是将家庭共有财产按照公开、公平及权利义务相一致等原则分割到较小的成员单位。析产是对家庭共有财产明确归属权。

分家析产的前提是存在家庭财产的共有。家庭财产是否存在共有关系，取决于两个条件：

一是有无共同的生产经营活动。家庭共有财产的范围只应包括家庭共同经营的各项财产，以及共同经营收入中用于扩大家庭生产经营规模的财产，用于家庭集体消费的财产和作为家庭共同积累和储蓄的财产。除这些财产外，其他财产不构成家庭共同财产。

二是家庭自身的结构。由一对夫妻和未成年子女组成的家庭，即使夫妻共同从事生产经营活动，只有夫妻共有，没有家庭共有；只有在三世或三世以上同堂的家庭中，或夫妻与成年子女生活在一起，并且家庭成员从事共同生产经营，才出现家庭共同财产。

分家析产时，要把家庭共有财产和家庭成员的个人财产区分清楚。分家析产只能是分割家庭共有财产，属于家庭成员的个人财产是不属于分割范畴的。

※生活实例※家庭共有财产以家庭成员共同的生产经营活动为条件①

王老太今年60多岁，丈夫早亡，其与儿子张某及儿媳刘某共同生活。儿子与儿媳出外经营生意，王老太在家操持家务，照顾孙子。在刘某怀孕、哺育孩子期间，王老太也曾外出照顾生意。1999年，村里拆迁房屋，根据房屋拆迁补偿协议，全家得到拆迁补偿款25万余元，此款加上家庭共有财产3万多元购得三居室及二居室各一套。另外，经过多年积累，全家有存款80多万元，有以家庭共同财产购置的价值4.6万元的实物；此外，2001年张某因意外事故死亡后，得到的赔偿金中有生意补偿费1万元。

儿子去世后，王老太主张分家，与刘某因财产问题闹起了矛盾。王老太认为，上述财产属家庭共有财产；自己与儿子、儿媳一直共同生活，主持家务，照顾孩子，期间也照料生意，因此自己应是家庭共同财产的所有人之一，要求均分和继承财产。刘某认为，这些财产是自己与丈夫多年辛劳所得，应为夫妻共同财产，王老太仅操持家务，并且由自己和丈夫赡养，因而仅有继承的权利。双方

---

①　罗建忠：《儿子身亡　六旬老太状告儿媳要求析产》，载北京法院网，http://bjgy.chinacourt.org/public/detail.php?id=67296。

争执不下，王老太就一张状纸将儿媳、孙子及孙女告到了法院，要求二居室楼房的所有权；对家庭共有财产进行析产、继承后要求分得34万多元；此外，还要求给付儿子去世后获得的赔偿金中专门属于自己的6万多元。

法院经审理认为，由于王老太一直与夫妻二人共同生活，操持家务，照顾孩子，且在刘某怀孕、哺育子女的期间内外出与儿子经营生意，对家庭共有财产的积累起了不可缺少的作用，故对此期间积累的财产认定为家庭共同财产，王老太为所有者之一，且据实际情况认定王老太占30%的份额，据此，法院判决被告刘某给付原告王老太230316.51元，并确认了王老太对一套二居室楼房及室内财产及已掌握的15万多元存款的所有权。

※分析解答※本案争议的焦点是期间积累的财产到底属于刘某夫妻共同财产，还是王老太与刘某夫妻组成的家庭共同财产。判断财产是否属于家庭共同财产，取决于两个条件：一是有无共同的生产经营活动；二是是否是三世或三世以上同堂的家庭，或夫妻与成年子女生活一起，并且家庭成员从事共同生产经营。本案的事实是在这个三世同堂的家庭中，王老太一直从事共同的生产经营，以满足家庭集体消费，扩大家庭共同积累和储蓄的财产。所以，争议的财产属于王老太与刘某夫妻的家庭共同财产，王老太是所有者之一，应当分到家庭共同财产中属于她的那部分份额。

111. 分家析产应当遵循的基本原则是什么?

分家析产时，要根据公平合理的原则，分割家庭共有财产。对家庭共有财产的分割，特别是对某些生产、劳动工具、设备等财产的分割，要尽可能有利于生产，有利于发挥家庭成员各自的专长。对于某些特定的不便分割的财产，也可以以订立协议的方式作变通处理，以充分发挥该项财产的效用。具体来讲，分家析产时，应当遵循的基本原则有：

第一，对共有财产的分割，有协议的，按协议处理。

第二，没有协议的，应当根据等分原则处理，并且考虑共有人对共有财产的贡献大小，适当照顾共有人生产、生活的实际需要等情况。

第三，对于共有财产，部分共有人主张按份共有，部分共有人主张共同共有，如果不能证明财产是按份共有的，应当认定为共同共有。

第四，对共有财产分割时，共有财产是特定物，不能分割或者分割有损其价值的，可归生产、生活、学习、工作有特殊需要的人所有，对其他共有人可以折价补偿。折价的标准由当事人协商，协商不成的，可以参照国家牌价、市场价格或有关部门的估价确定。共有人都无特殊需要的，可以采用拍卖方式确定归谁所有。或者将拍卖、变卖取得的价款予以分割。

第五，共同共有财产分割后，一个或者数个原共有人出卖自己分得的财产时，如果出卖的财产与其他原共有人分得的财产属于一个整体或者配套使用，其他原共有人主张优先购买权的，应当予以支持。

第六，共同共有人对共有财产享有共同的权利，承担共同的义务。在共同共有关系存续期间，部分共有人擅自处分共有财产的，一般认定无效。其他共有人明知而未提出异议的，可以认定有效。

第七，部分共有人擅自处分共有财产或者非所有权人擅自处分所占有的财产，如果第三人是善意、有偿、依法定手续取得该财产所有权的，第三人不负返还义务，由擅自处分财产的人对所有权人予以赔偿。法律另有规定的除外。

第八，共有人分割所得的不动产或者动产有瑕疵的，其他共有人应当分担损失。

第九，分割夫妻共有财产的，根据婚姻法的相关规定。

※生活实例1※夫妻关系存续期间，一般不得诉请分割财产[①]

王斌和李慧于1989年登记结婚。2008年6月，因为王斌有外遇，李慧向法院提起诉讼，要求和王斌离婚。法院经审理认为，两人结婚多年，具有一定的感情基础，夫妻感情并未破裂。最终，法院以李慧的诉讼请求理由不足为由驳回了李慧的起诉。一审判决后，双方均没有上诉。

离婚不成，两个月后，李慧再次走向法庭状告丈夫。这次她要求法院确认他们居住的房屋属于双方共同所有的财产，并由王斌协助自己将房屋产权登记在两个人的名下。原来，当初买房子的时候，房产证上只写了王斌一个人的名字。李慧担心夫妻感情破裂后，在房产的归属上自己吃亏，所以这才第二次走上了法庭。庭审过程中，王斌称，他一直都承认房产是双方共同财产，同意登记在双方名下，但是应该明确各自的份额，以后按照比例支付房屋的运行费用。

法院经审理认为，王斌、李慧夫妇居住的房产虽然登记在王斌的名下，但是其实为夫妻共同财产，应为夫妻双方共有，对李慧的诉讼请求予以支持，王斌应在判决生效之日起15日内协助李慧将涉案房屋登记到双方名下。对于王斌要求确认份额的答辩意见，法院认为，双方现在仍然是夫妻关系，对涉诉房产享有共同所有权，王斌可在共同共有的基础丧失或者有重大理由需要分割时确定各自的份额，故不采纳王斌的答辩意见。

※分析解答※在夫妻关系存续期间，夫妻一方不请求离婚而仅请求分割夫妻共同财产的，人民法院不予受理。因为夫妻财产关系与双方的人身关系密不可分，这种财产关系只能因婚姻而发生，因配偶死亡或离婚而终止。夫妻双方在婚姻关系存续期间可以约定共同财产的归属，能否达成协议属于当事人意思自治的领域，不是法院依职权调整的范畴。

---

① 乔学慧：《婚内要求确认房产份额 法院不予支持》，载北京法院网，http：//bjgy. chinacourt. org/public/detail. php? id = 75657。

※生活实例2※部分共同共有人擅自处分共有财产的行为无效①

勤劳、节俭的向阳村陈民、李珍夫妇，陆续积攒并修建了两座小院。在平坦的东院建有北房5间，在高坡上的西院建有小房两间。

1978年12月，陈民考虑到三子两女已陆续长大，长子已经结婚，决定分家析产：院内树木归陈民夫妇所有；因长子陈印在建房时出了部分材料，西院小房两间归陈印所有；东院北房5间归次子陈山、三子陈海所有。分家时，陈民、陈印在场，并邀请村干部参加，陈山、陈海均在校读书。于是，陈印与妻子张妍另立门户，陈民夫妇和未婚的4个子女共同生活在一起。

一年后，东院的北房5间后墙断裂坍塌。当时，陈山已经在体工队上班，长女陈兰、次女陈凤已在生产队劳动多年，陈海仍在上学读书。在陈民的主持下，把北房翻建成7间，木料基本上用的是院内的树木，又用剩余材料建西厢房3间。房屋翻建后，陈民夫妇与4个子女仍在一起居住。后来，两个女儿陈兰、陈凤、次子陈山先后结婚，搬出另住。1985年，老汉陈民病故后，老妇李珍到陈山家帮助照料子女。

1992年8月，独自住在老院子里的陈海自作主张将北房7间和西厢房3间卖给大哥陈印。陈海为此立下字据，价款定为7000元。一年后，张妍付齐了房款，陈海再次立据，但双方始终未到有关部门办理房屋买卖登记手续。陈海得到房款后，没给母亲李珍，也没给二哥和两位姐姐。张妍将她的母亲和弟弟一家人安排在北房东面4间居住，并建了简易棚子。

陈印、张妍夫妇宽裕后，自1990年起，在自家的西院建起北房10间（2层），还在东面、西面、南面分别建了房。国家对农村宅基地进行登记时，西院登记在陈印名下，东院登记在陈山、陈海

① 范士鹏、刘福成：《买房10年认定无效　母子6人法庭析产》，载北京法院网，http：//bjgy. chinacourt. org/public/detail. php？id＝6511。

名下。陈山的孩子上学后，老妇李珍从陈山家回到向阳村，住在东院陈海出资装修的北房西数第 3 间。此时，西厢房已倒塌。

2001 年年底，张妍找到陈海，要求将她买的 7 间房宅基地的户主变更到陈印名下。陈海找到陈山说明了情况，陈山提出此房卖给大哥不妥。经商议，母亲李珍和子女陈山、陈海、陈兰、陈凤共同起诉陈印，要求法院确认此房屋买卖无效，同时对李珍夫妇主持修建的 7 间北房进行分割。

在审理中，陈山、陈海、陈兰、陈凤 4 位子女都表示将他们应分得财产的份额给母亲李珍；陈海表示，西厢房 3 间虽在卖出后倒塌，他仍愿按原房款 7000 元退付张妍；而陈印、张妍坚持房屋买卖有效。经某价格认证中心鉴定，北房 7 间的价值为 14000 元。

法院认为，李珍夫妇于 1978 年将他们所有的房屋通过分家的形式处分给陈印、陈山和陈海，属赠与性质，此民事行为合法有效。由于北房 5 间后墙断裂坍塌，李珍夫妇将房屋拆除后翻建成北房 7 间，原有房屋的木料基本没有用在北房上；次年，又用剩余材料建西厢房 3 间。因此，新建的北房、厢房中，既有李珍夫妇的树木，又有家庭成员的共同劳动与共同积累。李珍的丈夫陈民去世前，未对新的共有财产重新分割，也未留下遗嘱，财产共有关系中由此又产生遗产继承关系。

法院同时认为，1992 年 8 月，陈海在未征得共有人同意的情况下，擅自将共有房屋卖与陈印、张妍，钱款据为己有；事后，既未取得共有人的一致追认，也未到有关部门办理房屋买卖登记手续，此行为不受法律保护。

法院依法判决：北房东数一至六间归李珍所有；西数第一间归陈印所有，陈印给付李珍人民币 1500 元；陈海退付张妍房款 7000 元；张妍腾退占用的北房东数一至四间，并将搭建的棚子等自行拆除。

※分析解答※本案涉及共同共有人对共有财产的处分问题。如果共同共有人对共有财产处分不当，可能导致处分行为无效的民事法律后果。

首先，我们需要认定新建的北房7间和西厢房3间是否为家庭共同财产。李珍夫妇曾经于1978年将他们所有的房屋通过分家协议的形式分别分给陈印、陈山和陈海，李珍夫妇保留院内树木的所有权，此民事行为经过当事人的一致同意，是合法有效的。但是分给陈山和陈海的北房5间后来坍塌，李珍夫妇将房屋拆除后，用院内的树木将北房5间翻建成北房7间和西厢房3间，基本上没用原来房屋的木料。因此，新建的北房7间、厢房3间中，既有李珍夫妇的树木，又有家庭成员的共同劳动与共同积累，应当认定为家庭共同财产。并且此时陈印已经另立门户，所以此时的家庭共同财产是指由李珍夫妇以及与他们同住的陈山、陈海、陈兰、陈凤4位子女组成的家庭的共同财产。

其次，我们需要确定陈海自作主张将北房7间和西厢房3间卖给大哥陈印的房屋买卖合同的效力。本案中，陈海在未征求家庭其他成员的情况下，擅自处分家庭共有财产，并且其他共有人对此处分行为表示了异议，所以，依据《民法通则》第89条的规定，陈海的处分行为在法律无另外规定的情况下，应当认定为无效。另外，要确定陈海处分家庭共同财产的行为是否有效，还要看第三人即陈印是否是善意、有偿、以法定手续取得了该财产的所有权。经鉴定，仅北房7间的价值就为14000元，再加上倒塌前的西厢房3间，此房产的价值远远大于7000元，但陈印却以不合理的7000元购买此房产；并且，陈海未与其他家庭成员商量就擅自处分房产的事实，陈印作为大哥应当是知情的，并非善意；另外，陈海和陈印一直未到有关部门办理房屋买卖登记手续，陈印作为第三人并未依照法定手续取得该房产的所有权，此行为不受法律保护。所以，陈海与陈印之间的房屋买卖合同是无效的，陈海应当返还陈印的7000元价款，陈印应当将房产恢复原样。

最后，依据法定继承和家庭共有财产的分割原则等相关法律知识，我们就可以确定家庭各个成员的份额了。

通过以上三步分析，我们认为法院的判决是完全正当合理的。

※生活实例3※特定物不宜分割的，其他共有人可获得折价补偿①

原告冯老太与前夫在1954年共同购置的三件红木家具，由原告与子女共同使用。20世纪80年代时市政动迁后原址原回，冯老太被安置与自己的小儿子共同居住。红木大橱和梳妆台一直存放在小儿子使用的大房间内，红木床置放在冯老太自己的小房间内使用。90年代，冯老太再婚，便搬至配偶处居住，而红木家具一直留在原来的房屋内。近年来，冯老太与小儿子为红木家具归属经常发生争执，经居委会协调还是没有结果，冯老太便于2008年将自己的小儿子告上了法庭，要求法院将三件红木家具判归其所有。

由于本案涉及家庭共同财产分割问题，法院依法将冯老太的另四名子女追加为被告参加诉讼。

法院审理中，小儿子认为红木家具市场价格为人民币20万元，原告冯老太表示愿按20万元的市场价格对各位被告作经济补偿。

法院经审理后认为，本案所争议的三件红木家具，是原告冯老太与原配偶的夫妻共同财产，她应当占有一半。前夫去世后，红木家具中二分之一应作为遗产来处理，由原、被告及当时尚在世的另一个女儿共同继承。20世纪70年代去世的女儿的第一顺序继承人仅有原告一人，她在遗产中应享有的继承份额由原告冯老太继承享有。但本案原、被告均未提起继承主张，也未表示放弃继承权利。根据法律的规定，继承纠纷提起诉讼应当从继承开始之日起20年内提出，超过诉讼时效后，相关遗产应认定为所有继承人共同所有。所以本案不再适用继承纠纷来处理。红木家具应当由原告与五被告按份共有，其中十四分之九属原告所有，五被告对红木家具各有十四分之一的所有权。原告现提出分家析产，符合法律的规定，法院应当支持。红木家具可以归原告所有，但必须对五位被告作相应补偿。据此，法院判决红木家具三件（大橱一只、梳妆台一只、

① 梁志明：《继承权纠纷超过20年未起诉 8旬老母与5子女对簿公堂》，载中国法院网，http://www.chinacourt.org/public/detail.php?id=311774。

床一张）归原告冯老太所有，冯老太分别给付五个儿女折价款各人民币14000余元。

❈**分析解答**❈本案中，在原告冯老太的老伴和其中一个女儿去世后，原、被告均未提起继承主张，也未表示放弃继承权利。因此，依据我国《继承法》的规定，应当视为原、被告都已经接受了继承，对于这套红木家具，冯老太应当享有十四分之九的份额，五子女各享有十四分之一的份额。

其次，本案中，冯老太提起诉讼的时间是2008年，距离继承开始之日已经有30年之久，相关遗产一直没有分割，应认定为所有继承人共同所有，应当按照共有财产分割的相关规定来分割这套红木家具。

另外，依据我国《民法通则》的规定，对共有财产分割时，共有财产是特定物，不能分割或者分割有损其价值的，可归生产、生活、学习、工作有特殊需要的人所有，对其他共有人可以折价补偿；折价的标准由当事人协商，协商不成的，可以参照国家牌价、市场价格或有关部门的估价确定；都无特殊需要的，可以采用拍卖方式确定归谁所有。本案中，冯老太对红木家具的份额是十四分之九，五子女各占十四分之一，并且如果分割这套红木家具将有损其价值，另外，这套家具是冯老太与亡夫共同购置的，对于冯老太有特殊的意义，所以，这套红木家具应当归冯老太所有，并对五子女折价补偿。这套家具的市场价是20万元，按照五子女各自的份额，冯老太应当给予每人补偿14000元。

通过以上分析，我们认为法院的判决是正当合法的。

❈生活实例4❈共有财产可按出资额主张按份共有[①]

2003年4月，陆先生以夫妻感情不和为由向法院提起了离婚诉讼，赵女士答应了离婚请求，但双方在谈及共同居住的一套房屋分割问题上却产生争议，双方都不愿意放弃房屋的产权。这时，赵

① 张盈、严剑漪：《一本流水账戳穿一套“真实的谎言”》，载中国法院网，http://www.chinacourt.org/public/detail.php?id=137778［2009-1-14］。

女士的公公陆老先生却将他们一起告上了法庭，理由是浦东南路的房屋有他40%的份额。

根据陆老先生的陈述，2000年4月，儿子一家与他共同向房产商签订了浦东南路房屋的买卖合同，房屋总价为人民币43万元，随即他将自己在银行的存款19.5万元直接作为出资款扣划到开发商的账号上（有银行划账凭证为证），剩余的房款以儿子的名义向银行贷款。房屋交付后，儿子一家入住，房屋产权证上的产权人则写明为他、儿、媳、孙共有。现儿子与儿媳正诉讼离婚，为了维护原告的合法权益，陆老先生请求法院按照出资比例确认他对房屋的所有权份额。

作为被告之一的陆先生对父亲的主张予以承认，而赵女士则被公公的诉称气得百口莫辩。当初因为夫妻工作很忙，房款的缴付以及很多装修问题就都委托公公办理，为了交款方便，他们特地将14.6万元汇到公公处，公公独自出资6.9万元，然后由公公统一划账支付房款。产权证颁发后，虽然赵女士曾对将公公的名字写到产权证上有点想法，但鉴于公婆经常在生活上照顾他们，与自己的关系也相当好，就没有计较，但是现在公公却要来抢房。赵女士急中生智地找出了公公当时为了办理房屋缴款时亲笔记录的现金“流水账”。顿时让陆老先生父子俩的陈述漏洞百出。从“流水账”来看，陆老先生的银行存款中明确记录了儿子儿媳钱款的转存情况，并详细罗列了这些钱款的使用方向和用途，根据计算，儿子一家出资的金额应为14.6万元，这与被告赵女士的陈述正好一致。

法院经审理后认为，当事人对自己提出的主张有责任提供证据。原告认为自己出资19.5万元，而被告赵女士对此予以否认，被告陆先生虽对原告的陈述无异议，但未提供相应的证据印证，鉴于其与赵女士正处于离婚诉讼之中，其与原告又有特殊的父子关系，故对原告的出资陈述法院难以采信。赵女士提供的“流水账”系未发生诉讼之前由原告陆老先生亲笔记录，有一定的客观真实性，法院对此予以确认，据此，法院认定首期房款中赵女士夫妻俩出资14.6万元，陆老先生出资6.9万元。根据原告的出资金额占房款总价的比例，法院判决陆老先生对该套房屋享有六分之一的产权。

※分析解答※处理本案，首先，我们需要确定该套房屋是属于家庭共有财产还是夫妻共有财产。本案中，购买这套房屋时，陆老先生曾经将自己在银行的存款数万元直接作为出资款划拨到开发商的账号上，剩余的购房款以儿子的名义向银行贷款；并且，陆老先生负责房屋的缴付和装修问题，做了大量的工作；此外，房屋产权证上的产权人写明为陆老先生、赵女士夫妇及其儿子四人共有。可见，陆老先生对这处房产的购买和装修起到了至关重要的作用，所以这处房产属于家庭共有财产，而不是夫妻共有财产，应当按照最高人民法院《关于贯彻执行〈中华人民共和国民法通则〉若干问题的意见（试行)》的相关规定处理此案，而不按照《婚姻法》的相关规定处理。

其次，再确定陆老先生对这处房产享有的份额。依据《关于贯彻执行〈中华人民共和国民法通则〉若干问题的意见（试行)》第90条的规定，对这处房产的分割有协议的应当按照协议处理，没有协议的应当在考虑到共有人对共有财产的贡献的基础上进行分割。本案中，当事人之间并没有订立协议，所以应当按照购买房产时的出资额来确定陆老先生的份额。陆老先生拿出银行划账凭证来证明自己出资19.5万元，但是赵女士拿出了陆老先生当时为了办理房屋缴款亲笔记录的现金“流水账”，证明陆老先生仅出资6.9万元。赵女士的丈夫虽然对陆老先生的陈述予以承认，但介于二者之间的父子关系，难以采信。而赵女士提供的“流水账”是未发生诉讼之前由原告陆老先生亲笔记录，有一定的客观真实性，所以法院予以采信。据此，陆老先生的出资额为6.9万元，约占全部购房款的六分之一，所以陆老先生对该房产享有六分之一的所有权。

通过以上分析，我们认为法院的判决是正当合法的。

112. 分家析产协议的有效要件有哪些？该协议应当包括哪些内容？

分家析产直接关系到家庭成员今后生活安排的问题，因此，一般应当由各成员在进行充分协商的基础上，订立书面分家析产协议或者财产分割协议。当事人最好向法律专业人士进行咨询指导或找律师代书，这样就不至于在分家析产后，因某项财产产权的归属不清而发生纠纷。

分家析产协议是一种合同，应当依照民法和合同法的有关规定来订立。依据我国民法通则和合同法的有关规定，分家析产协议的有效要件包括：

第一，对家庭财产进行分割时，只能分割家庭成员间共有的那部分财产，不能对属于家庭成员个人的财产进行分割，并且家庭共有财产必须是家庭成员依法取得的合法财产，不能将他人财产如租赁、借用等财产进行分割；

第二，分割须出自当事人的真实的意思表示，所有家庭成员须完全一致同意分割方案。

分家析产协议的这两个有效要件是缺一不可的。如果违背了第一个有效要件，分家析产协议就是无效或者部分无效的；如果违背了第二个有效要件，分家析产协议的效力就是待定的，受损害方有权请求人民法院或者仲裁机构予以变更或者撤销。分家析产协议无效或者被撤销后，因该协议取得的财产，应当予以返还；不能返还或者没有必要返还的，应当折价补偿。有过错的一方应当赔偿对方因此所受到的损失，双方都有过错的，应当各自承担相应的责任。

财产分割协议的基本内容一般包括以下几项：

第一，立约人的基本情况，如姓名、性别、年龄、籍贯、职业或工作单位、住址，与其他立约人的关系。

第二，分家析产的原因。应根据具体情况简要写明具体原因。

第三，分家析产的合意。分割须出自当事人的真实的意思表示，所有成员须完全一致同意分割方案。

第四，具体财产分配方案。写明各共有人分得具体财产的名称、数量、价值等，如财产较多，可以列出清单分别予以说明，并在财产分割协议中说明清单属于协议的组成部分。家庭债权债务的安排也要在协议中注明。

第五，协议尾部，由立约人分别签字盖章，并注明立约的时间，律师代书和有见证人的，律师或见证人应在财产分割协议上签字，同时注明自己的身份。

※生活实例※财产分割协议应自愿签订①

储先生与父母、姐姐储女士之间多年来关系不和。1993 年 1 月，储先生和储女士、父母一起签订了一份《赠与协议书》，明确父母的楼房、两间平房包括一切家用财产归储女士所有，父母以后的一切生活等经济开支由储女士负责等内容，并在公证机关进行了公证。此后，双方之间未发生纠纷。上述房屋由储女士一方共同居住使用至今。

2008 年 5 月 2 日，储女士按农村风俗在父母赠与的房屋中为儿子举行婚礼。当日中午，未接到邀请的储先生夫妇来到婚宴现场，向储女士提出分割上述房屋的要求，表明如不答应，则不准举行结婚酒宴。储女士不同意其要求，双方遂发生激烈争吵。储女士为此报警，当地派出所民警到现场处置后，纠纷暂告平息。

下午 3 时许，在新娘即将到达婚宴现场时，储先生再次与储女士争吵，要求分割房屋，并扬言如果不同意就闹婚场、不准开办酒宴等。在此情况下，储女士无奈，就与储先生签订了一份《房屋分产协议书》，明确楼房一半分给储先生等内容。随后，新娘一方人员到达婚宴现场后，储先生夫妇离开，纠纷平息。2008 年 5 月 16 日，储女士将储先生诉至法院。

---

① 富心振、许根华：《男子争房产　外甥婚礼要砸场子》，载中国法院网，http：//www. chinacourt. org/public/detail. php？id = 212401。

在法庭审理中，储女士诉称，弟弟储先生趁外甥婚礼之机，以闹场子、不准开办酒宴等威胁方法，要求分割房屋，自己是在被胁迫的情况下，违心地与弟弟储先生签订《房屋分产协议书》，现请求法院判令确认双方所签订的《房屋分产协议书》无效。而储先生则辩解说，《房屋分产协议书》是协商一致达成的，是双方真实意思表示，合法有效，因此，请求法院判令驳回姐姐储女士的诉讼请求。

法院认为，以胁迫的手段使对方在违背真实意思的情况下所作的民事行为无效。本案中，依据事实和证据，储先生违背民事活动的正当性要求，在外甥婚礼场合扬言闹场子、不准开办酒宴等行为已构成对储女士的胁迫，储女士为此签订协议书的行为不是其真实意思表示。因此，储女士的诉讼请求有事实和法律依据，应当予以支持，遂判决确认双方签订的《房屋分产协议书》无效。

❈**分析解答**❈本案中，1993年储先生和储女士与父母一起签订了一份《赠与协议书》，明确父母的楼房、两间平房包括一切家用财产归储女士所有，并在公证机关进行了公证。这个协议书是合法有效的，父母的楼房属于储女士所有。如果储女士和储先生想要重新对房产进行分割，可以在完全自愿的基础上，重新订立《房屋分产协议书》。

但是，储先生却违背合同法的自愿原则，在外甥婚礼场合扬言闹场子、不准开办酒宴等行为来胁迫储女士，使其在违背真实意思的情况下签订协议书。依据《民法通则》第58条的规定，储女士在受胁迫的情况下签订的“协议书”是一个无效的民事行为。

在这里，我们应该注意的是，《合同法》关于合同的无效与可撤销作出了与《民法通则》不同的规定，即“以欺诈、胁迫的手段或者乘人之危，使对方在违背真实意思的情况下订立的合同”，《民法通则》规定为无效，而《合同法》规定为可撤销，如果损害国家利益才为无效。在本案中，所谓的分产协议书实质是一个单方民事行为，储女士有权依《民法通则》第58条的规定请求确认该协议书无效。

第十七章　法定继承纠纷

法定继承是指继承人的范围、继承顺序和遗产分配原则均由法律直接加以规定的继承制度。法定继承纠纷包括转继承纠纷和代位继承纠纷。

113. 法定继承与遗嘱继承是怎样的关系?

财产的继承分为法定继承和遗嘱继承两种形式。法定继承是按法律规定的范围、顺序来进行的；而遗嘱继承则是按财产所有人生前的意思来继承的。遗嘱继承人必须是属于法定继承人范围内的人，而法定继承人不一定都是遗嘱继承人。

我国实行遗嘱继承优先于法定继承的原则。也就是说，对公民个人遗产的继承，如果财产所有权人生前立有遗嘱，只要该遗嘱是合法有效的，就必须按遗嘱继承，而不能按法定继承。同时，法定继承又是对遗嘱继承的限制。比如，我国规定，遗嘱应当对缺乏劳动能力又没有生活来源的继承人保留必要的遗产份额，如果没有保留，遗嘱的相应部分无效。

❈生活实例❈遗嘱部分无效涉及的遗产要按照法定继承原则处理①

小王的父母亲相继去世后，小王和哥哥都拿出了父亲的自书遗

① 宋秋香、尹庆雷：《兄弟各持老父遗嘱争财产　法院依据时间先后定纷争》，载中国法院网，http：//www. chinacourt. org/public/detail. php? id = 314971。

嘱，主张父母留下的房屋应由自己继承。为此，小王将哥哥告上了法庭。

法院审理后认为，公民可以立遗嘱处分个人财产，王老汉生前写有两份自书遗嘱，两份遗嘱关于涉案房屋的归属相抵触，因小王所持有的遗嘱订立时间在后，故应以小王持有的遗嘱为准。但该遗嘱所涉房屋系小王父母在婚姻关系存续期间共同购买，应为小王父母的夫妻共同财产。小王的母亲去世后，该房屋关于小王母亲的遗产份额王老汉及小王和哥哥依法享有继承权，由于该遗产份额并未分割，且继承人也未放弃继承，因此王老汉遗嘱中关于该部分的处分无效，小王母亲的遗产份额应由其法定继承人王老汉、小王和哥哥继承。据此法院判决遗嘱所涉房屋由小王继承，小王支付哥哥房屋补偿款5万元。

❈分析解答❈ 按照我国《继承法》遗嘱继承优先于法定继承的原则，公民生前立有合法、有效遗嘱的，必须按照遗嘱继承。老王生前立有遗嘱，就应按遗嘱继承，至于其两份自书遗嘱的效力问题后文将详细讲解，在此暂且不论。

本案的焦点是这所房屋是小王的父母婚姻存续期间购买的夫妻共同财产，由于小王的母亲先于老王去世，她的遗产就应首先被老王和两个儿子继承，由于她没有立遗嘱，单就房屋而言就是1/2的房屋分给三个人，老王和两个儿子各分得1/6房产，但当时王家并未分割。当老王去世时，他所应在遗嘱中分配的房产应该是他自己的1/2和从配偶那里继承来的1/6，而非整栋房屋。

由此可见，老王生前在遗嘱中把属于小王的1/6房产，以及小王哥哥的1/6房产当做自己的财产予以了处分，所以，这两份1/6房产的处分是无效的，不应按照遗嘱由小王继承而应分别属于由小王和哥哥从其母亲处继承来的遗产。

简而言之，如果公民生前立有合法有效的遗嘱，就要按照遗嘱继承；如果没有遗嘱，就按照法定继承原则继承；如果遗嘱有部分无效，有效部分按照遗嘱继承，无效部分按照法定继承原则继承。

114. 女孩有继承权吗?

我国法律规定，妇女享有同男子平等的权利。继承制度中男女继承权平等要注意以下四个方面：

第一，在确定法定继承人的范围和继承顺序时，男女都是平等的。

第二，在遗嘱继承的情况下，无论是男性公民还是女性公民，都有权按照自己的意志在法律许可的条件下订立遗嘱处分自己的个人财产，或者接受遗嘱人的指定成为遗嘱继承人。

第三，夫妻在婚姻关系存续期间所得到的共同财产，除有约定的以外，如果一方死亡，应首先分割家庭财产或夫妻财产，先将共同所有的一半分出为配偶所有，其余的为被继承人的遗产，不得把夫妻共有财产不加分析地统统作为死亡一方的遗产加以分割。

第四，夫妻一方死亡后另一方再婚的，有权处分所继承的财产，任何人不得干涉。夫妻间的继承是基于相互之间的婚姻关系，因此，只有在婚姻关系存续期间，配偶一方死亡，另一方才有继承权。如果继承开始前，双方已经离婚了，则他方无继承权。生存配偶继承了死亡配偶财产后，就取得了该财产的所有权，可以行使占有、使用、收益、处分的权利，任何组织、个人都不得干涉生存配偶的上述权利，该权利并不因他们是否再婚而有所改变。

※生活实例※女孩享有平等的继承权

小甲父亲去世时留有存款 8 万元和一套房子，但没有留下遗嘱。现在小甲和哥哥相依为命，哥哥给了小甲 1 万元，说她是女孩子，本来按照当地的习惯女儿是不能分到任何东西的，但小甲还在上学，所以送给小甲 1 万元做学费。哥哥的做法对吗?

※分析解答※根据我国法律规定，哥哥只分给小甲 1 万元是不符合法律规定的，小甲有权依据继承法等相关法律规定，要求平等继承其父亲的遗产，包括存款和房屋。

按照法定继承顺序，小甲和哥哥都是第一顺序继承人，父亲的遗产依法应当由兄妹二人共同继承，且同一顺序继承人继承遗产的份额，一般应当均等。

需要明确的是，出嫁的女儿同样有权继承生父母的遗产。而女儿出嫁时父母为其置办的嫁妆和陪嫁，属于父母生前对女儿的赠与，女儿在父母生前就取得了对嫁妆和陪嫁的所有权，因此不能用嫁妆陪嫁冲抵继承遗产。

115. 养子女有继承权吗?

合法的收养关系一经成立，养父母与养子女之间，就具有了亲生父母与子女间同等的权利和义务。我国《继承法》明确规定，法定继承人中的子女包括养子女。收养关系形成以后，被收养人与生父母之间的权利义务关系即告解除。

❈生活实例❈养子继承养父房10年，养父的胞妹索要败诉①

无子女且生活需要照料的高某收养了高甲，在高某去世后，高甲继承的高某房产被拆迁，高某的妹妹高乙却称她是哥哥唯一的法定继承人，高甲将其诉至法院。

法院认为，高某以农村习俗方式收养原告高甲，在高某去世后，高甲又以高某养子的身份为其举行了葬礼，高某与高甲之间已经形成了事实上的收养关系，高某留下的遗产理应由高甲继承。

❈分析解答❈根据我国《继承法》规定，高甲作为高某的养子，依法享有对高某财产的继承权，且属于第一顺序继承人，而兄弟姐妹属于第二顺序继承人，所以，遗产应由高甲继承。

① 张翠萍：《养子继承养父房十年 养父的胞妹索要败诉》，载北京法院网，http：//bjgy. chinacourt. org/public/detail. php？id＝56975。

116. 养子女能不能继承亲生父母的遗产?

我国《收养法》第23条规定,“自收养关系成立之日起,养父母与养子女间的权利义务关系,适用法律关于父母子女关系的规定;养子女与养父母的近亲属间的权利义务关系,适用法律关于子女与父母的近亲属关系的规定。养子女与生父母及其他近亲属间的权利义务关系,因收养关系的成立而消除。”

但是,如果养子女对养父母尽了赡养义务,同时又对生父母扶养较多的,除可继承养父母的财产外,还可以适当分得生父母的遗产。

※生活实例※被送养后对生父母仍尽赡养义务的养子女,可适当分得生父母遗产

张某1岁时被父母过继给家中无男孩的叔叔,并一直由叔叔抚养长大。1990年时,由于哥哥姐姐去外乡打工,张某便将自己年老多病的生父母接到家中悉心照顾。2006年张某的叔叔与其亲生父母在一起车祸中不幸去世。张某想继承其生父母留下的财产25万元和房屋一幢,但其三个同胞兄姐对此持有异议,认为张某已经过继给叔叔,所以无权再继承父母的财产。张某不解,于是将同胞告上法庭。

法院经审理,最终判决张某有权获得生父母的遗产6万元。

※分析解答※养子女与生父母及其他近亲属间的权利义务关系,因收养关系的成立而消除,因此,不是其亲生父母的法定继承人,张某无权继承其生父母的财产。《继承法》第14条规定:“对继承人以外的依靠被继承人抚养的缺乏劳动能力又没有生活来源的人,或者继承人以外的对被继承人抚养较多的人,可以分配给他们适当的遗产。”由于自1990年开始张某负责照顾其生父母的生活起居,对生父母尽了较多的赡养义务,所以依据上述规定张某虽然不能作为法定继承人继承生父母的遗产,但是却可以作为适当分得遗

产人，适当获得父母的财产。

117. 非婚生子女有继承权吗?

我国《婚姻法》和《继承法》都明确规定，非婚生子女与婚生子女一样，享有平等的继承权。因为他们与生父母有直接的血缘关系，是直系血亲。而且他们也都是社会的一个成员，是国家的一个公民，所以，国家法律应当一视同仁，加以保护。

当然，非婚生子女要取得继承生父母遗产的权利，必须证明与生父母的身份关系。

※生活实例※非婚生子女享有平等继承权①

马某于1990年与王某登记结婚，有住房一套，生有婚生女马娜娜（化名）。后马某在舞厅认识了25岁的领舞小姐罗某。两人不久同居，马某又购买住房一套，二人对外以夫妻相称，生下非婚生子马东（化名）。王某知情后向公安机关报案。法院判决马某构成重婚罪，判处有期徒刑一年。马某在服刑期间，突发疾病身亡。王罗二人为争遗产诉至法院。

法院经审理认为：王某是马某的配偶，马娜娜是马某婚生女，对马某有继承权，马东虽非马某婚生子，但也对马某的遗产享有继承权；罗某与马某不具有合法的夫妻关系，罗某对马某的遗产没有继承权。

※分析解答※在本案中，争议的焦点有两个：第一，同居的另一方是否有权参与继承，即是否享有继承权；第二，非婚生子女能否继承生父母遗产。争议的实质就是对继承权的确认。

由于本案中的被继承人马某生前未立合法有效的遗嘱，所以不存在遗嘱继承而只存在法定继承。王某与马某于1990年登记结婚，享有继承权是确定无疑的。罗某虽然也与马某以夫妻名义共同生

① 载朱代恒律师网，经典案例，http：//www. vlawyer. cn/lawyer/lawyer. php？p = case&id = yuanye&num = 339。

活，但重婚罪受《刑法》调整，重婚的另一方并不因事实婚姻的确立而获得配偶的身份，《婚姻法》上也并无“重婚妻子”一说，因而罗某不享有继承权。马娜娜是马某的婚生女，享有继承权。而马东虽然不是马某的婚生子，却是马某的亲生子，依据《继承法》第10条的规定，也当然享有继承权。

简而言之，非婚生子女有与婚生子女平等的继承权；而所谓的“重婚妻子”或“二奶”本人对于男方的财产没有任何继承权。

118. 法定继承人的范围如何确定?

法定继承人的范围，是指在适用法定继承方式时，哪些人能够作为被继承人遗产的继承人取得继承权。我国采取“亲属继承限制主义”来确定法定继承人的范围：被继承人的配偶、子女、父母、兄弟姐妹、祖父母、外祖父母，以及对公婆或岳父母尽了主要赡养义务的丧偶儿媳、女婿都是法定继承人，只是继承顺序不同。

各法定继承人具体包括：(1) 配偶。“重婚妻子”或“二奶”都不是法律意义上的配偶。(2) 子女。包括婚生子女、非婚生子女、养子女和有抚养关系的继子女。子女对父母的继承权不受父母婚姻关系变化的影响。(3) 孙子女、外孙子女及其晚辈直系血亲。他们不是法定继承人，只是在代位继承时可以享有一定的继承权。(4) 父母。包括生父母、养父母和有抚养关系的继父母。(5) 兄弟姐妹。包括同父母、同母异父、同父异母的兄弟姐妹、养兄弟姐妹和有抚养关系的继兄弟姐妹。其中，配偶、父母、子女是第一顺序继承人，兄弟姐妹、祖父母、外祖父母是第二顺序继承人；丧偶儿媳对公婆、丧偶女婿对岳父母尽力主要赡养义务的，作为第一顺序继承人。

继承开始后，由顺序在先的继承人继承，只有在没有顺序在前的继承人，或者顺序在前的继承人全部放弃继承权或者全部丧失继承权时，后一顺序的继承人才能开始继承。

根据《继承法》第13条的规定，当同一顺序的继承人有数人时，继承人之间无论男女、长幼、职业、社会地位以及健康状况如何，其继承遗产的权利一律平等。当然，继承权的平等，并不意味着分割遗产时必须平分，法律规定了两类例外情况，将在下文中详解。

※生活实例1※无行为能力人也享有继承权[①]

王某有两个儿子，小儿子王二先天性痴呆，属于无行为能力人，一直由其父母照顾。在王某及其老伴去世后，其大儿子王大以王二的法定代理人自居，并以王二没有行为能力不享有继承权为由，占有了父母的所有财产。从此，便对王二不理不问。王二的叔叔认为，王二也是王某的儿子，应当享有相同的继承权，因此帮助王二向法院提起诉讼。

法院经审理认为，王二具有继承能力，且其取得的财产应多于其兄王大，并指定王二的叔叔为其法定代理人。

※分析解答※根据我国法律规定，无行为能力人（以及限制行为能力人）具有继承能力，他们同正常人（完全行为能力人）在继承时的唯一区别在于：完全行为能力人的继承权由自己行使；无（限制）行为能力人的继承权需要由他的法定代理人代为行使。正是由于法定代理人的这一权利，在确定法定代理人的时候也应当从保护被代理人的权益出发考虑。所以本案中法院指定了王二的叔叔，而非其哥哥作为法定代理人。

同一顺序继承人之间平等继承，是我国《继承法》的一项基本原则，但是对于这一基本原则，法律也规定了两类例外情形。

第一类例外就是同一顺序继承人之间分配数额不均等：

(1) 对生活特别困难的缺乏劳动能力的继承人，分配遗产时，应当予以照顾；

(2) 对继承人尽了主要扶养义务或者与被继承人共同生活的

① 瞿琨编：《婚姻家庭继承诉讼》，上海社会科学院出版社2007年版，第214~216页。

继承人，在分配遗产时，可以多分；

（3）有扶养能力和有扶养条件的继承人，不尽扶养义务的，分配遗产时应当不分或者少分；

（4）继承人协商同意不均分。

（第二类例外参见问题119）

※生活实例2※有扶养条件而不尽扶养义务的，分配遗产时应少分或不分①

纪某6岁时，被过继给其二伯父。1993年，养父患脑梗塞住院，主要由其堂哥及养母照顾，后纪某将养父接回，其间对养父母只尽到较少的扶养义务，导致养母曾经乞讨度日。

养父去世后，养母于2005年9月申请到敬老院养老，并与村委会签订协议书，约定如果直系亲属想接回安排后事，房屋及财产可归安排后事人所有。2006年养母去世，纪某未予理会，堂哥将其接回并办理了后事，并使用了老人遗留的三间半北房。2008年8月25日，纪某诉至法院，要求依法继承养父养母的房屋。

法院认为，由于原告对养父尽扶养义务较少，分配遗产时，应少分；被告在原告养父生病期间进行照看，所以应分得部分房屋份额。养母与村委会签订的协议书中对财产的处理意见应系遗嘱，被告根据遗嘱履行义务，应分得全部房屋份额。最终，法院判决遗产北房三间半由纪某继承0.5间，堂哥分得3间。

※分析解答※纪某作为被继承人的养子，本应当享有继承权。但是他在已经独立生活、有扶养能力和扶养条件的情况下，却不尽扶养其养父母的义务，导致其养母乞讨度日，且未为养母办理后事，于理不孝，于法难容。根据我国《继承法》第13条的规定，法院作出了合理、合法的判决。

---

① 古章阳：《不孝致母乞讨度日 养子被判少分遗产》，载北京法院网，http://bjgy.chinacourt.org/public/detail.php?id=75387。

119. 法定继承人以外的人可以分得遗产吗?

在法定继承中，除了法定继承人参与继承遗产外，法定继承人范围以外的人也是有可能分得遗产的，这一规定体现在《继承法》第14条中。具体包括两类人：

(1) 对继承人以外的依靠被继承人抚养的缺乏劳动能力又没有生活来源的人；

(2) 继承人以外的对被继承人扶养较多的人。

这些人没有继承权，仅仅是“分给”遗产，而不是继承遗产，这些人被称为“可以分得遗产的人”。可以分得遗产的人，在其依法取得被继承人遗产的权力受到侵犯时，本人有权以独立的诉讼主体资格向人民法院提起诉讼。但在遗产分割时，已知而未提出请求的，人民法院一般不予以受理；不知而未提出请求，在2年内起诉的，人民法院应予以受理。

❈生活实例❈照顾房主并送终，“外人”依法得遗产①

王金与王于哥俩都已60多岁，住在一个院子里。他们的父母均已去世，王于终生未婚，没有子女。海某从1993年起租住王于的私房，二人是房主、房客关系。

后王于生活不能自理，一直由海某照顾，王于在1996年死亡，海某为其办理了丧葬事宜。2002年，王于的房子拆迁，取得拆迁款42万元。王金要求继承王于的遗产。海某于2003年5月诉至法院，要求继承王于的遗产。

法院审理后认为，王于生前没有遗嘱，王于的遗产应由其第二顺序继承人继承。鉴于唯一的继承人王金在王于生病后未尽义务，在分配遗产时应不分或少分。海某虽不是法定继承人，但在王于生病期间对其扶助、照顾，并办理了王于的丧葬事宜，故可以分配给

① 武玉、宋娜：《照顾房主并送终 分得遗产26万元》，载北京法院网，http://bjgy.chinacourt.org/public/detail.php?id=4031。

海某适当的遗产。法院判决王于遗留的拆迁补偿款中的26万元归海某所有。

※**分析解答**※本案的焦点有二：一是作为“外人”的海某是否有权继承房东的遗产；二是王金对王于不尽兄弟扶养义务，是否还有权继承弟弟的遗产。

首先，根据我国《继承法》第14条的规定，海某虽是一名房客，但对房东王于生前照料，死后安葬，尽了主要扶养义务，符合继承人以外分得遗产的第二类人——继承人以外的对被继承人扶养较多的人。所以海某可以适当分得遗产。

其次，王金作为王于的哥哥，属于第二顺序继承人。因为没有其他继承人，王金本应是遗产的唯一继承人，但其未对被继承人尽到生养死葬的义务，符合《继承法》第13条“有扶养能力和有扶养条件的继承人，不尽扶养义务的，分配遗产时应当不分或者少分”的情况。至于“不分”还是“少分”，则需要法官查清具体事实情况后裁定。

120. 胎儿有权继承遗产吗？

《继承法》第28条规定：“遗产分割时，应当保留胎儿的继承份额。胎儿出生时是死体的，保留的份额按照法定继承办理。”法律这样的规定确定了未出生的“遗腹子”享有继承权。如果分割遗产时应当为胎儿保留的遗产份额没有保留的，应当从继承人所继承的遗产中扣回。

※**生活实例**※**互有继承关系且在同一事件中死亡的，遗产如何处理**

李某与黄某系夫妻，结婚10年，生有一女。李某的父亲甲与母亲乙健在。在一次外出途中，发生意外事故，在事故中，李某与其父亲同时死亡。死亡时，李某的父亲有个人财产8万元。李某夫妻共同购置了价值30万元的商品房一套，留10万元存折一本。同时查明，黄某已经怀孕6个月。该案中遗产怎样分割呢？

❖**分析解答**❖本例涉及两个继承制度：一是有继承关系的几个人在同一事件中死亡，如何处理；二是被继承人尚未出生的胎儿预留继承份额原则。

首先，根据《继承法》相关规定：如遇相互有继承关系的几个人在同一事件中死亡，又不能确定死亡的先后时间的，一般推定没有继承人的人先死亡；如几个死亡人辈份不同的，推定长辈先死亡；如几个人辈份相同，则推定他们同时死亡，彼此不发生继承关系。在本案中，因为李某与其父亲甲是不同的辈分，应该推定甲先死亡，李某后死亡。这样按照法定继承，甲的遗产8万元分别由李某与其母亲各继承4万元。

其次，确定李某的遗产：应当是李某自己的财产加上从父亲那里继承来的4万元。李某夫妻30万元房产及10万元存款属于夫妻共同财产，属于李个人的遗产就是4万元+15万元+5万元=24万元。这24万元遗产按照法定继承处理，应当分为四份：黄某、乙、女儿，以及黄某腹中胎儿预留份。胎儿遗产预留份由其母亲暂为管理，当胎儿出生时，分三种情况处理：(1)胎儿活体出生的，归胎儿所有；(2)胎儿活体出生后又死去的，由胎儿的第一顺序继承人（胎儿的母亲）继承；(3)胎儿出生时为死体的，则由胎儿的父亲的法定继承人继承。

121. 什么情况下会丧失继承权？

继承权的丧失，是指继承人因对被继承人或其他继承人实施犯罪或其他违法行为，而被依法剥夺继承资格。根据《继承法》第7条的规定，导致继承权被剥夺的原因或理由有四项：

(1)故意杀害被继承人的。继承人主观上必须有杀害被继承人的故意，不包括继承人出于过失；只要继承人实施了杀害行为，无论既遂还是未遂，也无论是否受到刑事追究，都永久地丧失了继承权。

（2）为争夺遗产而杀害其他继承人的。继承人杀害对象是在行凶者的继承顺序之前的或同一顺序的继承人，包括代位继承人；杀人目的只能是为了争夺遗产；同样无论既遂还是未遂，也无论是否受到刑事追究，都永久地丧失了继承权。

（3）遗弃被继承人的，或者虐待被继承人情节严重的。遗弃被继承人的，不需“情节严重”的条件，而虐待被继承人的则必须“情节严重”。这里的“情节严重”应视虐待行为的时间、手段、后果和社会影响等方面来认定。有此种情形的继承人，如以后确有悔改表现，而且被虐待人、被遗弃人生前又表示宽恕的，可不确认其丧失继承权。

（4）伪造、篡改或者销毁遗嘱，情节严重的。对于如何认定“情节严重”，是看该行为是否侵害了缺乏劳动能力有无生活来源的继承人的利益，并造成其生活困难。

※生活实例※子杀父后，孙是否有权继承遗产[①]

赵某的儿子赵A为了夺家产，把赵某杀了。赵A丧失继承权。赵A有个女儿，她能否继承祖父的遗产呢？

※分析解答※咨询问题中表述得很明确，赵A完全符合《继承法》第7条第一种情形，永久地丧失了继承权。

问题的关键是：赵A的女儿是否有权继承赵某的遗产？这是此类犯罪后经常遇到的问题。我们须分为三种情况来看：首先，如果赵某生前没有立下遗嘱，那么按照法定继承处理，赵A的女儿作为被继承人的孙子女不在继承人范围内，所以没有继承权；其次，如果赵某留有遗嘱，遗嘱上赵A是继承人，那么在赵A丧失继承权后，赵某的遗产将被按照法定继承处理，同理赵A的女儿没有继承权；最后，只有一种情况下赵A的女儿将继承赵某的遗产，那就是赵某生前立有遗嘱，遗嘱明确表示由赵A的女儿继承

① 咨询问题来源于犹江社区，http：//www. shangyou. cn/bbs/thread—31473—1—1. html。

自己的遗产。

简言之，当发生此类案件时，除被继承人生前立遗嘱表示遗产由行凶继承人的继承人继承外，行凶继承人的继承人都无权继承被继承人的遗产。

122. 什么是代位继承？成立条件有哪些？

代位继承发生的原因只有一个，即被继承人的子女先于被继承人死亡，由继承人的子女代替继承人继承被继承人的继承权参加继承活动。这是一种法定的继承方式，举例来说：一家人有爷爷甲、爸爸乙、孙子丙，爸爸乙先去世，然后爷爷甲去世，爷爷甲没有留下遗嘱，按照法定继承处理爷爷甲的遗产，这时孙子丙（虽然不属于法定继承人）可以代其爸爸的位，继承爷爷的遗产。

代位继承应具备的条件有：（1）被代位人需是先于被继承人死亡的子女；（2）代位继承人限定为被继承人的死亡子女的晚辈直系血亲；（3）被代位人未丧失继承权；（4）代位继承人作为第一顺序继承人参加继承，只能继承被代位人应继承的遗产份额；（5）代位继承只适用于法定继承，在遗嘱继承中不发生代位继承。

※生活实例※配偶一方是否可代位继承对方父母的遗产[①]

马某和王某是夫妻，生有一子马小宝。2000年，马某去世。次年，马某的父亲和母亲也去世了，在分割马某父母双亲的遗产时，王某和其子马小宝（年龄为6岁）得到了和马某兄弟姐妹一样的份额。后王某改嫁，王某让马小宝的姑姑马依抚养马小宝，并且要求带走所有家产以及马某父母遗产的75%。马依认为，其父母的遗产应当归属马小宝，不应当作为马某和妻子王某的夫妻共同财产，于是向法院提起诉讼。

法院经审理后作出以下判决：马某父母遗产中本来应当有马某

---

① 瞿琨编：《婚姻家庭继承诉讼》，上海社会科学院出版社2007年版，第214—216页。

继承的部分全部由马小宝继承；王某得到她和其夫马某的共同财产中的75%，马小宝得到其中的25%；指定马小宝的姑姑马依为马小宝的监护人。

※分析解答※本案争议焦点在于：配偶一方是否可以代位继承对方父母的财产。代位继承只能发生在与被继承人有直系血亲或拟制血亲的子女范围内，如子女、孙子女、外孙子女，且不受辈分限制，均可成为代位继承人。王某是被代位继承人马某的配偶，而不是晚辈直系血亲，所以配偶一方不可以代位继承对方父母的遗产。而马小宝是被继承人马某父母的晚辈直系血亲，因此，能够代马某之位继承马某父母遗产的只能是马小宝。

123. 什么是转继承？成立条件有哪些？

转继承又称再继承、连续继承、第二次继承。是指继承人在继承开始后，遗产分割之前死亡，其应继承的遗产转由他的合法继承人来继承的制度。

转继承的发生，必须具备以下条件：（1）只有在被继承人死亡之后，遗产分割之前，继承人也相继死亡，才发生转继承；（2）只有继承人在前述的时间内死亡而未实际取得遗产，而不是放弃继承权；（3）只能由继承人的法定继承人直接分割被继承人的遗产；（4）转继承人一般只能继承其被转继承人应得的遗产份额；（5）转继承人可以是被继承人的直系血亲，也可以是被继承人的其他法定继承人。

※生活实例※死后来稿费，儿亡孙继承①

教授王某曾写过许多专著，其中《遗传学》和《病理学》两本书在他去世时还未出版。2006年他去世后，其子王伟和女儿王丽对其他遗产进行了分割。2007年1月王伟病故，留下妻子刘某

① 载马尾普法网法制宣传频道，http://www.mwpf.gov.cn/NewShow.asp?id=150。

和两个儿女王甲、王乙。10月，王甲的遗著《遗传学》和《病理学》出版，稿费2万元成为王某的遗产。王丽要求作为唯一第一顺序继承人继承全部稿费，刘某及儿女提出异议，认为王伟的份额应由他们继承。

法院认为，2万元稿费在王伟去世后才成为其父王某的遗产，实际上王伟在王某死亡时，已经继承了王某的这笔遗产中的1万元稿费，只不过没有实际分割而已。王伟死后，他应得到而又实际未得到的遗产1万元，就成为他的遗产了，这1万元只能由他的妻子刘某和儿女来继承。因此，王丽只能继承稿费的一半。

❖**分析解答**❖这是一起典型的转继承案例。首先厘清案情发展的线索：被继承人王某先去世→继承开始→继承人王伟去世→遗产2万元稿费尚未分割。这样我们就可以很清楚地看出来，这2万元遗产已经被继承，只是尚未分割。根据最高人民法院《关于贯彻执行〈中华人民共和国继承法〉若干问题的意见》第52条的规定，此时就发生了转继承，即2万元中的1万元稿费（王伟与王丽同处第一顺序继承人，平分遗产）已经归王伟所有，接下来只不过发生了再一次继承而已，即王伟的妻子和儿女继承王伟的遗产，这1万元稿费当然是王伟遗产中的一部分。

所以，转继承在本质上就是两个先后发生的继承，转移的是遗产所有权，不是继承权。

124. 遗产的范围有哪些?

《继承法》第3条规定，遗产是公民死亡时遗留的个人合法财产，包括：

（1）公民的收入，假托个人承包的收益；

（2）公民的房屋、储蓄和生活用品；

（3）公民的林木、牲畜和家禽；

（4）公民的文物、图书资料；

（5）法律允许公民所有的生产资料；

（6）公民的著作权、专利权中的财产权利；

（7）公民的其他合法财产，有价证券和履行标的为财物的债权等。其他合法财产包括债权是一项重要的财产权利，是被继承人财产的重要组织部分，原则上都可以由继承人继承。法律上所讲的债权的含义比平时人们理解的要宽，它不仅是指要求他人偿还所借钱财的权利，还包括其他包含金钱给付内容权利，如损害赔偿请求权等。作为遗产的债权，必须是在继承开始时已经存在着的债权，如果在继承开始后才产生的债权则不能作为遗产继承。

具有人身专属性的权利，如子女对父母的扶养费请求权，残废军人对有关部门的抚恤金请求权等，与被继承人的人身是不可分离的，会随着被继承人的死亡而消灭，不能作为遗产由继承人继续享有。

无形财产与有形财产一样可以作为遗产继承。根据法律确认的无形财产权来看，公民可以继承的无形财产权有以下四项：（1）公民的著作权、专利权中的财产权利；公民生前未发表作品的发表权虽然属于人身权范围，也可以由继承人继承；（2）公民个人的商标专用权；（3）公民的发现权、发明权、科技进步权、合理化建议权等知识产权中的财产权利；（4）个体工商户、私营企业的名称权或商号权。

❈生活实例1❈债权人已故，其继承人有权追债[①]

2003年12月，彦某向张氏之子借款2万元，约定于2004年3月底还清。到期后，彦某并未还此款。2004年12月，张氏之子因病去世。作为儿子的唯一法定继承人，张某多次向彦某主张权利未果，于是诉至法院。

法院认为，被告向原告之子借款，并出具借条，双方形成了债权债务关系。债权人已死亡，根据《继承法》的相关规定，原告

① 何灵灵：《母亲追讨已故儿子债权 逃债者终难逃法律责任》，载北京法院网，http：//bjgy. chinacourt. org/public/detail. php？id＝24023。

为债权人的唯一法定继承人。判决被告彦某返还原告张某人民币2万元，并支付自2004年4月1日至实际给付之日止的4倍利息。

◈分析解答◈本案中张氏之子生前与彦某之间形成的是合同之债，并且合法有效，张氏作为其子唯一的继承人可以继承这一债权，并向债务人主张债权。所以，只要是在继承开始以前形成的、非人身专属性的债权，一般都可以被继承人继承。[①]

◈生活实例2◈著作权也可继承[②]

老梁是一位老作家，一辈子对事业勤勤恳恳、兢兢业业，撒手人寰前，没有给后代留下其他的什么财产，只有厚厚的6大本书。老梁想把6大本书的著作权作为自己的遗产留给自己的孩子。老梁的夙愿能得到满足吗？

◈分析解答◈老梁的愿望可以满足。《著作权法》第19条规定："著作权属于公民的，公民死亡后，其作品的使用权在本法规定的保护期内，依照继承法的规定转移。"《著作权法实施条例》第22条规定："作者生前未发表的作品，如果作者未明确表示不发表，作者死亡50年内，其发表权可由继承人或者受遗赠人行使。"著作权人是公民的，其作品的使用权和获得报酬属于遗产的范围，可由法定继承人继承；法人、非法人单位的著作权，只能由承受其权利义务的法人、非法人单位继受；没有继受人的，著作权由国家享有。

无形财产的继承问题相对复杂、细致，不同类型无形财产需要查阅各自具体部门法的相关规定准确解决。

① 相关法规，如《继承法》第3条、《公司法》第76条、《合伙企业法》第50条、第51条、《独资企业法》第17条、第26条、《著作权法》第19条、第21条、《著作权实施条例》第13～20条、第22条、《商标法》第39条、第44条、《计算机软件保护条例》第14条、第15条等。

② 咨询问题来源于中国西藏新闻网，http：//www. chinatibetnews. com/fazhi/2008—06/14/content_ 98395. htm。

125. 房屋这样的遗产如何分割?

遗产分割应当遵循有利于生产和生活需要、不损害遗产的效用的原则。不宜分割的遗产，可以采取折价、适当补偿或者共有等方法处理。

在老百姓的现实生活中，最常遇到的不能分割的遗产主要就是房屋和车辆。

房屋遗产分割不同于其他财产的分割，因为房屋是不动产，不能随意移动，或因继承人人数较多而无法分割后使用。为了发挥房屋的使用效益和照顾继承人的实际需要，并兼顾各继承人的利益，可以采取以下两种方法分割房屋遗产：

第一，采取折价补偿的方法。一般是归居住使用者所有，由其按各继承人应继承的房屋遗产份额折价补偿。房屋作价标准可以由继承人自行协商确定，或根据房屋所在地人民政府规定的房屋估价标准，并参照当地市场价格合理评定。

第二，采取共有方法。共有分为共同共有和按份共有两种形式。所谓共同共有就是继承人对房屋遗产平等地、不分份额地享有所有权；按份共有则是继承人按份额占有房屋遗产，并按各自的份额享受权利。

在房屋遗产分割中，尽量采用第一种方法即折价补偿的方法比较好，这样可以彻底解决房屋继承纠纷。采用第二种方法，则应视为对第一种方法的补充，如折价一方因经济能力负担不起折价款，而又必须兼顾继承人的利益，采用共有方法，也可减少矛盾。

※生活实例※房屋宜采用折价补偿的方式分割[1]

宫女士与其丈夫老郝共同购买一处房屋，产权登记在老郝名下。二人共生育一子三女。1996 年 8 月，老郝因病去世。房屋由

---

① 曹静：《晚年被迫离开家 母亲起诉获房产》，载北京法院网，http：//bjgy.chinacourt. org/public/detail. php? id = 74061。

宫女士和小女儿及儿子共同居住，但由于儿媳妇的虐待，她与小女儿却被迫离家租房居住。故宫女士起诉至法院。

法院审理后认为，老郝死亡，房屋的一半属于其个人遗产，应由其法定继承人宫女士及四名子女共同继承。现宫女士生活困难缺乏劳动能力，在分配遗产时，应予照顾。遗产的分割应当有利于生活需要且不损害遗产的效用。不能分割的遗产，可以采取折价、适当补偿等方法处理。根据本案实际情况，上述房屋应归宫女士所有为宜，宫女士分别给付三个女儿房屋折价款各7万元，给付儿子房屋折价款7.4万元。

※分析解答※房屋继承问题是百姓常见的问题，房屋不同于其他动产，分割相对复杂，商品价值往往也比较大，许多家庭因此闹出纠纷。除了掌握合理合法的分割方法外，大家还应本着互谅互让、和谐团结的精神解决这一问题，家和才能万事兴。

126. 无人继承的遗产如何处理?

根据《继承法》的规定，无人继承又无人受遗赠的遗产，归国家所有；死者生前是集体所有制组织成员的，归所在集体所有制组织所有。

同时，取得该遗产的国家或集体所有制组织应在取得遗产的实际价值范围内清偿死者生前所负的债务。若有继承人以外的依靠被继承人扶养的缺乏劳动能力又没有生活来源的人，或者继承人以外的被继承人扶养较多的人提出取得遗产的请求的，人民法院应视情况适当分给遗产。

※生活实例※无人继承的遗产“充公”[①]

肖大爷因妻子不能生育，所以没有子女。10年前妻子去世后，肖大爷一直孤身生活。肖大爷去世后，留下了价值2万余元的财

① 咨询问题来源于大众网，http://www.dzwww.com/nongcundazhong/nongcunwuban/200312250800.htm。

产。因他没有法定继承人，又没有立下任何遗嘱。这些遗产应如何处理？

※**分析解答**※肖大爷所留的遗产属于无人继承又无人受遗赠的遗产，归国家所有，但如果肖大爷生前是集体所有制成员，那么他的遗产则归其所在的集体所有制组织所有。另外，如果有依靠肖大爷抚养缺乏劳动能力又没有生活来源的人，或者是继承人以外但对肖大爷扶养较多的人，都可以分给他们适当的遗产。

127. “五保户”的遗产如何处理？

“五保户”的遗产继承问题实际上是对“无人继承的遗产”问题的特殊规定。“五保户”是指因生活有特殊困难而在农村集体经济组织里享受“保吃、保穿、保住、保医、保葬”待遇的人员。关于“五保户”死亡后其财产的处理，最高人民法院《关于贯彻执行〈中华人民共和国继承法〉若干问题的意见》第55条作了如下规定：集体组织对“五保户”实行“五保”时，双方有扶养协议的，按协议处理；没有扶养协议的，死者有遗嘱继承人或法定继承人要求继承的，按遗嘱继承或法定继承处理，但集体组织有权要求扣回“五保”费用。

※**生活实例**※ **“五保户”遗产依遗赠抚养协议由村集体继承**①

赵希富是一名“五保户”，没有直系亲属。他从小因病致残，村委会自1976年起负责其衣食住行。2002年4月20日，某化工厂的大货车与骑自行车的赵希富相撞致其当场死亡。此次交通事故被认定为：双方负同等责任。4月22日，村委会对死者进行火化，由某化工厂支付了丧葬费用及其他费用1000元。

但关于死者的死亡补偿金，双方未达成协议。经审理，法院判定某化工厂给付村委会赵希富的死亡补偿费24050元。

---

① 刘凤昌：《五保户被撞身亡　村委会享补偿》，载中国法院网，http：//www.chinacourt. org/public/detail. php？ id =73870。

※**分析解答**※本案中，赵希富因交通事故而死亡，由此而发生死亡补偿属于遗产，不是抚恤金，依法是可以继承的。赵希富是“五保户”，没有任何直系亲属。根据相关法律规定，该笔死亡补偿金应由其生前所属村民委员会继承；而且根据权利义务相一致原则，村委会有权继承赵希富的其他遗产。

第十八章　遗嘱继承纠纷

遗嘱继承是指继承人依照被继承人生前设立的合法有效的遗嘱继承被继承人遗产的一种继承制度。

128. 何为遗嘱？遗嘱主要包括哪些内容？

遗嘱，指自然人生前按照法律规定处分自己死后的个人财产以及与财产有关的其他事务，并于死亡时发生效力的单方法律行为。

一般而言，遗嘱包含以下内容：指定继承人；指定遗产的具体分配份额和分配方法；附加继承人的义务；指定遗嘱执行人等。但并不是每一份遗嘱都包括或限于这些，公民可以在不违反法律的前提下，根据自己需要决定通过遗嘱如何处理财产和事务。

※生活实例※遗嘱以处分被继承人生前自己所有的财产为要件[①]

李某父母生前承租西城区一平房，其母亲去世后，父亲写下遗嘱："我在晚年间同我四个亲生女儿共同居住在西城区某处，在此证明我的四个女儿全都有我租赁房子的居住权。"李某在遗嘱上签了名字。后李老先生去世。李某认为，自己和父母生前一直共同生活，并照顾到他们去世。而其他三姐妹自结婚后从未在此房中居住过，故父亲遗嘱中涉及她们也享有此房居住权的部分与事实不符，

---

① 俞元元：《遗嘱继承起纠纷诉讼请求被驳回》，载北京法院网，http://bjgy.chinacourt.org/public/detail.php?id=19645。

请求法院依法确认此部分无效。

法院经审理认为，李老先生所留上述内容，只是证明李某4人在其晚年间与其共同居住的状况，而并非对自己所有的财产作出处理，上述文字内容不属遗嘱范畴，故对李某要求确认其无效的诉讼请求不予支持。

※分析解答※遗嘱是被继承人生前所立处分自己财产的文字内容，它有其成立必备的要件。本案中，虽然李老先生生前写下文字内容意思表示真实，并自称为“遗嘱”，但并不涉及对自己财产的处分，所以并不是法律意义上的遗嘱。

129. 符合什么条件的遗嘱才有效?

虽然法律并不限制遗嘱的具体内容，但是《继承法》规定了遗嘱有效成立的五个要件。遗嘱是否有效，应当以遗嘱成立时的情形为判断标准，而不是以遗嘱人死亡时的情形为判断依据。所以，为了保证遗嘱人的遗愿能够在死后得以实现，在生前立遗嘱时就要符合这五个有效要件的要求。

（1）遗嘱只能处分遗嘱人的个人财产

遗嘱的内容既可以处分遗嘱人个人生前的合法财产，也可以处分遗嘱人确信将有可能取得的财产。如果遗嘱人立遗嘱时所有的财产以后因为一定的法律事实丧失所有权，或遗嘱人确信将来有可能取得的财产以后未能取得，都不会影响遗嘱的效力，只能导致遗嘱中涉及的上述部分内容不生效。

※生活实例1※遗嘱处理夫妻共同财产的部分无效[1]

赵某立下书面遗嘱，有一项表明自己去世后将轿车留给二女儿赵某某继承。后赵某因病去世。赵某的妻子、儿子、大女儿对遗嘱其他内容没有异议，但对轿车处理持不同意见，故诉至法庭。

---

① 沈波：《处理夫妻共同财产部分遗嘱被判无效》，载北京法院网，http://bjgy.chinacourt.org/public/detail.php?id=50996。

法庭审理后认为，赵某虽然于2003年3月即与其妻子因性格不合分居至今，但一直没有办理离婚手续，该轿车虽然是登记在赵某名下，购买时间是在分居期间，但被告无法举证该购买资金非夫妻共同收入所得，故认定为夫妻共同财产。赵某的妻子也没有书面表示放弃该财产继承。最终，法庭确认该遗嘱对桑塔纳轿车处理的内容无效。

❈**分析解答**❈遗嘱只能处分被继承人的个人财产，是遗嘱合法有效的一个基本要件。本案中，赵某生前所里的遗嘱中处分了夫妻共同财产——轿车，是违背这一有效要件要求的，所以关于轿车的部分遗嘱无效，将按照法定继承处理。

（2）遗嘱必须是遗嘱人的真实意思表示

遗嘱的第二个有效要件是遗嘱必须是遗嘱人的真实意思表示。遗嘱人立遗嘱是必须完全自愿、神志清楚，没有受到任何外来强制和胁迫，在遗嘱中所表达的意思也必须是明确的。

❈**生活实例2**❈**受胁迫的遗嘱无效**①

刘大山和赵某是夫妻，有两个女儿刘甲和刘乙。夫妻共同经商盖起了三层小楼。1990年，夫妻出车祸双双残疾，二女儿刘乙很少再看望他们。大女儿刘甲则主动照顾父母。夫妻俩非常感激，于1998年合立自书遗嘱，将房产以及全部动产都留给了刘甲。刘乙知道后经常到父母家哭闹、纠缠，甚至以毒死刘甲全家相威胁。夫妻两迫于无奈，于1999年3月另立了一份自书遗嘱交给刘乙，同意小楼的三层及全部家具由长女刘甲继承，小楼的一层、二层及其余动产由次女刘乙继承。后刘大山与其妻子先后去世，刘甲持原遗嘱诉至法院。

法院经审理认定：刘乙所持的遗嘱是刘大山和赵某在受胁迫的情况下所立，非其真实的意思表示，因而遗嘱无效，按原遗嘱执行。

❈**分析解答**❈无论是受胁迫、欺骗所立的遗嘱，还是他人伪造

---

① 案例来源于陶毅网，http：//www. taoylaw. com/ns_ detail. asp? id＝500209。

的遗嘱，或者是被他人篡改的遗嘱，其根本点就在于它违背了被继承人即遗嘱人的真实意思，是遗嘱本身的性质所不容许的。《继承法》第22条的规定："遗嘱必须表示遗嘱人的真实意思，受胁迫、欺骗所立的遗嘱无效。"本案中，二女儿刘乙以各种手段相威胁，迫使遗嘱人立下违背真实意思的遗嘱，应属无效。

（3）立遗嘱人在设立遗嘱时必须是完全行为能力人

遗嘱的第三个有效要件是立遗嘱人在设立遗嘱时必须是完全行为能力人。根据《继承法》第22条的规定，无行为能力人或者限制行为能力人所立的遗嘱无效。这里要注意，生理有残疾的病人，仍然具有遗嘱能力。如患有盲、聋、哑等疾病的人，如果没有影响智力和意识能力，就应当允许立遗嘱，但在遗嘱形式上对这些疾病患者有相应的限制。例如聋哑人不得设立口头遗嘱或录音遗嘱。

另外根据最高人民法院《关于贯彻执行〈中华人民共和国继承法〉若干问题的意见》第41条的规定，认定遗嘱人的遗嘱能力应当以立遗嘱时是否具有遗嘱能力为依据。

❈生活实例3❈精神病患者患病期间订立的遗嘱无效①

陈老太早年丧偶，共生育子女3人。自1993年4月，陈老太因患偏执性精神病住院治疗。同年10月25日，儿子阿伟要求陈老太出院，医院同意并出具证明确认"患者目前病情已稳定，无胡言乱语情况，接触交谈均合作，本次住院疗效好转"。11月12日，两名律师为陈老太代书遗嘱一份，将老太名下房屋产权归阿伟继承，陈老太单位两名职工在场作见证。事后1年陈老太去世。

2006年7月，远在美国的女儿茅女士向法院起诉，要求继承母亲死后遗留下的房产。她认为母亲属法律上无民事行为能力人，该遗嘱无效。

法院认为，陈老太在立遗嘱时，仍系精神病患者，法律上对她的民事行为能力判别有严格要求。现仅凭医院出具陈老太当时属阶

① 李鸿光：《律师代书精神病人遗嘱法律认定无效》，载中国法院网，http://www.chinacourt.org/public/detail.php?id=227669。

段性好转的出院小结，对患者是否能辨认自己行为目的等并未涉及；另在遗嘱代书人及见证人的当庭陈述中，对立遗嘱时是否知道患者系精神病人说法不一，据此陈老太所立遗嘱应归无效。陈老太遗有的合法财产，则按照《继承法》作法定继承。

❈**分析解答**❈本案的争议焦点在于：陈老太在立代书遗嘱时是否是完全行为能力人。根据《民法通则》第11条规定，10周岁以上不满18周岁的未成年人和不能完全辨认自己行为的精神病人属于限制行为能力人；不满10周岁的未成年人和不能辨认自己行为的精神病人为无行为能力人。陈老太的情形应该属于无民事行为能力人。

至于医院出具的证明，只是对其出院时病情状况的小结，并未提到患者是否能辨认自己行为，更没有证明母亲有立遗嘱的能力。

(4) 符合法定的特留份规定

《继承法》第19条规定，遗嘱必须为缺乏劳动能力又没有生活来源的继承人保留必要的遗产份额，简称特留份规定，这是遗嘱的第四个有效要件。该条是强制性规定，遗嘱取消特留份额的，遗嘱的相应部分无效。遗产处理时，应当为该继承人留下必要的遗产，所剩余的部分才可参照遗嘱确定的分配原则处理。继承人是否缺乏劳动能力又没有生活来源，应当按遗嘱生效时该继承人的具体情况而定。

❈**生活实例4**❈**遗嘱应考虑没有生活来源的继承人**①

王老汉有两个儿子，均已成年，次子是低智儿，收入极少，主要依靠王老汉生活。王老汉去年病故，生前立有遗嘱，将其遗产房屋两间、存款5000余元，指定由其长子全部继承，剥夺了次子的继承权。请问，王老汉的这份遗嘱是否有效？

❈**分析解答**❈根据《继承法》第19条规定，王老汉的这份遗嘱部分无效。遗嘱必须为缺乏劳动能力又没有生活来源的继承人保

① 咨询问题来源：《遗嘱能剥夺低智儿的继承权吗》，载南国律师沙龙，http://www.nglssl.com/Article/ArticleShow.asp?ArticleID=621。

留必要的遗产份额，所以遗嘱不能够剥夺低智儿的继承权。被继承人王老汉剥夺低智儿的合法继承权，损害了他的合法权利，则遗嘱应视部分无效。遗产处理时应当为低智儿留下必要的遗产，所剩余的部分才可以参照遗嘱确定的分配原则处理。

(5) 符合法定的表现形式

遗嘱的第五个有效要件是形式要件。根据《继承法》第17条规定，遗嘱的形式有公证遗嘱、自书遗嘱、代书遗嘱、录音遗嘱以及口头遗嘱五种。前四种形式遗嘱人可以选择，第五种形式只能在特殊情况下采用。遗嘱是否符合法定形式，以立遗嘱当时的法律规定为准。

※生活实例5※只有印章无亲笔签名遗嘱形式存瑕疵被判无效①

2000年8月7日，吴女士在律师的见证下立下代书遗嘱，将名下一处房屋赠与其弟吴某的外孙金某。后吴女士去世，当吴某以及吴女士继子小齐得知遗嘱后，一纸诉状递到法院，要求判决确认遗嘱无效。他们认为金某出示的这份遗嘱既无吴女士签名也未捺印，所盖图章有伪造嫌疑，且吴女士身前曾与金某的母亲有过节，不可能将房屋赠与金某。金某对此辩称，吴女士立下遗嘱是经过律师见证，且盖章也符合吴女士生活习惯。因此这份遗嘱完全真实有效，是吴女士生前意愿，自己有权获得遗产。法院经过审理，认定遗嘱无效。

※分析解答※代书遗嘱必须有两个以上的见证人在场，并且由其中一人代为书写，代书人、遗嘱人和证明人都必须签名。代书遗嘱之所以必须具备法定形式要件，就是防止遗嘱被伪造或篡改。吴女士的遗嘱文本仅有立遗嘱人、代书人、见证人等的印章，而无本人签字。加之吴女士与遗嘱受益人金某之母有过节，这足以使法官产生遗嘱确立时吴女士的印章并非在其本人手中的合理怀疑。所

① 吴艳燕：《只有印章无亲笔签名遗嘱形式存瑕疵被判无效》，载中国法院网，http：//www. chinacourt. org/public/detail. php？id＝314912。

以，法院最终依法判定该律师见证遗嘱为无效遗嘱，吴女士的遗产应按法定继承处理。

130. 如何订立公证遗嘱？

公证遗嘱，指经国家公证机关认可真实性与合法性的书面遗嘱。在继承法规定的五种遗嘱中，公证遗嘱的形式最为严格，在处理继承纠纷时，公证遗嘱的证明效力最高。公证遗嘱的具体办理要求如下：

（1）公证遗嘱必须由遗嘱人亲自到公证机关办理。不能委托他人办理，由于特殊原因无法亲自到公证机关办理，公证机关可以委派公证员到遗嘱人所在地办理。

（2）遗嘱人必须在公证员面前亲自书写或口授遗嘱内容。办理公证遗嘱应当有两个以上的公证员参加。

（3）公证员对遗嘱内容进行全面审查后，依法作出公证。出具《遗嘱公证书》一式两份，分别由遗嘱人和公证机关保存。公证机关负有为遗嘱人保守秘密的义务。

※生活实例※公证遗嘱程序违法也无效①

2003 年 3 月 12 日，程援钧拿到母亲生前公证的遗嘱，对遗嘱内容产生怀疑：母亲程清华为什么只留给自己几张桌椅，而哥哥却得了房产？程援钧将公证处告上法庭，请求撤销遗嘱公证书。

法院经审理后认为，公证处 1997 年 4 月 23 日在办理该公证书时有如下不当之处：一是公证员在为程清华老人代书遗嘱时，无两个以上的见证人见证，遗嘱也没有代书人和其他见证人的签名，公证处对程清华老人所作出的遗嘱公证，证明对象不符合《继承法》有关规定；二是司法部《公证程序规则》规定遗嘱公证应由两名公证员共同办理，而南岸区公证处在办理该公证时，只有一名公证

① 陈能雄：《公证违反程序遗嘱引发纠纷南岸区公证处吃官司》，载新浪网，http://news.sina.com.cn/s/2003—07—29/0348460524s.shtml。

员。最终法院判决：撤销南岸区公证处为程清华老人制作的遗嘱公证书。

※**分析解答**※遗嘱人到公证处办理遗嘱，无论是否系其真实意思的表示，只要公证遗嘱的程序违法，遗嘱就是无效的。本案中为程清华老人办理公证遗嘱的公证处，既没有两名公证员参加，也没有见证人和代书人的签字，办理程序不合法，故法院判决撤销遗嘱，遗产将按照法定继承处理。

131. 如何订立自书遗嘱?

自书遗嘱，指由遗嘱人亲自书写的遗嘱。根据《继承法》第17条第2款规定："自书遗嘱由遗嘱人亲自书写，签名，注明年、月、日。"自书遗嘱限定为遗嘱人亲笔书写，不允许打印、铅印或印刷，但没有一律要求出现"遗嘱"字样。

对于遗嘱人亲笔手写的包括遗嘱内容的其他文书如何处理，最高人民法院《关于贯彻执行〈中华人民共和国继承法〉若干问题的意见》第40条规定。"公民在遗书中涉及死后个人财产处分的内容，确为死者真实意思的表示，有本人签名，并注明了年、月、日，又无相反证据的，可按自书遗嘱对待。"

※**生活实例**※**遗嘱有歧义可能导致无效**[①]

20多年前，胡某与孙某结婚，丈夫孙某在此前的一次婚姻中已有三个孩子。2006年孙某去世，三个孩子要继承父亲留下的房子，但胡某却拿出一纸表明房子由她继承的遗嘱。三个孩子看过遗嘱后表示，这份遗嘱有百余字之多，但从头至尾却只有一个句号。如果加上标点符号以后，他们对遗嘱完全可以有另一种截然不同的解释。双方各持己见，最终闹上了法院。

法院经审理，判决房屋按照法定继承处理，房屋经评估市场价

① 刘洋：《老人去世引发遗产纠纷自书遗嘱有歧义被判无效》，载中国消费网，http：//www. ccn. com. cn/newsHtm/2007—03/1175240815d130856. shtml。

格为40万元，归胡某所有，同时胡某支付孙某的三个孩子每人5万元房屋折价款。

❈**分析解答**❈继承开始后，有遗嘱的，要按照遗嘱继承办理。但前提是遗嘱必须符合有效要件，且自书遗嘱必须意思表示明确无歧义。本例中，孙某所留的遗嘱只在文尾有一个句号，如增加不同的标点符号，这份没有标点的遗嘱就有两种以上的不同解释。因此，根据该遗嘱无法确定胡某丈夫的真实意思表示，该遗嘱不能作为有效遗嘱对待。在这种情况下，本案应按照法定继承办理。

132. 如何订立代书遗嘱?

代书遗嘱，指遗嘱人口授遗嘱内容，他人代为书写的遗嘱。对于代书遗嘱的制作要求，根据《继承法》第17条第3款的规定："代书遗嘱应当有两个以上见证人在场见证，由其中一人代书，注明年、月、日，并由代书人、其他见证人和遗嘱人签名。"司法实践中，只有遗嘱人确实不会书写自己的名字，才可以按手印代替签名。

❈**生活实例**❈**代书遗嘱须有遗嘱人签名**①

王先生与前妻李女士婚后未生育子女，后收养小青为孙女。后王先生与赵女士再婚，亦无子女。王先生自书遗嘱，载明房屋由赵女士继承。随后王先生、赵女士共同办理变更产权手续，将房屋产权过户到赵女士名下。后王先生死亡。小青起诉到法院称，2007年7月，王先生立代书遗嘱，房产由自己继承，有见证人李先生、张先生为证。

法院经审理认为，王先生生前立字据将房屋赠与赵女士，并与赵女士共同申请办理了房屋产权变更手续，且房屋在王先生去世时已登记在赵女士名下，该遗赠已成立并完成。小青所述王先生于

① 王蕊：《代书遗嘱应有遗嘱人签名孙女诉求房产被驳》，载北京法院网，http://bjgy.chinacourt.org/public/detail.php?id=75419。

2007年7月所立遗嘱，为他人代书，王先生作为遗嘱人没有在该代书遗嘱上签字，不符合代书遗嘱的形式要件，所印指纹亦不清晰，不能确定为王先生所立遗嘱。

❖**分析解答**❖本案中，小青所出示的代书遗嘱所立时间是2007年7月，而王先生自己所立自书遗嘱时间是2007年5月，如果代书遗嘱合法有效，就应以在后的代书遗嘱内容为准。但是由于该代书遗嘱没有遗嘱人王先生的签名，不符合代书遗嘱的有效要件，故无法确定其真实性。只能按照先前的自书遗嘱为准。且王先生生前与赵女士共同申请办理了房屋产权变更手续，房屋在王先生去世时已登记在赵女士名下，所以小青的诉讼请求不能被支持。

133. 如何订立录音遗嘱?

录音遗嘱，指以录音方式记录下来的遗嘱人的口述语音遗嘱。对于录音遗嘱的制作要求，根据《继承法》第17条第4款的规定，“以录音形式立的遗嘱，应当有两个以上见证人在场见证。”司法实践中还要求，录音遗嘱制作完毕后，一定要将录音遗嘱的磁带当场封存，遗嘱人、见证人都应当在录音遗嘱的封口上签名，注明年、月、日，然后由遗嘱人本人或见证人妥善保管。在遗嘱人死亡后，已封存的遗嘱，必须在制作遗嘱的见证人和继承人都到场的情况下，当众启封，任何人都不能私自启封录音遗嘱。

❖**生活实例**❖**录音遗嘱须有两名见证人在场并签封**

赵先生反映：我舅舅去世前，他曾以录音的形式，表示死后要把所有的财产留给我。这份录音是我舅舅的最后一份遗嘱，有两个见证人。但是目前只有一个见证人愿意出庭作证。请问，录音遗嘱有效吗?

❖**分析解答**❖根据《继承法》第17条第4款的规定，以录音形式立的遗嘱，应当有两个以上见证人在场见证。也就是说只有两个见证人在场见证，录音遗嘱才有可能成立。如果确有两名见证人在场并签字，该录音遗嘱是有效的。赵先生应当尽量做通见证人的工作，劝使其出庭作证，以证明录音遗嘱的真实性。

法律规定只是要求见证人“在场”见证，如果遗嘱持有人已经证明了磁带签封上有两名见证人的签名，而且这两人的身份明确，确实存在即可，并不一定要该见证人当庭作证。而另一方当事人如果要想否认该遗嘱，必须要得到该见证人没有参与见证的相应证据，才能否认该自书遗嘱的效力。

134. 如何订立口头遗嘱？

根据《继承法》第17条第5款的规定，遗嘱人在危急情况下，可以立口头遗嘱。口头遗嘱应当有两个以上见证人在场见证。危急情况解除后，遗嘱人能够用书面或者录音形式立遗嘱的，所立的口头遗嘱无效。

口头遗嘱没有书面记录，容易被他人篡改。因此在司法实践中，见证人应当将遗嘱人口述的遗嘱记录下来，并由记录人、其他见证人签名，注明年、月、日；记录人无法当场记录的，应当在事后补记遗嘱人口述的遗嘱内容，并由记录人、其他见证人在记录上共同签名，注明年、月、日。

※生活实例※口头遗嘱应有人见证[①]

周老太和丈夫一直没有生育，收养了一子一女。丈夫去世后，周老太一直偏爱养子，对养女则不闻不问。2007年5月，周老太突然感觉身体不适，病榻前，她向前来看望她的弟弟、弟媳吐露“心声”，准备把自己的所有财产留给养子。三天后，周老太病重住院，再次与自己的老姐妹方某说起自己的“遗嘱”。周老太去世后，养女一纸诉状将养子告上法庭，养子在法庭上提供了诸多证人，但由于周老太的“口头遗嘱”不符合法定形式，法院最后判

---

① 李劼：《老人维权：新纠纷不断老问题常有》，载人民法院报网站，http：//rmfyb. chinacourt. org/public/detail. php? id = 118191。

决口头遗嘱无效。

※分析解答※遗嘱人在危急情况下，可以立口头遗嘱。危急情况解除后，遗嘱人能够用书面或者录音形式立遗嘱的，所立的口头遗嘱无效。本案中，周老太在立第一次口头遗嘱时虽有两名见证人在场，但后来危急情况解除，口头遗嘱即告无效；第二次周老太立口头遗嘱只有一名见证人在场，不符合口头遗嘱的形式要件，口头遗嘱不能成立。所以即使两次口头遗嘱内容完全一样，也是周老太真实意思的表示，但不符合法律规定的口头遗嘱就是无效，遗产只能按照法定继承处理。

135. 存在多份遗嘱的效力如何？

根据《继承法》第20条的规定，立有数份遗嘱，内容相抵触的，以最后的遗嘱为准。若数份遗嘱的形式不同，其中有公证遗嘱的，应以最后的公证遗嘱为准。由此可见，存在多份遗嘱的情况，其中没有公证遗嘱的，以最后的遗嘱为准；其中有公证遗嘱的，以最后的公证遗嘱为准。

※生活实例※多份遗嘱，后者有效[①]

马龙俊、李桂美有三子一女，有大小房屋各一套，以及存款20万元。2000年，他们曾以书面遗嘱的形式对财产作了分配，但未实际分割。2007年2月，马龙俊又立下内容为“财产全权交妻子处理”的书面遗嘱。马龙俊去世后，李桂美又立下内容为“大房子老三、老四平分；小房子给大孙子。我所有的钱给老大”的书面遗嘱。2007年12月，李桂美病故后，子女就继承问题发生争执，闹上法庭。

法院经审理认为，被继承人虽于2000年以书面遗嘱形式对其财产作了分配，但此后又重新以书面遗嘱形式对其财产另行作了安

① 徐硕友、雷志强：《兄妹为争父母遗产上法庭法官以遗嘱为准止纷争》，载中国法院网，http：//www. chinacourt. org/public/detail. php? id＝317604。

排，判决对被继承人的遗产按李桂美最后立下的那份遗嘱进行分割继承。

❖**分析解答**❖本案中，被继承人马龙俊、李桂美先后以自书遗嘱的形式对其财产作出了分配，存在多份遗嘱，其中没有公证遗嘱，那么就应当以最后的遗嘱为准。

136. 夫妻可以订立共同遗嘱吗?

共同遗嘱指的是两个或两个以上的遗嘱人将其内容共同或相关的意思表示形成一个整体的遗嘱意思表示，从而定格于同一遗书上。这时遗嘱人之间的遗嘱表示不是完全独立的，而是相互间牵连和制约的。共同遗嘱在形式可以分两种：一种是相互遗嘱，两个遗嘱人相互以对方为自己遗产的继承人或受遗赠人；另一种是相关遗嘱，即相互以对方的遗嘱内容为条件的遗嘱。

共同遗嘱所处分的财产大多是遗嘱人的共同财产。共同遗嘱在内容上通常有三种表现：一是相互指定对方为自己的遗产继承人；二是共同指定第三人为遗产的继承人；三是相互指定对方为自己的遗产继承人并规定后死者将遗产留给某第三人。

不同类型的共同遗嘱，其生效时间又有不同要求：第一，互相指定对方为继承人的共同遗嘱，一方死亡时遗嘱生效，生存方的遗嘱内容即失其效力。第二，以共同财产指定第三人为继承人或受遗赠人的共同遗嘱，必须在共同遗嘱人均死亡后才发生效力。一方死亡后，活着的一方得自由行使共同财产权，但要受到遗嘱内容的拘束，不得进行与遗嘱相违背的法律行为，原则上也不得变更、撤销遗嘱。第三，相互指定对方为继承人，并共同指定第三人为最终继承人或受遗赠人的共同遗嘱，其生效时间分两个阶段：共同遗嘱人之一死亡，相互继承的内容生效，生存方依遗嘱取得遗产；当最后一个遗嘱人死亡，遗嘱全部生效，第三人依继承或遗赠而取得财产。第四，共同遗嘱实为相关联之遗嘱时，一方死亡，遗嘱应认定为生效，生存方原则上不得变更或撤销遗嘱，或者进行与遗嘱内容相抵触的处分行为。

目前我国法律还没有对共同遗嘱作出规定，司法部颁布的《遗嘱公证细则》第 15 条规定：“两个以上的遗嘱人申请办理共同遗嘱公证的，公证处应当引导他们分别设立，遗嘱人坚持申请办理共同遗嘱公证的，共同遗嘱中应当明确遗嘱变更、撤销及生效的条件。”按上述规定，原则上共同遗嘱不被承认，但是经公证的共同遗嘱可以承认其效力。在执行共同遗嘱过程中，若共同遗嘱人一方已经死亡，则遗嘱的真实性无法查对，容易发生纠纷。所以应尽量避免两人以上共同设立遗嘱。

❈生活实例❈共同遗嘱执行中遇麻烦①

张德福、魏文娥夫妇在 1998 年共同立下了一份遗嘱，并进行了公证。内容是：我们夫妻共同订立遗嘱，决定我们两个人中先去世的一方的遗产由另一方继承。后去世的一方的遗产由儿子张大军继承后留给孙子张凡。其他人均没有继承权，我们夫妻二人无论谁先去世，另一方不得更改或撤销本遗嘱。

2000 年张德福去世了，2001 年魏文娥也离开了人世。正当张大军向房产管理部门申请变更登记时，却收到法院的传票，自己被妹妹张小兰告上了法庭，要求分得部分房产。这个消息让张大军感到意外。因为对父母生前立遗嘱的事儿妹妹是知情的。当他拿着父母的共同遗嘱来到法庭时，意外地发现了第二份遗嘱。原来母亲在父亲去世 3 个月后立下的，内容是：我现在决定撤销 1998 年与丈夫张福瑞立的遗嘱，根据目前我的生活起居状况，将房产在我百年以后遗留给小女儿张小兰继承。而且这份遗嘱也进行了公证。

法院经审理后判决：张德福的遗产由魏文娥、张大军、张小兰共同继承，魏文娥的遗产则根据遗嘱由张小兰继承。即张大军继承房产的 1/6，张小兰继承房产的 5/6。

---

① 樊明：《从本案谈共同遗嘱的法律效力》，载《江苏经济报》2006 年 6 月 13 日。

※**分析解答**※本案中作为共同遗嘱之一的魏文娥有权撤销、变更自己与配偶所立的共同遗嘱，而共同遗嘱被撤销，张德福的遗产应由魏文娥、张大军和张小兰继承，魏文娥的遗嘱合法、有效，其遗产应由张小兰继承。所以，房产的最后分配应该是张大军继承房产的1/6，张小兰继承房产的5/6。

137. 如何撤销、变更遗嘱?

遗嘱的变更，是指遗嘱人在设立遗嘱后依法改变原来所立遗嘱的部分内容。遗嘱的撤销，是指遗嘱人在设立遗嘱后将原来所立遗嘱的全部内容予以废弃。它们的区别在于对已设立遗嘱的修改程度不同。

遗嘱的变更或撤销只要立遗嘱人单方意思表示即可以生效。遗嘱变更或撤销的方式分为两类：

（1）明示的方式

明示变更或撤销遗嘱也必须符合遗嘱的法定形式：公证遗嘱只能以公证形式予以变更或撤销；自书遗嘱、代书遗嘱、录音遗嘱可以互换而予以变更或撤销；口头遗嘱不得变更或撤销其他四种形式的遗嘱。

（2）推定的方式

①遗嘱人立有数份遗嘱，内容相抵触的，推定遗嘱变更或撤销的时间在前的遗嘱，以最后的遗嘱为准。若数份遗嘱的形式不同，其中有公证遗嘱的，应以最后的公证遗嘱为准。

②遗嘱人生前的行为与遗嘱的意思表示相反，而使遗嘱部分的财产在继承开始前灭失、部分灭失或者所有权转移、部分转移的，遗嘱视为被撤销或部分被撤销。

※**生活实例**※**两份公证遗嘱有先后，视为遗嘱有变更**[①]

1997年3月12日，钱老伯、余老太夫妻俩分别立下公证遗

① 胡海容：《父亲立两份公证遗嘱 两姐妹法庭争夺房产》，载中国法院网，http://www.chinacourt.org/public/detail.php?id=315307。

嘱，内容为杭州路房屋中属于各自名下部分均由小女儿钱丽娜继承。2001 年 9 月 21 日，钱老伯再次立下遗嘱，内容为杭州路房屋中属于其名下部分由长女钱丽娟继承，并要求钱丽娟为其养老送终，而该份遗嘱也经过了公证处的公证。二老去世后，姐姐钱丽娟诉至法院。

法院经审理后认为，上述遗嘱均为公证遗嘱，但遗嘱内容相互抵触，应以 2001 年 9 月 21 日所立遗嘱的内容为准。钱老伯和余老太分别将名下的房屋权利以遗嘱方式留给钱丽娟和钱丽娜继承，遂判决钱丽娟和钱丽娜对杭州路房屋按份共有，份额均为二分之一。

❋**分析解答**❋本案中钱老伯与其妻子于 1997 年 3 月 12 日立下遗嘱，将自己名下的房产留给钱丽娜。此后，钱老伯又于 2001 年 9 月 21 日立下将其名下房产留给钱丽娟的遗嘱。上述遗嘱均为公证遗嘱，但遗嘱部分内容相互抵触，应视为推定方式的遗嘱变更。所以，应以最后的公证遗嘱为准，但后一个遗嘱是钱老伯自己立的，不能改变前一个遗嘱中其妻子的遗嘱部分，该部分仍然有效。

138. 遗嘱继承中继承人先于被继承人死亡如何处理？

前面我们讲过，法定继承中继承人先于被继承人死亡要适用代位继承制度，但是代位继承不能适用于遗嘱继承。那么在遗嘱继承中继承人先于被继承人死亡如何处理呢？

《继承法》第 27 条规定，遗嘱继承人、受遗赠人先于遗嘱人死亡的，“有下列情形之一的，遗产中的有关部分按照法定继承办理”。由此可知，在遗嘱继承中，若遗嘱中指定的继承人先于立遗嘱人死亡的，则遗嘱中涉及的该继承人的遗产按照法定继承办理，即由立遗嘱人的法定继承人继承，不发生代位继承。

※生活实例※遗嘱继承人先于被继承人死亡的，按法定继承处理[1]

1997年6月，唐某立下自书遗嘱，言明在自己去世之后，自己的房屋四间、存款5000元由儿子继承，另有存款2万元由女儿继承（出嫁后在外省），并注明由其弟为遗嘱执行人。1998年9月15日，唐某因病死亡，遗嘱执行人与其女儿联系时才知道她已于1998年9月12日因事故死亡，现在还有一个儿子谭某。谭某要求代替母亲之位来继承外祖父的遗产，遭到执行人的坚决反对，谭某遂诉至法院。

法院经审理认为，唐某生前立有遗嘱，应当按照遗嘱执行，但是女儿已经先于唐某死亡，而遗嘱继承不适用代位继承，2万元按照法定继承处理。法院依法判决，对遗嘱中应由女儿继承的2万元，由儿子和谭某各继承1万元，其余遗产仍按照遗嘱内容执行。

※分析解答※本案中，女儿先于被继承人唐某死亡，如果没有遗嘱，按照法定继承适用代位继承的规定，由其子谭某代位继承取得相应的遗产份额。但是由于被继承人唐某在死亡前书立了遗嘱，遗嘱继承指定的应当专属于女儿的遗产份额2万元就不能够由谭某代位继承，该部分应当作为唐某未作安排的遗产，按法定继承处理，由唐某的子女共同继承。

但是在适用法定继承处理这部分遗产的时候，代位继承制度就会生效：女儿作为唐某的先亡子女，应当继承的份额就由其儿子谭某以代位继承的方来式实现，因此谭某有权代位继承其中的1万元，对于遗嘱中确定的其他遗产仍然按遗嘱中的安排处理。

139. 如何理解继承权的放弃?

继承权的放弃，是继承人对于个人权利的一种处分方式，是取

① 《遗嘱继承人先于被继承人死亡，其子女可否代位继承遗嘱处分的财产?》，载法律教育网，http：//www. chinalawedu. com/huangye/viewarticle. asp? id = 743。

决于继承人个人意志的无条件的、单方的法律行为。

继承权的放弃必须采用明示的方式。最高人民法院《关于贯彻执行〈中华人民共和国继承法〉若干问题的意见》第47条规定，“继承人放弃继承应当以书面形式向其他继承人表示。用口头方式表示放弃继承，本人承认，或有其他充分证据证明的，也应当认定其有效。”继承人在遗产分割前没有明确表示放弃继承权的，视为接受遗产；继承人在遗产分割之后作出放弃继承权表示的，则不是放弃继承权，而是放弃应得的遗产所有权。

同时注意，放弃了继承权，继承人就不必对被继承人依法应当缴纳的税款和债务负担清偿责任。但是，继承仍须履行其他法定义务，例如抚养、赡养被继承人等。

※生活实例※继承人享有未放弃部分的继承权[①]

王老先生去世后遗留房产一套，系夫妻共同财产。后王老太太病重，子女四人商量将该房屋出售，所得房款用于治疗，剩余房款再进行分割。为便于出售房屋，将该房屋公证到三子名下，同时其他三人对该房产中属于父亲遗产的部分均自愿表示放弃继承权。2006年11月，三子将该房屋以52万元价格出售。但三人并未分到房款，后王老太太病故，其他三个子女起诉至法院，要求平均分割房款26万元（王老太太的部分）。

法院审理后认为，其他三个子女虽表示自愿放弃继承父亲王老先生的遗产，但仍有权继承母亲的遗产，故四子女应当平均继承遗产份额。

※分析解答※本案中王老先生和王老太太生前没有留下遗嘱，遗产按照法定继承处理。二老留下的房屋属夫妻共同财产，三个儿子虽表示自愿放弃继承父亲王老先生的遗产，但仍有权继承母亲的遗产，即房屋的一半。

---

① 薛程：《父母遗产引纠纷　继承人享有未放弃部分继承权》，载中国法院网，http：//www. chinacourt. org/public/detail. php？id = 302591。

140. 继承权受到侵害时如何进行保护？

当继承人取得遗产和放弃继承的权利受到侵害时，有权向侵权人提出其权利主张或请求人民法院保护其继承权。对此，《继承法》第 8 条规定："继承权纠纷提起诉讼的期限为 2 年，自继承人知道或者应当知道其权利被侵犯之日起计算。但是，自继承开始之日起超过 20 年的，不得再提起诉讼。"

※生活实例※法定继承适用特别诉讼时效[①]

甲的父母于 8 年前双双过世，当时由于甲在国外，因此，老人留下的一套房产一直由其弟弟居住。现在甲回国定居，要求分割该房，但弟弟却称，父母去世已 8 年，早已过了 2 年的诉讼时效，甲已无权要求继承该房。弟弟的说法对吗？

※分析解答※根据《继承法》的规定，继承从被继承人死亡时开始；继承开始后，继承人没有表示的，视为接受继承；继承权纠纷提起诉讼的期限为两年，自继承人知道或者应当知道其权利被侵犯之日起计算。但是，自继承开始之日起超过 20 年的，不得再提起诉讼。根据上述法律规定，甲当初并未表示放弃遗产继承，如果甲有证据证明确是回国后才得知这一情况，那么没有达到 20 年，甲现在有权要求分割该房；如果对方有证据证明甲在 8 年前父母去世时就知道或应当知道这一情况，则超过两年诉讼时效，那么甲的诉讼请求将无法得到法官支持。

---

① 咨询问题来源于青岛新闻网，http://www.qingdaonews.com/epaper/lnb/html/2006—12/04/content_601761.htm。

第十九章　被继承人债务清偿纠纷

被继承人的债务是指被继承人生前以个人名义欠下的，完全用于被继承人个人需要或其他依法应当由其本人承担清偿责任的债务。

141. 被继承人的债务包括哪些？

被继承人的债务包括被继承人依法应当缴纳的税款和债务，具体来说，这部分债务包括以下几个方面：

第一，被继承人生前应缴纳的个人税款；

第二，被继承人生前应承担的合同之债；

第三，被继承人生前应承担的损害赔偿责任；

第四，被继承人生前应返还的不当得利；

第五，被继承人生前应补偿给无因管理者的管理费；

第六，共同债务中属于被继承人应承担的债务；

第七，其他个人债务。

在确定被继承人的债务范围时，还必须注意以下问题：

(1) 被继承人的个人债务与家庭或者夫妻共同债务不同。被继承人的债务是与家庭或者夫妻共同债务无关的债务，既非赡老抚幼所负的债务，又非为偿还家庭或者夫妻共同债务所负的债务。家庭或者夫妻共同债务是指因维持家庭的共同生活所负的债务，包括赡老抚幼、增添家庭或者夫妻的共同财产所负的债务。对于家庭或者夫妻共同债务，无论是以个人名义欠下的，还是以全体家庭成员或者夫妻的名义欠下的，都要用家庭或者夫妻共同财产来偿还。

（2）被继承人的个人债务与因殡葬被继承人所负的债务也不同。继承人因为殡葬被继承人所负的债务，是继承人的个人债务，应当由继承人以个人财产来偿还，而不应以被继承人的遗产来偿还。

❈生活实例1❈离婚期间丈夫借款，8年后前夫已死前妻不还债①

金某于1989年与丈夫李某分居。1994年4月，认为双方感情已经破裂的金某向当地法院提出离婚诉讼，1994年9月15日法院作出判决准予离婚，判决书以公告的方式送达李某处。自此，夫妻之间再没有任何来往。1999年，李某因病去世。2002年5月的一天，一名姓王的男子突然登门，并拿出一张34万元的借据，要求金某替丈夫还债。这张欠条是李某于1994年9月22日签订的。金某因为借钱之事是前夫一人所为，拒绝还款。王某于是将其告上了法庭。

在法庭辩论中，原告王某诉称，1990年1月，李某说自己要做生意，分两次向其借款132000元，当时约定利息6分，之后一直未还。1994年9月22日，李某给王某写了一张欠款共计34万元的欠条，约定2000年之前还清，逾期不还，每月按6000元利息计算。但这之后，李某仍未还款。等王某几经周折，找到李某的家时才知道，李某已经死亡。王某认为，李某签订借据时，法院的离婚判决书正在上诉期限内，尚未生效，因此，这笔欠款应视为夫妻关系存续期间共同欠款，金某应替其丈夫还债。

金某觉得自己实在冤枉。她丈夫在离婚前几年就离家出走，向原告借款的事情，自己一点也不知道。把这笔账算在自己头上，无

① 李扬：《离婚期间丈夫借款　8年后前夫已死前妻不还债》，载中国法院网，http：//www. chinacourt. org/public/detail. php？id = 17902。

论如何也说不过去。

法院经审理认为，合法的债权的存在是公民承担债务责任的基础。虽然李某为原告出具欠据的时间，离婚判决书并未生效，但在法院公告期间被告的借款行为，不能认定为夫妻共同债务；同时，原告未能提供相关的证据证明被告知道此事。法院最后作出判决，驳回原告的诉讼请求。

❈**分析解答**❈本案的关键是正确判断李某生前的欠款到底属于个人债务还是夫妻共同债务。如果此债务属于李某生前的个人债务，就应当由李某死亡时的遗产来偿还；如果此债务属于金某与李某的夫妻共同债务，就应当由夫妻共同财产来偿还。

所谓夫妻共同债务，是指夫妻为了共同生活或者为履行抚养、赡养义务以及为增加夫妻共同财产等所负的债务，应当以夫妻共同财产清偿。依据最高人民法院《关于适用〈中华人民共和国婚姻法〉若干问题的解释（二）》第24条的规定，债权人就婚姻关系存续期间夫妻一方以个人名义所负债务主张权利的，应当按夫妻共同债务处理。但是本案中，李某签订借据时，法院的离婚判决书正在上诉期限内，虽然离婚判决书尚未生效，但是金某与李某确实已经不在一起生活了，更谈不上为了共同生活而去借钱。所以李某以个人名义所欠的债务，根本不符合夫妻共同债务的实质要件，不应当用夫妻共同财产来偿还，而应当由李某的遗产来偿还。法院驳回原告诉讼请求的判决是正当合理的。

本案也告诉广大读者在面对被继承人债务清偿纠纷时，要正确区分被继承人的个人债务与夫妻共同债务，以免产生混淆，不利于保护自己的财产权利。

❈生活实例2❈丈夫借款22万元后突然去世，法院认定属于共同债务判令妻子承担还款责任[①]

手握22万元借条的霍某得到消息，向他借款的崔某突然去世，

① 张敬：《丈夫借款22万元后突然去世　法院认定属于共同债务判令妻子承担还款责任》，载天津法院网，http：//tjfy. chinacourt. org/public/detail. php？id＝3425。

那么借出去的钱该找谁要呢？霍某遂将崔某的老伴儿孙某、子女一家四口以及另一借款人孔某告上法庭。崔某的老伴儿及子女以其没有继承遗产为由拒绝偿还崔某生前债务。

原告霍某诉称，2001 年 5 月 6 日，崔某与被告孔某向其借款 22 万元，并书写了借条，但到期后未能归还借款。又于 2003 年 5 月 2 日重新为其书写借条，现崔某已去世，但其继承人与被告孔某均未能归还该笔借款。故要求五被告归还借款 22 万元并负责本案诉讼费。

崔某的老伴儿孙某及 2 个女儿 1 个儿子（均已成人并分家另过）均辩称不知崔某生前是否书写借条，且崔某并无遗产、四被告也未继承，故不同意原告诉讼请求，并且四被告对原告霍某提供的两份借条中崔某的签字有异议。

法院对原告提供的证据进行综合审查判断，并确认，四被告对原告提供的两张借条中崔某的签字有异议，其应负有确认该签字真伪的举证责任，但四被告在限期内未提供任何证据证明其主张，亦未申请进行笔迹鉴定，故法院认为原告提供的两份借条能够作为认定本案事实的依据。

法院经审理后认为，崔某与被告孔某既然向原告借款，就应积极履行还款义务，且该借款为二人共同所借，二人应履行的偿还份额亦应均等。现崔某虽已去世，但该债务发生于其与被告孙某婚姻关系存续期间，崔某就此债务所应承担的还款份额应作为夫妻共同债务，由被告孙某负责偿还。崔某的三个子女不承担还款责任。

※分析解答※本案与上例相同，也是要正确区分这 22 万元的欠款属于崔某的个人债务还是夫妻或者家庭共同债务。不过本案更加复杂一些，因为本案还涉及两个债务人之间的连带责任。

本案中，崔某的三个儿女已经各自成家，崔某和老伴儿孙某共同生活，并且该债务发生于崔某与孙某婚姻关系存续期间，所以崔某就此债务应当承担的还款份额应作为夫妻共同债务，由被告孙某负责偿还。崔某的三个儿女没有继承崔某的任何遗产，所以这三名被告不承担任何还款责任。另外，这 22 万元是由崔某生前和孔某共同向债权人霍某借的，并且没有与债权人约定还款份额，所以二者承担连带还款责任，每一个人都负有向霍某清偿全部债务的义务。由此可见，法院判决被告孙某和孔某共同偿还原告霍某的22万元且二被告承担连带责任，是正当合法的。

此外，如果孙某或者孙某其中一人承担了全部还款责任，则有权向未承担还款责任的连带义务人要求偿付其应当承担的份额。由于两位债务人之间未约定份额，则推定对均等份额，二人各承担11万元的责任。例如，孙某向霍某还款22万元，那么孙某就有权要求孔某偿付11万元。

142. 继承人应当承担被继承人的债务吗？

遗产债务，是被继承人所欠的债务，包括被继承人生前个人依法应当缴纳的税款和完全用于个人生活需要所欠的债务。

遗产债务的清偿办法是：继承开始后首先应以被继承人的遗产缴纳其生前应缴纳的税款和清偿其所欠的个人债务，之后继承人才就余下的遗产进行继承。缴纳税款和清偿债务以其遗产实际价值为限，超过遗产实际价值部分，继承人自愿偿还的不在此限。继承人放弃继承的，对被继承人依法应当缴纳的税款和债务可以不负偿还责任。

❈生活实例❈逆向行车酿成事故，儿子死亡父母赔偿[①]

2006年5月，张某的儿子驾驶农用车逆向行驶，与杨某乘坐的小货车相撞，杨某受伤，张某的儿子及货车司机李某受伤后经医院抢救无效死亡。杨某住院26天，支付医疗费1.3万余元。经交管局鉴定，杨某的损伤程度为10级伤残，伤残赔偿指数为10%；并认定张某的儿子负事故的主要责任，陈某负事故的次要责任，杨某不负事故责任。后杨某起诉张某夫妇要求赔偿经济损失，包括医

① 杨永红：《逆向行车酿成事故　儿子死亡父母赔偿》，载北京法院网，http://bjgy.chinacourt.org/public/detail.php?id=47657。

疗费、交通费、误工损失、护理费、住院伙食补助费、残疾赔偿金等共计 3.1 万余元的 70%，即 2.2 万余元。张某夫妇辩称，儿子系成年人，应独立承担民事责任。

法院认为，张某的儿子违反驾驶车辆必须遵守右侧通行的原则，是造成此次事故的主要原因，应承担事故的主要责任并依责承担由此给杨某造成的经济损失。因张某的儿子已在事故中死亡，张某夫妇为其子的法定继承人，应依其儿子所负之责承担赔偿责任。

※分析解答※被继承人死亡时遗留有个人合法财产，又留有个人债务的，其所遗留的财产权利义务一并由继承人继承，继承人在接受被继承人遗留的财产的同时，也应负责清偿被继承人生前所欠的税款和债务。张某的儿子在事故中负主要责任，对杨某的损失应当赔偿，其继承人张某夫妇在继承其遗产的同时，要继承其生前所欠的侵权债务，所以要由他们承担赔偿责任。但我们认为，本案中法院应当明确张某夫妇只应当在其所继承的遗产范围内负偿还责任，而不是张某夫妇应当负责完全的赔偿。

143. 清偿被继承人的债务应当遵循的原则有哪些？

第一，接受继承的继承人负责清偿债务原则。《继承法》第 33 条第 2 款规定："继承人放弃继承的，对被继承人依法应当缴纳的税款和债务可以不负偿还责任。"即凡是表示接受继承的继承人，在继承的同时应当负责清偿被继承人的债务；如果放弃继承权，则不承担清偿被继承人债务的责任。

第二，清偿债务以遗产的实际价值为限，这就是限定继承原则。《继承法》第 33 条第 1 款规定："继承遗产应当清偿被继承人依法应当缴纳的税款和债务，缴纳税款和清偿债务以他的遗产的实际价值为限。超过遗产实际价值部分，继承人自愿偿还的不在此限。"也就是说，继承人可以在遗产的实际价值范围内，承担清偿责任；对于超出遗产实际价值的那部分债务，继承人可以不负清偿责任。不过我国继承法并不否定或限制继承人在自愿的前提下，对超出遗产实际价值部分的债务承担清偿责任。

第三，清偿债务须保留必留份原则。《继承法》第19条、最高人民法院《关于贯彻执行〈中华人民共和国继承法〉若干问题的意见》第61条规定，在清偿被继承人的债务时，即使遗产的实际价值不足以清偿债务，也应当为需要特殊照顾的缺乏劳动能力又没有生活来源的继承人保留适当的遗产，以满足其基本生活需要。

第四，清偿债务优先于执行遗赠原则。《继承法》第34条规定："执行遗赠不得妨碍清偿遗赠人依法应当缴纳的税款和债务。"按照这一规定，在受赠人接受遗赠和清偿遗赠人债务的顺序上，清偿债务优先于执行遗赠。只有在清偿债务之后，还有剩余遗产时，遗赠才能得到执行；如果遗产无剩余或者不足以清偿债务，则遗赠就不再执行。

❈生活实例1❈儿子出车祸死亡，母亲卖车替儿还债①

齐某在某银行贷款十余万元购买了中型旅行客车跑客运，但他11个月未还贷款。某银行遂起诉至法院，要求齐某偿还全部剩余借款及利息共计10万元。但齐某已于2003年年底出车祸死亡。银行遂变更被告，要求齐某的母亲李某归还借款。根据法律规定，死者债务由死者遗产偿还。法院调查了解到，儿子虽然死了，但他购买的汽车还在，可以将汽车卖了还贷款，而老人希望银行能免除部分利息并承担诉讼费用。

法官向银行说明了老太太面临的困境及提出的请求。银行也十分同情老人的遭遇，同意如果能偿还全部剩余借款，可免除部分利息并由银行承担诉讼费用。经法官调解，双方达成协议：老人卖掉汽车偿还了儿子剩余贷款10万元，银行免除了部分利息并承担诉讼费用。

❈分析解答❈《继承法》第33条第1款规定："继承遗产应

① 庞津昆：《儿子出车祸死亡 购车贷款谁来还 八旬妪卖车替儿还债》，载天津法院网，http://tjfy.chinacourt.org/public/detail.php?id=1308。

当清偿被继承人依法应当缴纳的税款和债务，缴纳税款和清偿债务以他的遗产的实际价值为限。超过遗产实际价值部分，继承人自愿偿还的不在此限。”本案中，老人李某与儿子齐某是继承关系，齐某死后的遗产由李某继承，当然齐某的债务也应当由李某在继承的遗产实际价值范围内偿还。李某虽然没有用自己的财产清偿债务的义务，但她有清理死者债权债务的义务，所以李某有将齐某的遗产——汽车卖掉以还贷款的责任。如果李某能够以10万元卖掉汽车，则应清偿银行的全部贷款；如果不能卖到10万元，则可以用卖车所得实际价款来偿还贷款，至于仍然不能清偿的部分贷款，李某没有清偿的责任。另外，本案经法官调节，双方达成协议：老人卖掉汽车偿还了儿子剩余贷款10万元，银行同意免除贷款的部分利息并承担诉讼费用。这说明了“法不外乎人情”的道理，双方当事人各让一步，社会则多了一份温暖。

※生活实例2※继承人放弃继承权，对被继承人的债务不负偿还责任

赵某与李某于1962年结婚，婚后一直无子女，先后收养两名弃婴，取名赵强和赵雪。李某去世后，赵某与章某结婚。并有一对亲生子女赵虎和赵丽。后来赵强和赵雪结婚。赵虎与赵丽也分别各自成家。2000年2月，赵某被查出患有癌症，为给其治病，章某倾其所有，仍欠债累累。2001年10月2日，赵某去世。2003年12月12日章某也去世。夫妻二人所有财产不过5000元，然而债务却有49827元。为偿还债务，四子女起争执，赵虎与赵丽认为所有的遗产用于偿还债务，剩下的债务四子女一人一份。赵强和赵雪则表示放弃继承，并认为我国法律已经废除父债子还，遗产不够清偿债务，债务人只好自认倒霉。四子女应当如何偿还债务？

※分析解答※根据我国《继承法》第33条第1款和第2款的规定，继承人偿还被继承人的债务应当以遗产的实际价值为限，超过遗产实际价值部分，继承人可以选择自愿偿还；如果继承人放弃继承，对被继承人的债务可以不负偿还责任。本案中，赵强和赵雪表示放弃继承权，根据《继承法》的规定，二人对于赵某和章某

所负债务49827元不负清偿责任。赵虎与赵丽未表示放弃继承权，那么二者有责任以遗产的实际价值为限偿还赵某与章某的债务，即只向债权人偿还5000元即可。如果四子女中有人自愿偿还剩余债务，即44827元，或者自愿偿还44827元中的一部分，则不受限定继承原则的限制。这里的"自愿"须为当事人的真实意思表示，不可以是在受欺骗或者胁迫的情况下作出自愿还款的意思表示。

◈生活实例3◈执行遗赠前先清偿债务，清偿债务时应保留必留份

谢某的老伴儿于1998年去世。两人膝下无儿无女。谢某的侄子经常去看望谢某，照顾叔叔的饮食起居。谢某对他这个唯一的侄子疼爱有加，于是在2003年10月5日立下遗嘱，他的全部财产由侄子继承，包括一辆汽车、六间瓦房及房内所有家具。二人一同对遗嘱进行了公证。在照顾了叔叔八年后，侄子于2006年5月去广州做生意。2007年3月，谢某收养了一个4岁的小男孩，起名谢南。2008年10月，谢某心脏病突发，不治身亡。正在办谢某的丧事期间，一个叫刘明的人找到谢某的侄子家，要求偿还谢某欠他的7万元钱，并拿出谢某亲自签名的借据。谢某的7万元欠款应当如何偿还？

◈分析解答◈我国《继承法》第34条规定："执行遗赠不得妨碍清偿遗赠人依法应当缴纳的税款和债务。"依照这一规定，在受赠人接受遗赠和清偿遗赠人债务的顺序上，清偿债务优先于执行遗赠。只有在清偿债务之后，还有剩余遗产时，遗赠才能得到执行；如果遗产无剩余或者不足以清偿债务，则遗赠就不再执行。所以，在谢某的侄子接受遗赠之前，首先应当偿还谢某的7万元借款。清偿完债务后，如果遗产还有剩余，则执行遗赠，否则不再执行遗赠。

但是，本咨询涉及的问题不止遗赠和债务清偿的顺序问题，还涉及清偿债务须保留必留份额的问题。我国《继承法》第19条规定："遗嘱应当对缺乏劳动能力又没有生活来源的继承人保留必要的遗产份额。"最高人民法院《关于贯彻执行〈中华人民共和国继承法〉若干问题的意见》第61条规定："继承人中有缺乏劳动能力又没有生活来源的人，即使遗产不足清偿债务，也应为其保留适当遗产，然后再按《继承法》第33条和《民事诉讼法》第180条的规定清偿债务。"依据这两条规定，在清偿被继承人的债务时，即使遗产的实际价值不足以清偿债务，也应当为需要特殊照顾的缺乏劳动能力又没有生活来源的继承人保留适当的遗产，以满足其基本生活需要。本例中，谢某还有一位5岁的养子，他既无劳动能力又无生活来源。在清偿谢某的7万元欠款时，应当为其养子谢南保留适当的遗产份额，以满足其基本生活需要，具体数额应当依据当地生活水平而定。

综上，本例中谢某遗产的具体分配步骤如下：首先，保留养子谢南的必留份额；其次，如果保留必留份后，还有剩余遗产，再用来偿还债权人刘明的7万元债务；如果剩余遗产不足清偿，则以剩余遗产实际价值为限清偿债务；最后，如果偿还债务后，还有剩余遗产，再执行对谢某的侄子的遗赠。

144. 遗产分割后被继承人的债务如何偿还?

最高人民法院《关于贯彻执行〈中华人民共和国继承法〉若干问题的意见》第62条规定："遗产已被分割而未清偿债务时，如有法定继承又有遗嘱继承和遗赠的，首先由法定继承人用其所得遗产清偿债务；不足清偿时，剩余的债务由遗嘱继承人和受遗赠人按比例用所得遗产偿还；如果只有遗嘱继承和遗赠的，由遗嘱继承人和受遗赠人按比例用所得遗产偿还。"根据这一规定，遗产分割后，用来偿还被继承人债务的遗产是有先后顺序的。

※生活实例※遗产分割后债主登门，法定继承人先偿还①

徐某生前系个体工商户某酒家业主。1995年11月28日，徐

① 曹静、郑杨、邓旭明、王雪梅：《继承纠纷案例答疑》，中国法制出版社2008年版，第265—267页。

某立遗嘱一份，指定由其长子李春继承酒家的财产及债权。徐某死后，众子女因继承问题发生纠纷，法院于1999年6月9日作出民事判决，确认遗嘱有效，李春因此继承了上述财产。徐某生前居住的楼房，建筑面积55.94平方米，在遗嘱中并未提及。众子女经协商，由徐某的长女李珍以法定继承人的身份继承，其他子女自愿放弃继承权，并由公证处于1999年2月10日予以公证。李珍于1999年9月23日办理了房屋所有权证书。

徐某在经营酒家期间先后从刘某处赊购海鲜等共欠款3333.40元。徐某去世1个月内，刘某曾向李春索要欠款未果。1999年4月20日，刘某向法院提起诉讼，请求李春偿还欠款，法院在继承案件审结后恢复审理该案。

一审法院审理后认为，徐某所欠刘某的债务系酒家经营之债，且该酒家房屋和经营权以及债权均由李春继承，所以该债务亦应由李春负责清偿。

李春不服一审判决提起上诉，二审法院审理后驳回上诉，维持原判。

判后，李春不服，向检察院提出申诉。检察院抗诉认为，徐某独立经营酒家，属于个体工商户，《民法通则》第29条规定，个体工商户的债务，个人经营的，以个人财产承担。徐某在经营酒家期间的债务应由其个人偿还。因其已去世，根据《继承法》第33条规定，应由继承人在继承遗产实际价值内清偿被继承人的债务。另根据最高人民法院《关于贯彻执行〈中华人民共和国继承法〉若干问题的意见》第62条的规定，此笔债务应首先由法定继承人李珍偿还，不足部分才由遗嘱继承人李春偿还，判决由李春偿还适用法律不当。

再审后，法院认为检察院的抗诉理由成立，应予以支持。在债权人未请求李珍依法清偿债务之前，李春有权拒绝其清偿债务之请求。据此法院判决：撤销原判；驳回刘某的诉讼请求。

◈分析解答◈本例的焦点是：在清偿被继承人债务之前，各继承人、受遗赠人按照遗嘱、遗赠或者法定继承的相关规定先行进行了遗产分割，此时如何清偿被继承人的债务？

徐某经营酒家期间所欠刘某的3335.40元属于其生前的个人债务，应当用其遗产来偿还。徐某的其他子女均未继承遗产，故对于徐某的债务应当由李春、李珍负责清偿。依据最高人民法院《关于贯彻执行〈中华人民共和国继承法〉若干问题的意见》第62条的规定，该笔债务首先应当由法定继承人李珍负责清偿，不足部分，再由李春负责清偿，在债权人未请求李珍依法清偿债务之前，李春有权拒绝其清偿债务之请求。在这里，依据《民事诉讼法》的相关规定，法院不能直接判决由李珍向刘某清偿债务，因为其不是案件的当事人，所以法院判决撤销原判并驳回刘某的诉讼请求。刘某想要拿回自己的钱，则需要向李珍主张，李珍不还，可以以李珍为被告提起新的诉讼。

第二十章 遗赠纠纷

遗赠是公民以遗嘱方式将其遗产中财产权利的一部分或者全部赠给国家、集体或者法定继承人以外的人，而于其死亡时发生法律效力的民事行为。

145. 什么是遗赠？如何区分是遗嘱继承还是遗赠？

我国《继承法》第16条规定了遗嘱继承和遗赠。遗赠是公民以遗嘱方式将其遗产中财产权利的一部分或者全部赠给国家、集体或者法定继承人以外的人，而于其死亡时发生法律效力的民事行为。立遗嘱的人为遗赠人，接受遗赠的人为受遗赠人。需要注意的是，受遗赠人须为遗嘱生效时活着的人，遗赠人死亡时已经受孕的胎儿也可以作为受遗赠人。遗嘱的公证人、见证人及其配偶或其他直系血亲不得作为受遗赠人。

遗赠的基本特征包括以下几个方面：

第一，遗赠是一种须采取遗嘱方式的单方的民事法律行为。遗赠人只要在遗嘱中将自己赠与财产的意思表示出来，自遗嘱生效时起，遗赠也就生效。遗赠人遗赠财产的意思不受其他任何人的意思的制约，也不需要相对人的同意。

第二，遗赠是给法定继承人以外的人以财产利益的无偿行为。

第三，遗赠是遗赠人死亡后发生效力的法律行为。遗赠虽是遗赠人生前作出的意思表示，但只有在遗赠人死亡后才能发生效力。如果遗赠人尚未死亡，即使遗赠人已设立遗赠，受遗赠人也无权请求执行遗赠。

第四，遗赠是只能由受遗赠人亲自接受的行为。遗赠是以特定的受遗赠人为受益主体的。受遗赠的主体具有不可替代性。受遗赠人的受遗赠权只能由自己亲自享有，且不得转让。当然，若受遗赠人为无完全民事行为能力，其受遗赠权的行使须由法定代理人代理。而且，这种接受须在知道受遗赠后两个月内以明确的方式表示出来，否则视为放弃。

根据我国《继承法》的规定，遗赠和遗嘱继承的区别主要体现在以下三个方面：

第一，遗嘱继承人与受遗赠人的范围不同。遗嘱继承人只能是法定继承人范围以内的人；而受遗赠人可以是法定继承人以外的公民，也可以是国家或集体单位。

第二，遗嘱继承人是基于与被继承人的继承法律关系直接继承遗产；遗赠受领人是基于被继承人遗嘱的指定从遗产执行人处取得遗赠财产，而不直接参与继承。

第三，遗嘱继承人在继承遗产时，既要继承财产权利，也要承担遗产债务；而受遗赠人只接受遗赠人的财产权利，而不承担遗产债务。

第四，受遗赠人须在知道受遗赠后两个月内，作出接受或放弃受遗赠的表示；到期未表示的，视为放弃受遗赠。但对遗嘱继承人没有要求。

※生活实例※遗赠还是遗嘱继承①

万家勇与被告万家善、万家文、万家武系兄弟姐妹关系。万家勇于2004年5月17日去世。1987年2月万家勇与张志华调解离婚，双方无子女。此后，万家勇未再婚。1987年起，万家勇就与原告李华共同生活，双方未办理结婚登记手续。1996年万家勇购买了其承租的西城区楼房一套，于同年9月3日取得该房产权。

① 曹静、郑杨、邓旭明、王雪梅：《继承纠纷案例答疑》，中国法制出版社2008年版，第137—138页。

2002年7月19日，万家勇写下自书遗嘱，表示："愿将其生前所有住房一所，地址是北京市西城区×街×号×门×室，无偿给予好友李华女士。空口无凭，立此为证，并经公证单位公证。"原告李华主张继承。

被告辩称，万家勇与李华之间确实存在同居关系，但他们不是以夫妻名义同居的，双方并不存在事实婚姻关系，而是非法同居关系。李华并不具备配偶的身份，无权继承万家勇的遗产。继承开始后，李华并未在法律规定的两个月内作出明确的接受表示，应视为放弃遗赠。李华既不具备继承人的资格，其所称接受遗赠又是不成立的，故不同意李华的诉讼请求。

法院经审理认为，公民私有财产的继承权受法律保护。被继承人万家勇与李华自20世纪80年代末就以夫妻名义持续、稳定地共同生活，其周围的同事、朋友均认为双方系夫妻关系，在医院出具的死亡证明中，李华也是以死者妻子的身份处理其后事的。故根据相关法律规定，李华与万家勇之间已经形成事实婚姻关系。李华作为被继承人的配偶，系其第一顺序继承人。万家善、万家文、万家武作为其兄弟姐妹，系其第二顺序继承人。万家勇已经于2002年7月19日留有自书遗嘱，万家善等3人对该遗嘱有异议，但仅针对该遗嘱的形式要件，其并未否认该遗嘱的真实性。自书遗嘱由遗嘱人亲笔书写，签名，注明年、月、日即可。万家勇所立遗嘱符合上述规定且为其真实意思表示，应为合法有效。继承开始后，按照法定继承办理，有遗嘱的，按照遗嘱办理。故本案应依照遗嘱继承处理。李华要求按遗嘱继承房屋的请求，符合有关法律规定，应予支持。

※分析解答※本案中，原告没有在法律规定的两个月内作出明确的接受表示，依据我国《继承法》第25条的规定，如果原告属于遗嘱继承人，就视为接受遗嘱，如果原告属于受遗赠人，就视为放弃遗赠。所以，本例的关键就是正确判断万家勇的自书遗嘱属于遗赠还是遗嘱继承，这就要看原告李华是否具有遗嘱继承人的资格。首先要确定原告李华是否为万家勇的法定继承人。原告李华与

万家勇共同生活，双方未办理结婚登记手续，二者是否构成事实婚姻关系是决定李华是否为万家勇法定继承人的关键。

原告李华与万家勇自20世纪80年代末就开始以夫妻名义进行持续、稳定地共同生活，周围的同事、朋友均认为二人是夫妻关系，两人已经具备结婚实质要件，形成事实婚姻关系。原告李华作为万家勇的配偶，其身份受到我国婚姻法的保护。所以，原告李华作为万家勇的配偶，是万家勇的第一顺序法定继承人，具有遗嘱继承的资格。

万家勇于2002年7月19日留下的遗嘱符合自书遗嘱的形式要件，是合法有效的。李华作为其遗嘱继承人，要求按照遗嘱继承房屋的请求，符合有关法律规定，应当予以支持。

146. 受遗赠人如何作出接受或者放弃遗赠的意思表示?

所谓遗赠的接受，是指遗嘱人死亡后，受遗赠人同意接受遗赠人遗产的意思表示。所谓遗赠的放弃，就是受遗赠人不接受遗赠人遗产的意思表示。接受或者放弃遗赠的表示方式都有两种：一是明示方式，二是默示方式。

受遗赠人接受或者放弃遗赠人的遗产是一种单方的法律行为，只要受遗赠人作出接受或者放弃的意思表示即为有效。但是，我们应当注意的是，继承法对接受遗赠和接受遗嘱继承的规定是不一样的：对于接受遗赠而言，必须在应当知道受遗赠后的2个月内，以明示的方式作出，否则视为放弃受遗赠；而对于遗嘱继承人而言，在继承开始后，没有明确表示放弃的视为接受继承。“知道受遗赠后的2个月内”是受遗赠人作出接受遗赠意思表示的法定期间，这个法定期间从何时起算，是正确判断两个月期间的关键。这两个月的起算点，即“知道受遗赠”的时间，应当根据受遗赠人的主观能力和客观情况进行判断，应当采取客观标准，不能一概而论。

另外，接受遗赠的意思表示可以由受遗赠人作出，也可以委托代理人代为表示；但是，放弃遗赠的意思表示，一般情况下只能由受遗赠人自己作出，不能由受遗赠人的法定继承人代为表示。由法定继承人代为作出放弃遗赠的意思表示，必须是在遗赠明显对受遗赠人不利的前提下。

当事人在面对接受或者放弃遗赠的有关纠纷时，还应当注意以下两点：（1）最高人民法院《关于贯彻执行〈中华人民共和国继承法〉若干问题的意见》第53条规定，继承开始后，受遗赠人表示接受遗赠，并于遗产分割前死亡的，其接受遗赠的权利转移给他的继承人；（2）该意见第60条规定，继承诉讼开始后，如继承人、受遗赠人中有既不愿参加诉讼，又不表示放弃实体权利的，应追加为共同原告；已明确表示放弃继承的，不再列为当事人。

❈生活实例1❈向受遗赠人隐瞒真相，“两个月”期限自知道起算[①]

赵某早年丧夫，和儿子王某一起生活。2002年8月5日，赵某当着同事朱某和儿子王某的面立下一份自书遗嘱：“我去世后，我的70平方米住房、存款15万元以及家中生活用品归儿子王某所有；我的一台钢琴归学生李某所有。立遗嘱人：赵某。二〇〇二年八月五日。”同年9月10日，赵某去世。李某帮助王某料理了死者的丧事，但王某向李某隐瞒了遗嘱的内容。同年12月8日，李某从朱某处得知了赵某赠其钢琴的事实，遂于第2年1月向王某索要钢琴，王某以李某在赵某生前没作出接受遗赠的意思表示，并且从8月5日立遗嘱算起已超过2个月为由，认为李某已丧失了受遗赠的权利，拒绝李某的要求。李某向人民法院起诉。

法院审理后认为，根据《继承法》第17条和第25条的规定，李某表示接受遗赠未超过期限，仍有权取得该钢琴。

❈分析解答❈我国《继承法》第25条中“知道受遗赠后的2

① 曹静、郑杨、邓旭明、王雪梅：《继承纠纷案例答疑》，中国法制出版社2008年版，第192页。

个月内”是受遗赠人作出接受遗赠意思表示的法定期间。

在本案中，王某在赵某去世后，向李某隐瞒了遗嘱的内容。后来，12月8日李某从朱某处得知了赵某赠其钢琴的事实后，遂于第2年1月向王某索要钢琴。即李某在12月8日才得知自己受遗赠的事实。王某以“李某在赵某生前没作出接受遗赠的意思表示并且从8月5日立遗嘱算起已超过2个月”为抗辩理由不能成立。李某在第2年1月就向王某索要钢琴，即作出了接受遗赠的意思表示，所以，李某接受遗赠的表示是有效的，其应当得到此架钢琴。

※生活实例2※受遗赠人未表示接受即死亡的，受遗赠权不能转移

老周是一位退休干部，老伴去世几年了，他有一子一女。老周很喜欢自己的侄子周雨，于是2005年2月12日立下遗嘱要把自己的存款7万元遗赠周雨。2007年7月11日老周去世，同年8月10日周雨还没有来得及表示接受遗赠，就在一起车祸中死亡。请问，周雨接受遗赠的权利能否转移给他的家人？

※分析解答※依据最高人民法院《关于贯彻执行〈中华人民共和国继承法〉若干问题的意见》第53条的规定，“继承开始后，受遗赠人表示接受遗赠，并于遗产分割前死亡的，其接受遗赠的权利转移给他的继承人”。如果受遗赠人在继承开始后，未在2个月的法定期间作出接受遗赠的意思表示，并于遗产分割前死亡的，其接受遗赠的权利不能转移给其继承人。所以，周雨接受遗赠的权利不能转移给他的家人。老周的遗产应当按照法定继承的相关规定，被其子女继承。

147. 受遗赠人先于遗赠人死亡的，遗赠是否发生效力？

遗赠虽是遗赠人是生前作出的意思表示，但只有遗赠人死亡后才能产生法律效力。遗赠人的死亡是受遗赠人实际取得遗赠财产的前提条件。如果遗赠人尚未死亡，即使遗赠人已经设立遗赠，受遗赠人也无权请求执行遗赠。因此，如果受遗赠人先于遗赠人死亡，则遗赠无效。根据我国《继承法》第 27 条的规定，对受遗赠人先于遗赠人死亡的，遗产中的有关部分按照法定继承办理。

※生活实例※受遗赠人先于遗赠人死亡的，该遗赠的遗产由遗赠人的法定继承人继承①

万理清病重期间多次表示这一生得益于楚某的提携，以及早年丛水剑的资助，死后愿将自己家产留给楚某的孤女楚美聪和丛水剑本人。1997 年 7 月 2 日，万理清在唯一的亲人 16 岁的外孙魏平的帮助下，前往公证处立公证遗嘱，遗嘱指定："死后存款 3 万元给楚美聪，'祖国山河一片红'邮票一枚和健身车给丛水剑。"万理清于 1997 年 8 月 19 日去世。

经查明，楚美聪 1997 年 5 月 11 日与丈夫一道死于车祸，遗留的幼儿现在某社会福利院；丛水剑在 1997 年 8 月 6 日去世。万理清还有遗产：家电、家具、生活用品若干及存款 2 万元。魏平不知道该如何处理。

※分析解答※本案中，受遗赠人楚美聪和丛水剑分别于 1997 年 5 月 11 日和 1997 年 8 月 6 日死亡，均先于遗赠人万理清死亡，故不产生遗赠的法律效力。遗赠人万理清于 1997 年 7 月 2 日所立的遗嘱归于无效，遗产中的有关部分按照法定继承的相关规定办理。

《继承法》第 11 条和最高人民法院《关于贯彻执行〈中华人民共和国继承法〉若干问题的意见》第 25 条规定：被继承人的子女先于被继承人死亡的，由被继承人的子女的晚辈直系血亲代位继承，即被继承人的孙子女、外孙子女、曾孙子女、外曾孙子女都可以代位继承，代位继承人不受辈数的限制。所以，万理清的遗产应当全部由其唯一的亲人 16 岁的外孙魏平来继承。

---

① 田岚主编：《婚姻家庭继承法教学案例》，中国政法大学出版社 1999 年版，第 205 页。

148. 受遗赠人有义务偿还遗赠人生前所欠的债务吗？

依据《继承法》第34条的规定，清偿遗赠人的债务优先于执行遗赠。如果被继承人生前留有债务，则其遗产必须首先清偿债务，剩下的遗产受遗赠人才能接受。但是，如果遗赠的财产不足以清偿遗赠人的债务，受遗赠人对于不足部分不负有清偿义务。

在存在法定继承和遗嘱继承或遗赠时，用来清偿被继承人债务的遗产是有先后顺序要求的。我国最高人民法院《关于贯彻执行〈中华人民共和国继承法〉若干问题的意见》第62条规定："遗产已被分割而未清偿债务时，如有法定继承又有遗嘱继承和遗赠的，首先由法定继承人用其所得遗产清偿债务；不足清偿时，剩余的债务由遗嘱继承人和受遗赠人按比例用所得遗产偿还；如果只有遗嘱继承和遗赠的，由遗嘱继承人和受遗赠人按比例用所得遗产偿还。"

※生活实例※遗产已被遗赠和继承完毕　债主上门找谁还债①

叶台谷的妻子去世早，唯一的女儿叶子长大后于1961年10月远嫁他乡，叶台谷一直独自生活。可随着其年纪的增大，生活有诸多不便，多亏了其邻居于子学的照料。叶台谷对此非常感激，在1990年12月27日立下自书遗嘱一份："自己的4间房屋和屋内用具死后全部遗留给于子学，自己的1000元存款遗留给女儿叶子。"1998年11月24日叶台谷病故。

经查，叶台谷实际有存款100元，1990年3月还购买的价值200元的三轮车1辆。于子学和叶子即按叶台谷生前遗嘱的规定，于子学接受了4间房屋和屋内用具（价值12000元）；100元存款及三轮车由叶子继承。但不久，叶台谷的妹夫的侄子罗汉丁找上门

① 田岚主编：《婚姻家庭继承法教学案例》，中国政法大学出版社1999年版，第227～228页。

来，声称叶台谷1994年春翻修房屋时向其借钱3000元，几年来每年还一些，尚欠2000元，有叶台谷打的欠条为证，他向于子学、叶子要求偿还，二人均拒绝。于子学认为叶子有赡养父亲的义务，房屋修缮理应由其出资，因其不履行赡养义务致使叶台谷不得不借款修缮房屋，所以，欠款应当由叶子偿还；叶子认为父亲有财产，翻修房屋就应自己负责，现在房屋由于子学受遗赠，再由叶子本人偿还债务实在不公平，也拒绝偿还。罗汉丁无奈，只得向人民法院提起诉讼。

※分析解答※在本案中，叶台谷在遗嘱中处分了自己的4间房屋、屋内用具和自己的存款，但没有处分价值200元的三轮车。所以，此三轮车只能依照法定继承的相关规定由叶台古的唯一的法定继承人叶子来继承。本案中既有遗嘱继承和遗赠，又有法定继承，并且财产已经被分割完毕，此时清偿被继承人的债务是有顺序要求的。依据最高人民法院《关于贯彻执行〈中华人民共和国继承法〉若干问题的意见》第62条的规定，叶台古的2000元债务首先由法定继承人叶子用其法定继承的财产200元的三轮车来偿还；剩下的1800元债务，再由遗嘱继承人于子学和受遗赠人按照12000:100的比例来清偿。

149. 遗赠是否可以对抗“两无”人员的特留份和胎儿的预留份额?

遗赠是公民以遗嘱方式把自己的财产赠予法定继承人以外的人的法律行为。从本质上讲，遗赠也属于遗嘱继承，适用于遗嘱继承的相关规定也适用于遗赠。

首先，执行遗赠不能对抗“两无”人员的特留份。对此，《继承法》第19条和最高人民法院《关于贯彻执行〈中华人民共和国继承法〉若干问题的意见》第37条都作出了相关规定。在受遗赠人执行遗赠之前，首先应当为“两无”人员留下必要的遗产份额，剩下的遗产才能执行遗赠。

其次，执行遗赠也不能对抗胎儿的预留份额。依据《继承法》第28条和最高人民法院《关于贯彻执行〈中华人民共和国继承法〉若干问题的意见》第45条的规定，受遗赠人在执行遗赠人的遗产之前，首先应当保留其胎儿的继承份额，把预留份额从受遗赠人所受遗赠的遗产中扣除后，受遗赠人才能执行遗赠。另外，根据胎儿出生后的状况的不同也作出了不同的规定：胎儿出生后死亡的，由于胎儿已经出生，成为一个有生命的个人，其死亡时的财产应当由其法定继承人来继承；胎儿出生时就是死体的，由于胎儿没有成为一个有生命的个人，为其预留的份额就失去了意义，所以该部分份额应当由被继承人的继承人来继承。

◈生活实例◈所有遗产赠姨妈，怀孕前妻要说法[①]

周某，无父无母，与妻子玲玲离婚后与姨妈李某一起生活，离婚时妻子怀孕在身。2005年3月，周某得了重病，病重期间一直由姨妈进行照顾，遂立下一份遗嘱。根据遗嘱，去世后由姨妈李某取得他6万元现金遗产，并托付姨妈李某照顾自己的孩子。同年4月，周某去世，去世时孩子还没有出生。李某料理了周某的丧事，并取得了6万元遗产。同年5月，玲玲在产下一名男婴童童后向李某主张取回孩子应得的财产份额，但李某以周某已经立下遗嘱为由加以拒绝，双方产生争议，玲玲诉至人民法院。法院经审理后判决玲玲胜诉。

◈分析解答◈本案的关键是受遗赠人在执行遗赠之前是否应当保留胎儿的预留份额。我国《继承法》第28条和最高人民法院《关于贯彻执行〈中华人民共和国继承法〉若干问题的意见》第45条规定：遗产分割时，应当首先保留胎儿的继承份额；如果没有保留的，应当从所继承的遗产中扣除这部分份额后，再由继承人继承。遗嘱继承和遗赠都适用预留份制度。

---

① 曹静、郑杨、邓旭明、王雪梅：《继承纠纷案例答疑》，中国法制出版社2008年版，第196页。

本案中，周某去世后，应当首先从他的遗产6万元现金中扣除前妻肚中胎儿的预留份额，如果还有剩余遗产，才能由受遗赠人李某继承。

需要注意的是，本案虽然玲玲胜诉，但这并不意味着周某的遗嘱完全无效，该遗嘱是部分有效、部分无效的。6万元遗产，在扣除李某支付的丧葬费和部分额度后，其余归童童，由玲玲代为保管和使用。

150. 处分了他人财产的遗赠行为是否有效？

依据《继承法》第16条的规定，公民有遗赠的权利，不过只能把自己的合法财产遗赠给他人，不能是非法财产，也不能是他人的财产。

公民个人的合法财产，我国《继承法》第3条和第4条规定得很明确。另外，最高人民法院《关于贯彻执行〈中华人民共和国继承法〉若干问题的意见》第3条和第4条以及《保险法》、《公司法》、《著作权法》、《个人独资企业法》、《农村土地承包法》等也作出了相应的补充规定。

如果公民所立的遗嘱或者遗赠中处分了他人的财产，此时的遗赠行为效力如何呢？依据最高人民法院《关于贯彻执行〈中华人民共和国继承法〉若干问题的意见》第38条的规定，如果遗嘱或者遗赠中处分的财产全部是属于国家、集体或者他人的财产，那么该遗嘱或遗赠全部无效；如果遗嘱或者遗赠中处分的财产的一部分是属于国家、集体或者他人的财产，那么该遗嘱或者遗赠的这部分无效，剩下的部分是有效的。

在遗嘱或者遗赠中处分财产时，当事人一般常犯两种错误：一是把夫妻共有财产认为是个人财产而加以处分；二是把家庭共有财产认为是个人财产而加以处分。依据《继承法》第26条的规定，夫妻共有财产中，一般情况下，夫妻各占一半，其个人财产是夫妻共有财产的一半；家庭共有财产中，首先应当进行析产，把他人的财产分出后才是个人财产。

※生活实例※处分他人财产份额的遗嘱部分无效[①]

苑某、宋某夫妇于1957年收养一女苑甲，又于1972年生育一女苑乙。2001年，宋某因病死亡，其遗产未进行分割。2008年1月，苑某因病死亡。其死亡时，遗留存款9.8万余元，其原工作单位发放了抚恤金4万余元，丧葬费800元。苑乙支付苑某医疗费和丧葬费用3万余元。苑某分别于1993年、2004年出具两份自书遗嘱，载明宋某、苑某的财产全部归苑乙继承，其中1993年的遗嘱没有宋某的签字。苑甲诉至法院，要求依法分割养父母的遗产。

※分析解答※本案中，苑某生前留有两份自书遗嘱，该遗嘱符合自书遗嘱的形式要件。但1993年的遗嘱没有被继承人宋某的签字，该份遗嘱的部分内容侵犯了宋某的合法权益，该部分无效。宋某于2001年死亡后，其遗产未发生继承，应视为苑某和两个女儿共有，而苑某于2004年所立遗嘱部分内容，又侵犯了财产共有人的合法权益，涉及对两个女儿的财产处理的部分无效，对于两份遗嘱的无效部分应当按照法定继承处理。宋某死亡后，应当先将其夫妻共同财产的一半归苑某所有，另一半作为宋某的遗产，由苑某、苑甲、苑乙共同继承。苑某系与宋某共同生活的人，应适当多分。苑某应继承的遗产份额加上其分得的夫妻共同财产，依其遗嘱由苑乙继承。抚恤金由各有权继承人共同享有，医疗费和丧葬费用按照当事人的意见先行从抚恤金和丧葬费中扣除。

151. 如果受遗赠人没有尽到附义务遗嘱所指的义务，应当如何处理?

依据《继承法》第21条的规定，如果遗赠附有义务，受遗赠

① 谌蜀梅：《处分他人财产份额的遗嘱部分无效》，载北京法院网，http：//bjgy.chinacourt. org/public/detail. php? id =69037。

人无正当理由必须履行义务，否则经过一定的程序，受遗赠人接受遗赠的权利将被取消。

另外，最高人民法院《关于贯彻执行〈中华人民共和国继承法〉若干问题的意见》第43条规定：“附义务的遗嘱继承或遗赠，如义务能够履行，而继承人、受遗赠人无正当理由不履行，经受益人或其他继承人请求，人民法院可以取消他接受附义务那部分遗产的权利，由提出请求的继承人或受益人负责按遗嘱人的意愿履行义务，接受遗产。”

这里我们应当注意的是，遗嘱所附义务必须合法，否则所附义务无效。

❈生活实例❈遗赠附义务，部分无效①

万月国有瘫痪在床的老母和年仅3岁的女儿。1996年10月23日，万月国得知自己患有绝症，并将不久于人世，便于25日自书遗嘱一份：“万月国死后，存款15万元归女儿所有。立遗嘱人：万月国。1996年10月25日。”1996年11月，万月国已经离婚的妻子何冠音知道其近况前去照顾，万月国不计前嫌与其和好，并于12月26日重立遗嘱：“万月国去世后，所有遗产，归何冠音所有，但何冠音不得再嫁，并要赡养我的老母。立遗嘱人：万月国。1996年12月26日。”1997年4月19日万月国去世。

❈分析解答❈本例主要涉及两个问题：一是万月国的第二份遗嘱是否有效；二是万月国遗嘱中所附条件是否有效。

本例中，万月国前后所立的两个遗嘱，均属于自书遗嘱，并符合自书遗嘱的形式要件和实质要件。依据最高人民法院《关于贯彻执行〈中华人民共和国继承法〉若干问题的意见》第42条的规定，万月国没有对两份遗嘱中的任何一份进行公证，那么就应当以最后所立的遗嘱为准，即以第二份遗嘱为准。所以，万月国的第二份遗嘱是有效的。

---

① 田岚主编：《婚姻家庭继承法教学案例》，中国政法大学出版社1999年5月版，第206页。

但其中所附义务中的“不得再嫁”违反了《婚姻法》规定的婚姻自主权，所以该则义务无效。而另一个所附义务“赡养母亲”是合法的，何冠音无正当理由不得拒绝履行，否则依照最高人民法院《关于贯彻执行〈中华人民共和国继承法〉若干问题的意见》第43条的规定，其受遗赠权将被取消。

第二十一章　遗赠扶养协议纠纷

遗赠扶养协议是遗赠人生前与扶养人之间订立的，由扶养人负责扶养遗赠人并且为其办理后事，遗赠人死亡后，其遗产归扶养人所有的协议。

152. 什么是遗赠扶养协议？

遗赠扶养协议是遗赠人生前与扶养人之间订立的，由扶养人负责扶养遗赠人并且为其办理后事，遗赠人死亡后，其遗产归扶养人所有的协议。这里的“扶养人”是指法定继承人以外的其他公民或者集体所有制组织。这种协议规定，扶养人承担遗赠人生养死葬的义务，并于遗赠人死后取得其遗产。遗赠扶养协议是在我国农村“五保户”制度的基础上形成和发展起来的。我国《继承法》总结了这种经验，并用法律形式予以确认。

根据我国《继承法》的规定，遗赠扶养协议可以分为以下两种：

第一，公民之间签订的遗赠扶养协议。一般来说，这里的遗赠人是没有子女或子女不在身边、独立生活存在困难而需要他人照顾的老人。这里的扶养人一般是指遗赠人的亲戚、街坊邻居或者其他亲朋好友等。这里需要注意的是，遗赠扶养协议中的扶养人不能是法定继承人，只能是法定继承人以外的人，因为法定继承人与被继承人之间具有法定的互相扶养和互相继承的权利义务关系，用不着以协议的形式来确定。

第二，公民与集体所有制组织之间签订的遗赠扶养协议。这里的遗赠人一般是缺乏劳动能力又没有生活来源的鳏寡孤独的“五保户”老人，他们享有受其所在集体所有制组织扶养的权利。集体所有制组织，一般是指“五保户”所在的村民委员会或者居民委员会，集体所有制组织应承担对“五保户”生养死葬的义务，享有接受“五保户”遗赠财产的权利。

遗赠扶养协议具有以下法律特征：

（1）从性质上看，遗赠扶养协议是一种合同，属于双方法律行为，必须在协议的双方当事人之间达成一致。

（2）遗赠扶养协议是有偿的双务法律行为，双方当事人都承担一定的权利和义务。

（3）遗赠扶养协议是诺成性法律行为，自签订时生效，如撤销、变更遗赠扶养协议必须经当事人双方协商一致。

（4）遗赠扶养协议是要式法律行为，应当以书面形式订立，必要时应当进行公证。

有效的遗赠扶养协议书应当具备三个条件：一是签订协议的双方当事人必须具有完全民事行为能力；二是协议的内容是双方的真实意思表示；三是遗赠人所遗赠的财产必须是个人所有的合法财产。另外，该协议应当有两个以上无利害关系的见证人作证，并在该协议上签名。如果到公证机关采用公证的形式订立，双方当事人的权益就更有保障了。

在书写遗赠扶养协议书时，还应当注意的事项有：

第一，扶养人（受遗赠人）必须是法定继承人以外的人；

第二，应明确具体写出遗赠扶养双方各自的权利义务；

第三，遗赠内容应写明遗赠财产的名称、数量、处所；

第四，扶养内容应写明提供扶养的具体内容、办法和期限。

【法律文书格式】

遗赠扶养协议

甲方（遗赠人）：×××（写明姓名、住址）

乙方（受赠人）：×××（写明姓名、住址）

甲乙双方就遗赠事宜达成协议如下：

一、甲方所有的×××（写明全部还是部分财产并写明遗赠财产的基本情况），在甲方死亡后赠送给乙方。其所有权的证明为：（写明证明甲方拥有所有权的证据名称，如赠与房屋，就应有房产所有权证）。

二、乙方应于每月×日前给付甲方生活费××元，医疗补助费××元，甲方的饮食起居等一切由乙方照顾；甲方去世后由乙方负责送终安葬等。同时也可约定其他事宜。

三、乙方应在甲方去世后××日内办理赠与财产的所有权转移手续。逾期不办的，视为拒绝遗赠，其遗产可按法定继承处理。

四、甲方应负对遗赠财产的维护责任，不得随意处理遗赠的财产。如果甲方故意将财产损坏或者送给他人的，乙方有权要求甲方修理、更换或者收回；甲方拒不修理、更换或者收回的，乙方有权终止协议。

五、乙方应当按时给付甲方费用。逾期给付的，甲方有权要求乙方履行协议。如果连续××月不给付费用的，甲方有权终止协议。

六、本协议自××日起生效（可以写自公证之日起生效）。本协议一式两份，双方各执一份。

甲方：×××（签字、盖章）

乙方：×××（签字、盖章）

×年×月×日

153. 遗赠扶养协议的效力如何？其与遗赠的区别是什么？

依据《继承法》第5条和最高人民法院《关于贯彻执行〈中华人民共和国继承法〉若干问题的意见》第5条的规定，在财产继承中，遗赠扶养协议的效力不仅高于法定继承，而且高于遗嘱继承和遗赠。如果出现各种继承方式并存的情况，应当首先执行遗赠扶养协议，其次是遗嘱继承和遗赠，最后才是法定继承。

遗赠扶养协议与遗赠有很多相似之处，但是二者之间的区别还是很明显的。二者的区别主要体现在以下四个方面：

第一，遗赠扶养协议是双方的法律行为，只有在遗赠方和扶养方双方自愿协商一致的基础上才能成立。凡不违反国家法律规定、不损害公共利益、不违反社会主义道德准则的遗赠扶养协议即具有法律约束力，双方均必须遵守，切实履行。任何一方都不能随意变更或解除。如果一方要变更或解除，必须取得另一方的同意。而遗赠是遗嘱人单方的法律行为，不需要他人的同意即可发生法律效力。遗赠不仅可以单方面订立遗嘱，而且还可以随时变更遗嘱的内容，或者撤销原遗嘱，另立新遗嘱。

第二，遗赠扶养协议是有偿的、相互附有条件的，它体现了权利义务相一致的原则。而遗赠是财产所有人生前以遗嘱的方式将其财产遗赠给国家、集体或个人的行为，它不以受遗赠人为其尽扶养义务为条件。

第三，遗赠扶养协议不仅有遗赠财产的内容，而且还包括扶养的内容。而遗赠只是遗赠财产，没有扶养的内容。

第四，遗赠扶养协议从协议成立之日起开始发生法律效力，而遗赠是从遗赠人死亡之日起发生法律效力。

◈生活实例◈签订遗赠扶养协议后又立有遗嘱的，遗产应当如何分割[①]

丁新录在儿子丁标平7岁时失去妻子，后与杜海霞结婚。1960年14岁的丁标平不堪忍受后母的虐待与父亲的漠不关心离家出走，从此不再与父亲联系，多年后即使回乡也不看望父亲。1962年，杜海霞去世，不久丁新录将其与杜海霞生育的2岁的女儿丁华送给邻

① 田岚主编：《婚姻家庭继承法教学案例》，中国政法大学出版社1999年版，第215页。

村的金东汉，改名金虹亚。1987年3月，61岁的丁新录想到自己将来生活无人照顾，即与村委会签订了遗赠扶养协议，约定："村委会负责丁新录的生养死葬，死后其所有的房屋4间、生活用品、房屋周围树木归村委会所有。"1996年年初，丁标平与妻子、儿子回乡看望姨母，丁新录知道后前往看望，丁标平对已是风烛残年的父亲有所谅解。1997年1月，丁新录立下一份自书遗嘱："房屋2间给金虹亚，其余2间给丁标平；所饲养的绵羊给金虹亚；存款5000元给孙子。"1998年1月19日，丁新录去世。村委会在处理完丧事后，清理丁新录的遗产时发现，留有房屋4间、存款6000元、绵羊7头、鸡8只、家具若干、电视机1台、房屋周围树木若干。这时，丁标平、金虹亚拿着遗嘱找村委会要求接受丁新录的财产。

※分析解答※本案主要涉及两个问题：一是该遗嘱是否有效；二是丁新录的遗产应当如何分割。

首先，我们看丁新录所立遗嘱是否有效。依据最高人民法院《关于贯彻执行〈中华人民共和国继承法〉若干问题的意见》第5条的规定，在分割遗产时，如果遗嘱与遗赠扶养协议出现冲突，遗嘱中冲突的部分无效，遗产按照遗赠扶养协议的规定办理。本例中，丁新录的自书遗嘱涉及的财产有房屋4间、绵羊7头、存款5000元，其与村委会签订的遗赠扶养协议涉及的财产有房屋4间、生活用品、房屋周围的树木。我们可以看出，遗嘱和遗赠扶养协议中在对4间房屋的处理中出现冲突。所以，该4间房屋应当按照遗赠扶养协议办理，遗嘱中关于这4间房屋的处分是无效的，但这不影响遗嘱中其他财产的处分。丁新录的自书遗嘱属于部分无效、部分有效的遗嘱。

其次，我们看丁新录的遗产应当如何分割。依据《继承法》第5条的规定，遗赠扶养协议优先于遗嘱适用，遗嘱优先于法定继承适用。丁新录遗产中的房屋4间、生活用品（家具和电视机）及房屋周围树木若干由村委会继承；剩下的遗产再按照遗嘱办理，其存款中的5000元由孙子继承，绵羊由金虹亚继承；最后，还有遗产存款1000元和鸡8只，应按照法定继承办理。根据我国《收养法》第23条第2款的规定，金虹亚与丁新录的父女关系因其与金东汉的收养关系的成立而消除，故丁新录只剩下唯一的法定继承人丁标平。所以，存款1000元和鸡应当由丁标平继承。

154. 遗赠扶养协议在何种情况下可以解除？解除后的法律后果是什么？

遗赠扶养协议说到底是平等公民之间签署的一份协议，也要遵循民法上关于协议的一般规定。遗赠扶养协议一经双方签字就成立并生效，双方就要按照协议的约定履行义务、享有权利，没有正当理由，任何一方不得擅自解除协议。即使要解除，也要遵循合同解除的一般原则。

遗赠扶养协议的解除是指协议双方当事人协商一致或者由于一方的行为致使合法有效的遗赠扶养协议归于消灭的法律制度。遗赠扶养协议一般在两种情况下解除：

（1）双方当事人协商一致同意解除。遗赠扶养协议既然经双方协商订立，那么经双方协商一致也可以解除。但如果是遗赠人提出解除协议，遗赠人应对扶养人已尽的义务在经济上给予适当的补偿；如果是扶养人提出解除协议的，遗赠人一般不给予扶养人经济补偿。

（2）当事人一方由于无正当理由拒不履行协议内容，导致协议解除。根据我国最高人民法院《关于贯彻执行〈中华人民共和国继承法〉若干问题的意见》第56条的规定，这种情况下协议解除产生两个后果：第一，扶养人不享有接受遗赠的权利，并且已经支付的扶养费用，不能要求偿还；第二，应补偿扶养人相应的扶养费用。

※生活实例※无正当理由不履行协议，遗赠人有权解除遗赠扶养协议①

吴凤英（女）老人出生于1903年11月，未满30岁就失去了

① 吕强：《百岁老太赢官司　成功解除与堂侄孙遗赠抚养关系》，载中国法院网，http://www.chinacourt.org/public/detail.php?id=54656。

丈夫，唯一的女儿马赛珍在解放前夕与其失去联系，至今音讯全无。近年来，吴凤英老人年老体弱，生活难以自理，饮食起居全靠其堂侄孙吴某夫妇照顾。2000年5月21日，经当地司法所、居委会有关人员作证并代书，双方签订了遗赠扶养协议。

双方在协议中约定：吴凤英将自己的7间瓦房等财产全部赠给吴某一家，吴凤英去世后他们即受领上述财产；吴某夫妇保证继续照顾吴凤英，让老人安度晚年，至吴凤英去世前供给其衣、食、住、行、医疗等全部费用，吴凤英出租房租金归其使用，若无租金收取，吴某夫妇要保证吴凤英的生活费每月不少于300元，并照顾吴凤英的饮食起居，在吴凤英去世后负责送葬。同日，吴凤英又与吴某夫妇签订一份补充协议，主要内容是：若吴凤英之女马赛芳生存回家，所赠送财产与其女马赛芳均分，若马赛芳不存在，全部财产归吴某夫妇所有等。

协议签订后，吴某夫妇搬到吴凤英家一起共同生活，按协议约定照顾老人。后来，双方因一些家庭琐事产生纠纷。2002年8月之后，吴某夫妇搬离吴凤英家，也很少去照顾她的生活，原来的协议形同虚设，百岁老人遂于2003年1月17日向法院起诉，请求解除原来双方签订的遗赠扶养协议和补充协议。

法院经审理认为，自2002年8月起，被告很少去照顾原告，不履行遗赠扶养协议约定的扶养义务，致使该协议无法继续履行，原告请求解除遗赠扶养协议和补充协议理由充分，遂依照有关法律的规定，判决解除原告吴凤英与被告吴某夫妇于2000年5月21日签订的遗赠扶养协议和补充协议。该案一审宣判后，双方均服判不上诉。

❈**分析解答**❈本案中，被告吴某夫妇于2002年8月搬离原告吴凤英家后，就很少照顾原告，也不再供给生活费用，致使协议中约定的扶养义务形同虚设，并且被告没有提出任何证据证明其有正当理由拒绝履行扶养义务。在这种情况下，依据《继承法》的规定，原告有权请求法院解除该遗赠扶养协议，并且被告已经支付的供养费用不能要求补偿。法院的判决是正当合法的。